지미 카터

지미 카터
구순 기념 회고록

초판 1쇄 펴낸날 | 2018년 3월 1일

지은이 | 지미 카터
옮긴이 | 최광민
펴낸이 | 류수노
펴낸곳 | 한국방송통신대학교출판문화원
 (03088) 서울시 종로구 이화장길 54
 전화 (02) 3668-4766
 팩스 (02) 741-4570
 홈페이지 http://press.knou.ac.kr
 출판등록 1982년 6월 7일 제1-491호

출판위원장 | 장종수
기획 · 편집 | 이두희
교정 | 이두희 · 이명은
편집 디자인 | 이화서
표지 디자인 | 크레카

ⓒ 2015 by Jimmy Carter
ISBN 978-89-20-02907-3 03340

값 17,000원

이 도서의 국립중앙도서관 출판예정도서목록(CIP)은 서지정보유통지원시스템 홈페이지
(http://seoji.nl.go.kr)와 국가자료공동목록시스템(http://www.nl.go.kr/kolisnet)에서 이용하
실 수 있습니다.(CIP제어번호: CIP2018004129)

구 순 기 념 회 고 록 ─

지미 카터

JIMMY CARTER: A FULL LIFE

지미 카터 지음 ｜ **최광민** 옮김

지식의날개

서 문

구순이 다가오는 지금이야말로 그동안 내 삶을 변화시켰던 매 순간을 돌아보고 또 내게 특별히 중요했던 기억을 회고하기에는 좋은 때인 듯하다. 심오한 영향을 끼쳤던 일들도 있었고, 크고 작은 교훈을 배웠던 일들도 있었다. 우스운 일들도 있는가 하면, 또 어떤 일은 당시 내가 어떤 사람이었던가를 되돌아보게 한다. 내가 즐기며 만끽한 일도, 할 수만 있다면 절대로 일어나지 않도록 만들고 싶은 일도 있었다.

아흔 해의 인생 가운데 백악관에서 보낸 4년이, 물론 내 정치 인생의 절정이었다. 비록 그때의 기억이 그 후 이어지는 기억들을 압도하긴 하지만, 어린 시절에는 대통령의 지위에 오르겠다는 정연한 계획 같은 것은 전혀 가져 본 적이 없었다. 내 경력이 바뀌는 매 순간마다 나는 다음 단계로 넘어가기 위해 어느 정도는 결연한 결정을 내려야 했다.

해군에서 복무하던 11년 동안에는 고향으로 돌아가리라고 생각지도 않았고, 또 농장을 경영하고 사업을 확장하던 시절에는 정치인으로 출사표를 던지리라고는 꿈에도 생각하지 못했다. 조지아주 상원의원에 출마했고, 호승지심 덕에 주지사가 되었으며, 이후 조지아주 정부의 최고위관리로서 정책을 결정하는 임무를 즐겼다. 대통령직을 내가 중요하게 여긴 목표들을 이루기 위한 방편으로 여겼기에 예상보다 4년 앞서 대통령 선거에 출마해 온 가족이 유세에 뛰어들었다.

열심히 노력했고 또 상황도 나에게 유리했던 덕분에 유권자의 선택을 받을 수 있었다. 대통령으로서 중요한 결정을 내리는 도전과 기회들을 누렸고, 늘 사안에 대해 단도직입적으로 이야기하려고 노력했다. 재선을 기대했지만 불행히도 선거 무렵에 겹친 악재들에 발목을 잡혔다. 내가 최선을 다했다는 점, 그리고 몇 가지 주목할 만한 성과를 이루었다는 점을 알기에, 그 4년의 시간을 평온하고 만족스런 마음으로 되돌아볼 수 있다. 먼데일 부통령은 우리 행정부를 요약하면서 "우리는 진실을 말했고, 법을 준수했으며, 평화를 지켰습니다"라고 말했다. 나는 여기에 "우리는 인권을 옹호했습니다"란 문장을 덧붙이고 싶다.

학생들을 가르치고 책을 저술하고 카터센터를 돕는 일이 최근 들어 내 인생에서 가장 중요한 일이 되었다. 이 모든 과정을 거쳐 오면서 내가 크게 변했다고 생각하지는 않지만, 몇 가지 유익한 교훈을 얻었는데, 그렇게 얻은 교훈들이 이 책의 중요한 주제가 될 것이다.

지난 34년 동안 나는 농장에서 보낸 어린 시절, 신앙, 모험, 백악관 시절, 그리고 카터센터와 관련된 경험을 기술한 많은 책을 출판했다. 지금도 나는 매달 1천5백에서 3천 통에 이르는 편지를 받는데, 내 발언이나 글이 그때그때마다 얼마나 논쟁적인가에 따라 받는 편지의 개수가 달라진다. 그러나 예전에 쓴 책을 읽은 많은 독자들 역시 자신들의 경험을 나와 나누고자 편지를 보내온다. 위에 언급한 책들의 내용을 더 깊이 알고자 하는 독자를 위해 이 책 말미에 간략한 도서 소개를 실었다. 가끔은 신문에 논평을 쓰기도 하고, 특히 중동평화와 인권증진을 도모하고자 중요한 정치적 현안들에 관한 연설문을 출판해 왔는데, 이 글들은 카터센터의 웹사이트www.cartercenter.org에 올려 두었다.

좀 더 개인적이고 내밀한 이야기들을 이 책에 처음으로 담았다. 전함과 잠수함에서 보낸 시절, 17년간 농부로 지내면서 지역사회에 몸담았던 일, 정치에 뛰어든 사유, 마침내 대통령에 출마하게 된 이유, 선거유세에 관한 기억, 백악관에서 지내던 시절 나와 우리 가족의 미공개 일상, 특별했던 사람들, 다른 대통령들과의 관계, 그리고 워싱턴 시절부터 아내와 함께한 개인적인 시간들에 대한 이야기를 지금부터 시작한다.

차 례

일러두기

■ 이 책의 영어 번역 대본은 2015년 카터가 저술하고, Simon & Schuster에서 출간한 *A FULL LIFE: Reflections at Ninety*로 종이책 문고본(978-1-5011-1564-6)과 전자책(978-1-5011-1565-3)을 아울러 대조하였다.
■ 외국 인명 및 지명은 최대한 고유 언어를 확인하여 그에 충실하게 외래어 표기법을 준수하여 표기하였으며, 본문에 병기되지 않은 인명 및 지명은 '찾아보기'에서 원서 표기를 확인할 수 있다.
■ 본문에 등장하는 그림과 사진은 지은이가 손수 그리거나 촬영한 것 등으로, 지미카터 본인으로부터 직접 제공받은 것이며, 최대한 원서와 동일한 위치에 배치하였다.
■ 원서에서 이탤릭체로 강조한 것은, 이 책에서는 고딕체로 표기하였으며, 옮긴이와 편집인의 주석에는 각각 따로 표기를 해 두었다.

제 1 장

가족, 어린 시절과 인종문제

가족

내 인생은 필연적으로 내 조상의 경험 및 결정의 결과물일 수 밖에 없어, 나는 가족사를 오랫동안 공부해 왔다. 어머니는 베시 릴리언 고디 Bessie Lillian Gordy로, 나는 외가의 가까운 친척들을 모두 알고 있었고, 또 어머니의 먼 사촌들까지 두루 알고 지냈다. 때때로 우리 가족은 교회 예배를 마치고 어머니의 고향인 리치랜드로 차를 몰고 가서 외가 쪽의 가까운 친척들과 저녁을 같이 먹곤 했다. 저녁식탁에서의 대화는 종종 감정적으로 격렬해져 다들 얼굴을 붉힌 채 떠나기도 했다. 나의 아버지는 제임스 얼 카터 James Earl Carter로, 나는 플레인스 Planis의 우리 집에서 불과 9마일 떨어진 시골에 살던 친가 쪽 사촌이 누구인지도 모르고 살았다. 카터 집안은 서로들 별로 신경 쓰지 않고 사는 듯했다.

대통령 1년 차에 예수그리스도후기성도교회모르몬교 지도자들이 백악관을 찾아온 적이 있었는데, 그들은 우리 카터 집안의 족보를 연구하여 그 내용을 내게 선물했다. 나부터 13세대 위인 1600년대 초기까지 거슬러 올라가는 연구로, 출생·사망·결혼 기록, 토지증서, 그리고 법적 분쟁과 관련된 법원기록 자료까지 포함하고 있었다. 나는 그 모든 자료들을 큰 상자에 넣어 플레인스의 우리 집으로 보냈다. 백악관을 떠난 후 나는 처음으로 컴퓨터를 한 대 사서 '패밀리 트리 메이커'란 이름의 소프트웨어 프로그램을 설치한 후, 모르몬교 측에서 보내 준 연구자료들을 입력해 보았다. 내 아내인 로잘린의 가족은 매년 세 번씩 집안모임을 갖고 있었다. 만약 스미스 집안이 서로 통혼하지 않았다면 매년 네 번의 집안행사가 있었을 것이다. 1998년, 고조할아버지 윌리 카터1798~1864의 탄생 200주년을 기념하고자 직계자손들을 모아 집안모임을 가졌다. 모두 950명이 모였고 이때 나는 족보의 오류를 찾아 올바른 정보로 정정했다. 최근 그 자료를 아들 제프리에게 인계했는데, 제프리는 우리 집안이 아메리카 대륙에 정착한 후에 초점을 맞추어 《지미와 로잘린 카터의 선조들 Ancestors of Jimmy and Rosalynn》이란 좀 더 확실한 연구결과를 출판했다.

개척기는 이민자들이 생존하기 위해, 그리고 승자가 되기 위해 사투를 벌이던 시절이었고, 심지어는 좀 더 최근의 가족사를 보더라도 놀라울 정도로 폭력에 물들어 있었다. 고조할아버지 윌리 카터는 윌크스 카운티의 보안관 대리였는데, 어스리라 불리는 남자를 총으로 쏴 죽였다. 당시엔 일상적이던 일일재판이 열렸고, 보안관은 "어스리는 카터를 총으로 쏠 명백한 준비를 하고 있었다. 두 사람은 서로를 욕하다가 거의 동시에 총을 꺼내서 쐈고, 어스리는 총에 맞아 죽었다"라고 증언했다. 고조할아버지의 살인혐의는 무죄로 판결되었는데, 죽은 사람이 무장하고 있었고 또 위협을 가했기 때문이다. 그러나 두 사람 사이에 오랫동안 불화가 있었다는 사실도 알려져 있었고, 재판이 끝난 후 마을은 피해자 어스리의 분노한 가족들과 친구들에 의해 어지러웠다. 고조할머니 앤은 열한 번째 아이를 출산하다 사망했다. 고조할아버지는 재혼한 후 플레인스로부터 10마일 북쪽에 위치한 농장으로 이주했다. 고조할아버지가 땅을 거래한 농장주는 북미 원주민들이 1820년대 후반 강제로 조지아 서부를 떠난 후, 1833년 그 땅을 불하받은 사람이었다. 새 고조할머니는 아들을 낳았고, 그 아들은 텍사스로 이주했다.

월리 카터의 넷째 아들인 리틀베리 워커 카터 1829~1879가 나의 증조할아버지다. 증조할아버지는 형제 두 분과 함께 남부군 포병으로 복무했다. 그들은 전투에 21차례 투입되었으며 남부군 리 장군이 아포매톡스에서 항복하고 한 달 뒤 플로리다에서 제대했다. 그는 나중에 서더필드 지금의 지미 카터 지역공항가 되는 아메리커스 바로 서쪽에 있는 농장을 사들여 운영했다. 찰스 린드버그 Charles Lindbergh가 첫 단독비행을 한 곳이었다. 지역신문 기록에 따르면 증조할아버지는 1873년 "플라잉 제니 회전목마 위에서 싸움을 하다가" 돌아가셨다.

'빌리'라고 불렸던 그분의 아들이 나의 할아버지 윌리엄 아치볼드 카터 1858~1903다. 할아버지는 1888년에 약 55마일 남쪽에 있는 농촌마을 로웨나로 이주했다. 거기서 농부로 일하면서 목공소 두 곳과 양조장을 운영했는데 조면기를 가지고 있었다. 자그마하지만 튼튼한 분으로, 한번은 사탕수수를 수확할 때 마체테 칼날이 넓고 무거운 무기로도 쓰이는 큰 칼

14

을 허벅지에 잘못 맞아 상처가 크게 벌어졌다. 할아버지는 허리띠로 지혈한 후 집에 가서 실과 바늘로 상처를 꿰매고 돌아와 다시 밭에서 일했다. 할아버지는 윌 탈리아페로란 사람과 싸우다가 총에 맞아 돌아가셨는데, 탈리아페로가 할아버지의 조면기에서 훔친 책상 때문에 싸우던 중이었다. 재산을 정리한 후에 빌리 할아버지의 남은 가족은 플레인스로 이사해 1904년에 웹스터 카운티 근처의 농장을 샀다. 나의 아버지 얼 카터는 10대부터 그 농장의 운영을 책임졌다. 내 조상들이 보유했던 다양한 기술은 그저 상상만 할 수 있을 뿐이지만, 새로운 생각을 추구하거나 혹은 목공실에서 물건을 디자인하고 만들기를 즐기는 내 성향은 조상들에게서 이어받은 것인지도 모르겠다.

어머니 릴리안 고디는 간호사가 되고자 리치랜드의 우체국 직원 자리를 버리고 1920년 18마일 떨어진 인구 500명 남짓의 플레인스로 이주했다. 1923년 간호사 과정을 수료한 후 아버지와 결혼했고, 내가 1924년 10월에 태어났다. 우리 가족은 사우스본드 스트리트에 있는 집에 살았는데, 에드거·앨리 스미스 부부가 이웃집에 살았다. 에드거 스미스 씨는 그 마을의 유일한 자동차 정비공이었다. 그의 작업장 건너편에는 제1차 세계대전 동안 육군 중위로 복무하고 제대한 뒤 나의 아버지가 소유하고 운영했던 작은 잡화점이 있었다. 스미스 씨네 딸인 로잘린은 1927년 8월에 태어났다. 어머니께서 나중에 말씀하신 바로는 내가 그 집에 가서 갓난아이를 보고 싶은 마음에 요람을 엿보았다고 한다. 두 집안은 매우 가까웠는데, 로잘린의 여동생 이름은 스미스 씨가 백혈병 말기일 때 그를 보살폈던 우리 어머니 이름을 따서 붙여졌다.

아버지는 내가 네 살 때인 1928년에 전업농부가 되었다. 나는 아버지가 사들인 농장에서 자랐는데, 그 농장은 플레인스에서 서쪽으로 2.5마일 떨어진 아처리라 불리는 농촌에 있었다.

아처리에서

아처리에서 어린 시절을 보낸 집은 우리 가족이 이사하기 6년 전에 시어스-로벅Sears-Roebuck에서 지어졌다. 당시 시어스는 통신판매로 다양한 면적의 주택을 팔았고 세 가지 기본 조건 가운데 선택할 수 있었다. ① 집을 짓는 데 필요한 모든 자재와 건축도구를 도면 및 시공법과 함께 한 화물칸의 철도화물로 받는 선택지, ② 목재를 제외한 모든 자재를 받는 선택지, ③ 설계도면과 시공법만 주문하지만 이에 더불어 문, 창, 도구, 그리고 시어스에서 팔던 다른 부품들을 사실상 공짜로 받는 선택지. 나중에 우리 집은 두 번째 조건을 선택했다는 걸 알게 되었다. 목재 틀의 유전자 조사를 해 보니 집에 사용된 틀과 벽이 모두 우리 농장에서 자라는 나무였기 때문이다.

상수도, 전기는 물론 단열재도 없었고, 난방이라고는 부엌에 있는 스토브 말고는 벽난로 몇 개가 전부였다. 전부 나무를 때는 방식이었고 그나마도 정말로 필요할 때만 사용했다. 밤에는 탕파^{뜨거운 물을 넣어서} _{그 열기로 따뜻하게 하는 기구}로 몸을 데워야 했고, 낮에는 탕파의 물을 실외에 있는 화장실에 가서 비웠다. 그 화장실마저도 농장 안에 하나밖에 없

내가 어린 시절에 살았던 아처리의 시어스-로벅 하우스.
우리 가족이 1928년에 이사하기 6년 전에 지어졌다.
아처리 지역에는 약 200명 정도가 살고 있었다.

었다. 다른 이웃들은 나무 사이에 몸을 가리고 용변을 봤다. 1935년까지는 뒷마당의 우물에서 물을 길어다 썼는데, 아버지는 우물에 풍차를 달고 물탱크와 파이프를 연결해서 물을 부엌과 욕실로 끌어왔다. 아버지는 양철양동이 바닥에 구멍을 뚫고 콘크리트 바닥 위에 설치한 샤워장도 만드셨다. 사용한 물은 파이프를 통해 집 밖의 땅 위에 그대로 버려졌다. 샤워실은 겨울엔 무척 추웠지만, 그래도 양철욕조보다는 나았다. 1939년부터 인근 농장에 전기가 들어오기 시작했고, 1년 정도 후 아버지께서 지역조합을 설득해서 우리 집에도 전기가 들어왔다.

내 방은 북동쪽 구석에 있었는데 스토브나 벽난로에서 멀리 떨어져 있었기 때문에 지금도 추운 날씨에 관한 좋지 않은 생생한 기억이 있다. 심지어 이불을 뒤집어쓰고도 추위로 벌벌 떨던 밤이라든지, 맨발로 침대에서 나와 찬 바닥을 걷느라 추위로 오그라든 발가락으로 부모님 방으로 달려간 기억이라든지, 여전히 타고 있던 부모님 방 벽난로의 온기 같은 것들도 선명하게 떠오른다. 이상하게도 나는 조지아 남부의 뜨거운 여름날에 대해서는 별로 불쾌한 기억이 없다. 이 집과 별채는 지금 국립공원사무소가 소유하고 있고, 1937년 당시 모습으로 보존되어 사적지로 지정되어 있다.

간호사였던 어머니의 근무시간이 겹칠 때면 농장에서 살던 흑인 아주머니들이 식사를 준비해 주셨는데, 나의 두 여동생은 그분들과 꽤 가깝게 지냈다. 여동생들과 어머니는 농장 일을 하지 않았지만, 나는 학교에 가지 않는 날엔 거의 온종일, 주중에는 시간이 있을 때마다 아버지와 함께 헛간과 밭에서 일했다. 특히 나는 우리 집 근처에 살던 잭·

레이첼 클라크 부부와 친했다. 잭 아저씨는 농장의 모든 가축과 장비, 헛간 일 전부를 담당했다. 매일 아침 해뜨기 한 시간 전에 농장에 있던 큰 종을 울리는 것도 잭 아저씨의 일이었고, 소젖 짜는 일도 담당했다. 잭 아저씨는 아버지와 함께 다른 일꾼들의 작업을 할당하는 일도 했다.

아버지는 재주가 많은 분이었고, 가급적 자급자족으로 농장을 운영하는데 그 재능을 사용하셨다. 아버지는 본인이 배워서 할 수 있는 일이라면 다른 사람에게 돈을 주면서 시키고 싶어 하지 않았다. 그 결과 아버지는 임업, 농사, 축산, 철공, 목공, 구두수선 분야에서 꽤 뛰어난 기술을 갖게 되었다. 아버지는 내심 장사에 관심이 많았고, 우리 농장에서 생산하는 농산품을 할 수 있는 한 상품으로 가공해 소매로 팔았다. 학교에 가기 위해서는 해뜨기 전에 집을 나서야 했다. 그러나 오후에는 잭 아저씨를 도와 여덟 마리 젖소의 젖을 짰다. 맛있는 우유, 버터우유, 크림, 버터가 늘 집에 가득했다. 남는 우유로는 종종 초콜릿이나 바닐라 음료를 만들어 방수처리된 종이마개로 밀봉한 8온스짜리 병에 담아서 가게의 얼음상자에 보관해 놓고 팔거나, 혹은 플레인스 근처에 있던 유제품집하장으로 보냈다. 아버지는 월요일마다 안 팔린 음료를 수거해 농장에서 키우던 돼지에게 먹였다. 때로는 우리 집 뒷문 쪽에 설치되어 있던 분리기를 이용해 크림을 만들어 마을에 있는 스와니 상점에서 판매했다. 남는 탈지유를 '블루 존'이라고 불렀는데 이건 우리 집 돼지 몫이었다. 요즘 사람들은 이걸 마신다. 깎은 양털은 담요와 교환하여 우리 농장 매점에서 판매했고, 약 50마리의 거위에서 얻은 가슴털은 베개나 이불과 교환했다. 게다가 거위들은 목화밭의 벌레나 다른 곤

특히 우리 집 근처 살았던 잭 · 레이첼 클라크 부부와 친했다.
레이첼 아주머니는 부모님을 제외하면 나와 가장 가까운 사람이었다.

충들을 잡아먹기 때문에 유용했다. 아버지는 매년 25에이커 남짓한 밭에서 수확한 사탕수수로 시럽을 만들어 '플레인스 메이드'란 상표명을 붙여서 판매했고, 때때로 농장에서 수확한 토마토로 케첩도 만들어 팔았다. 매년 겨울이면 몇 차례씩 돼지 20마리 정도를 도축했는데, 아버지는 소시지, 햄, 목살, 베이컨 따위를 향신료로 보존처리하고 집 뒤편 처리장에서 훈제하여 우리 가게에서 판매했다.

아버지는 농장에 있는 모든 것과 모든 사람들은 심지어는 셰틀랜드포니까지 도 공들여 일한 만큼 대우를 받아야 한다고 여겼다.

늘 계산하며
Always a Reckoning

어린 시절 우리는
늘 계산했다.
쓸려 왔다 쓸려 가는 대양의 파도처럼
들어오는 것, 나가는 것이 맞아떨어졌다.
농장에서, 우리 임금은
숲과 들에서 한 일과 맞아떨어졌다.
얼마나 밭 갈고 괭이질했는지
얼마나 시럽을 만들었는지
얼마나 목화를 땄는지
얼마나 장작을 패고 쌓았는지.
모든 게 균형이 맞아야 했다.
내 조랑말 레이디는 일도 못하고

한두 해마다 팔 새끼를 낳는 것 말곤
밥값을 못했다.
초장에 나가지 못할 때마다
레이디가 먹던 여물, 짚, 옥수수 값을
대기엔 턱없이 모자랐다.
새끼 낳는 걸론 밥값도 못했지만
잡아먹을 수도, 밭을 갈 수도
알을 낳지도, 여우나 토끼를 잡지도 못하는
레이디가 우리와 함께 살 수 있는
한 가지 이유가 있었다.
그래서 아버지는 화가 나셨다.
우리는 모두
레이디가 나를 태우며
조금은 밥값을 하는 걸 알고 있었다.
그러나 종종 일과 후 레이디를 탈
시간이 없는 경우가 있었다.
내가 실수할 때마다
아버지는 얼굴을 찌푸리며
늘 이렇게 물으시던 것이 생생하다.
"너 레이디 탄 지 얼마나 됐니?"

아처리에 살던 약 200명의 주민들 가운데 시보드 항공철도회사 현장사무소장
이던 어니스트 왓슨 씨를 빼면 우리 집이 유일한 백인 가정이었다. 같이 일하거
나 놀던 남자애들은 전부 흑인이었는데, 우리는 함께 장난감 만드는 법
을 배웠다. 제일 좋아했던 장난감은 작은 나무통에서 빼낸 지름 10~12

인치 정도의 두꺼운 철제후프였다. 한쪽에는 손잡이가 있고 다른 쪽에는 후프와 딱 맞는 V자 홈이 있는 튼튼하고 곧은 철사로 굴렁쇠를 만들어 이따금 몇 시간씩 몇 마일을 굴리며 놀았다. 또 당연한 듯이 고무줄 새총 따위를 가지고 다녔고 호주머니엔 동그랗고 작은 돌들을 총알 삼아 가지고 다녔다. 이런 류의 다른 장치들도 우리에겐 꽤 중요했으나 사실 매우 위험한 것들이었다. 쉽게 만들 수 있으면서도 가장 만족스런 장치는 옥수수 속심으로 만든 일종의 다트였다. 길이는 약 4~5인치 정도로, 앞쪽에 날카롭게 간 못을 끼워 넣고 뒤쪽에는 나무나 건물 벽의 목표물에 던져 맞추기 직전에 다트가 정확하게 회전하도록 정확한 각도로 닭 깃털을 꽂았다.

비슷한 방법으로 개회향에 뾰족한 심을 붙여 투창을 만들어 '아틀라틀스'라 불리던 투창보조기를 사용해 던졌는데, 멀리 날아가는 모습을 보고 놀랐다. 이 장치는 《보이즈 라이프 Boys' Life》란 소년잡지나 북미 원주민 관련 책 등에서 읽은 내용을 바탕으로 우리가 고안한 것이었다. 우리는 며칠 동안 아버지의 공방을 차지해서 고무총의 기본 디자인을 개선했다. 먼저 긴 권총 모양을 만들고 거기에 스프링 달린 빨래집게를 설치했다. 그리고 빨래집게의 쥐는 힘을 늘리기 위해 다시 고무줄을 여러 겹 감았다. 안쪽 튜브에 부착한 고무줄을 총열여기에서는 작은 나무 끝까지 잡아당겼다가 빨래집게를 살짝 놓으면 고무줄이 날아갔다. 그때 총 12개의 고무줄을 발사할 수 있는 장치를 만들어 냈다. 편을 나눠서 한쪽 편이 고무줄에 맞아 모두 '전사'할 때까지 고무줄총 전쟁을 벌였다. 또 미국 딱총나무의 큰 가지에서 고갱이를 빼내 만든 총열로 녹색 차이나베리를 발사하는 딱총을 만들기도 했다. 그리고 연 만들기를 배워서 누가 가장 작은 연을 만들어 날릴 수 있는지 경쟁했다.

흑인 친구들과 나는 일감이 없는 날엔 숲에서 사냥을 하거나 물고기를 잡거나 혹은 숲을 탐험하며 시간을 보냈다. 마을에 있는 수리점과 두 집하장은 폐품으로 버려진 다양한 크기의 바퀴를 구하기에 좋은 곳이었다. 우리는 이 바퀴들과 집에서 가져온 목재들을 사용해서 사륜 혹은 이륜 짐수레를 만들었다. 대개는 이 수레들을 직접 끌거나 밀었지만, 이 가운데 하나는 개조해서 농장에서 제일 큰 숫염소가 끌게 했다.

아버지는 내가 흥미로운 상품을 만들어 가게에서 팔 수 있는 방법을 생각해 내셨다. 농장에는 트랙터도 없었고, 램프나 랜턴을 밝히는 데 쓰는 등유를 빼고는 다른 화석연료를 쓸 일도 없었다. 우리는 옥수수를 기본 연료와 에너지원으로 심었고, 목화와 땅콩은 판매용으로 재배했다. 공교롭게도 땅콩은 학기가 마치기 전에 여물기 시작했다. 내가 막 다섯 살이 되었을 무렵부터는 오후마다 근처 밭에 나가서 작물을 거두거나, 땅콩에서 흙을 털어 내거나, 작은 수레에 실어서 집까지 날라야 했다. 나는 충분히 익은 땅콩 10파운드를 물로 깨끗이 씻고 큰 소금물 통에 밤새 담가 두었다. 아침 일찍 30분 동안 이 통을 졸인 후 염도가 적절한지 검사하고 20여 개의 종이봉투에 각각 반 파운드씩 땅콩을 나눠 담았다. 매주 토요일 플레인스 주변 농장들에서 물건을 사려고 몰려온 사람들로 농장이 북적일 때는 두 배씩 준비해야 했다.

아침식사 후엔 이어지는 철길을 따라 마을로 내려갔다. 졸인 땅콩을 소쿠리에 담아 약 2마일을 날랐다. 땅콩을 다 팔 때까지 플레인스에 머물렀는데, 보통 저녁식사 무렵이면 모두 팔렸다. 땅콩 한 봉지에 5센트로 내 일당은 1달러였다. 이 액수는 숙련된 성인 일꾼이 농장에서 받는 수준이었다. 10명 정도의 단골이 있었고, 그 밖에도 외판원처럼 마을의 유일한 거리를 따라 땅콩을 살 손님들을 여기저기 찾아다녔다. 내가 지출하는 유일한 경비는 자루와 소금이었다. 모든 거래를 꼼꼼하게 장부에 기록했고, 벌어들인 돈은 마을은행이기도 했던 올턴 아저씨의 가게에 모두 저금했다.

몇 년이 흘러 목화값이 역대 최저치를 기록했을 때파운드당 5센트, 아버지는 내 저금을 털어서 개당 500파운드씩 하는 압축 원면 다섯 꾸러미를 구입하자고 제안했다. 이 원면 꾸러미는 우리 집 창고에 보관했다가 목화시장이 호전되었을 때 파운드당 18센트로 되팔았다. 이때 벌어들인 돈으로 고인이 된 한 장의사의 유산 중에 매물로 나온 집 다섯 채를 사들여서 두 채는 3달러에, 다른 두 채는 5달러에, 그리고 나머지 하나는 2.5달러에 임대했다. 이로써 한 달에 16.5달러의 임대수입을 올릴 수 있었다. 내가 일하든 말든 관계없이 내 소유의 집으로 하루에 55센트씩을 벌어들인 셈이다! 매달 자전거를 타고 이 집 저 집 임대료를 받으러 다녔다. 임대인들은 유리창이 깨지거나 지붕이 새거나 문틈이 벌어지거나 혹은 계단이 부서지지 않으면 도무지 만나기 힘들었다. 이런 파손된 부분들을 고치는 것은 모두 내 몫이었다. 대학에 진학하면서 고향집을 떠날 때, 아버지는 몇 달에 걸쳐 임대료를 다 받은 후에야 이 집들을 팔아 치우는 게 좋겠다는 결정을 내렸다.

아버지는 엄격한 규율을 강조하는 분이었지만 체벌은 아주 가끔씩만 하셨다. 아버지가 당신의 허리띠나 복숭아 나뭇가지 회초리로 나를 때렸던 다섯 번을 지금도 생생히 기억한다. 각각은 일종의 재판과정 같았다. 아버지와 나는 내가 뭘 잘못했는지를 서로 충분히 이해했고, 아버지는 내가 왜 벌을 받아야 하는지 이유를 설명했으며, 나는 다시는 잘못을 반복하지 않겠다고 약속했다. 억울한 마음이 들기도 했지만 곧 사라졌다. 아버지의 지시나 요청을 거스르는 것 따위는 생각해 본 적이 없었다. 아버지를 사랑했고 존경했다. 내 인생의 중대한 목표 가운데 하나는 아버지로부터 칭찬받는 것이었다. 나는 아버지가 뭘 마음에 들어 하지 않을지 미리 생각해 보고 늘 적극적으로 행동했지만, 아버지가 나를 칭찬하는 일은 드물었다.

아버지가 나를 못마땅해 하던 일 중에 가장 기억에 남는 것은 내가 열 살 때의 일이다. 저녁식사감으로 흰색 레그혼 영계를 잡으려고 덮쳤을 때 뻣뻣한 잡목의 날카로운 가지가 내 오른쪽 손목뼈 사이로 뚫고 들어왔다. 의사였던 보먼 와이즈 박사가 가지 조각을 찾아내려고 했지만 실패했고, 내 손목은 다음 주 내내 붓기 시작해서 손목을 굽힐 때마다 엄청난 고통이 밀려왔다. 하루는 점심을 먹고 휴식을 취하면서 의자에 누워 책을 읽고 있는데, 아버지가 방을 가로질러 와 어머니에게 "우리 모두 밭에서 일할 동안 저 놈은 책이나 읽고 있는 것 같은데" 라고 말하는 것을 들었다. 몇 분 후 나는 자리에서 일어나 뒷마당으로 가서 허리띠로 손바닥을 감고 손가락을 쫙 편 후 울타리 기둥에 내리쳤다. 팔을 다시 들어 보고 손목을 조금씩 더 굽혀서 고름 속에 파묻혀 있던 나무조각이 상처에서 고름과 함께 흘러나올 때까지 손목을 이리저

26

리 굽혔다. 어머니가 상처부위를 붕대로 감아 주고 난 뒤, 아버지를 따라 곧장 밭으로 일하러 나갔다.

한참 지난 후, 그때의 내 마음을 이렇게 시로 표현했다.

아버지의 세계를 함께하고 싶었다
I Wanted to Share My Father's World

대부분 숨겼던 나의 아픔
그러나 혈연의 끈끈함은 남아
지금도 나는 깊숙이
아버지가 손을 내밀어 주길 갈구하고
나를 안아 주길
혹은 칭찬 한 마디를 해 주길 갈망한다.
나를 사람답게 만들기 위해
아버지가 날 교육시킬 때
아버지가 어떻게 느끼는지
나를 벌 줄 때 아버지 본인은 어떤 고통을 느꼈을지
알 수 없었다.
그에게 내 갈망을 드러내지 않았다.
아버지의 반응이
내가 기대하는 것이거나, 진실하거나,
혹은 내 기대가 이뤄지리라 생각하지 않았기 때문에.
아주 가끔 우리가 우리 사이의
다리를 건넜을 때 그 기쁨은
살아남았다.
내 자신의 아들들과 함께

아버지는 재주가 많은 분이었고, 가급적 자급자족으로
농장을 운영하는데 그 재능을 사용하셨다.
아버지는 본인이 배워서 할 수 있는 일이라면
다른 사람에게 돈을 주면서 시키고 싶어 하지 않았다.
결국 아버지는 임업, 농사, 축산, 철공, 목공, 구두수선 분야에서
꽤 뛰어난 실력을 갖게 되었다.

28

아버지의 마지막 순간들을 함께 보내며
아버지가 어떤 사람이 되었는지,
또 항상 어떤 사람이었는지를 알게 될 때까지
나는 어린 시절의 분노를 떨쳐 내지 못했다.

농촌소년에서 엔지니어, 도매업자, 농부로 변신하는 내내 보통 내 손으로 직접 일했다. 어린 시절에도 이런 일을 즐겼고 또 경험을 살려 취미로도 기꺼이 하게 되었다. 조상 중 누가 나처럼 가구제작이나 그림 그리기 같은 취미를 가졌을지는 모르겠지만, 그분들도 땅을 고르거나 집을 짓고 꾸미고, 자동차를 관리하는 데 필요한 일이나 생계를 위해 필요한 도구를 사용하는 데 능숙했어야 했을 것이다.

열두 살 되던 해 동생 빌리가 태어날 때까지 나는 우리 집 외아들이었다. 그래서 아버지는 나에게 여러모로 집착하셨다. 아버지가 어딜 가든 가급적 따라다녔고, 아버지가 하는 일은 무엇이든 해 보려 했다. 이런 자세 덕에 아버지에게는 일종의 조수로서 장인의 기술을 배울 수 있는 좋은 협력관계를 가질 수 있었다. 가장 오래된 기억 중 하나는 아버지를 따라 집에서 대장간까지 허겁지겁 달려갔던 기억이다. 그 작은 건물은 지금도 거기에 있다. 석탄이 뜨겁게 달궈지면서 강철은 천천히 체리빛 빨간색에서 아버지가 기대하던 흰색으로 변했다. 모양을 다듬기에 적당한 순간이 되면 곁에 있는 모루로 옮기는데, 이때 아버지가 나더러 송풍기 손잡이를 돌리라고 하셨던 기억이 난다. 이것이 내가 기억하는 진정한 첫 일감이었다. 그때 내가 한 다섯 살쯤 되었을 것이다.

아버지는 이 모든 과정을 참을성 있게 설명해 주셨다. 나중에 이 일에 능숙해졌을 땐, 내가 집게로 쇳덩이를 쥐어 모루 위에 올려놓으면, 아버지는 쇳덩이를 망치로 두들긴 후 물이나 기름에 식혀 정확한 경도와 강도를 얻었다. 충분히 자란 뒤에는 모든 대장간 일을 스스로 할 수 있었다.

나는 아버지가 어린 시절에 목공의 기초를 배웠다고 생각했는데, 이후에 아버지는 클라크 아저씨의 도움을 받아 일상적인 대장간 일까지 익혔다. 이런 일 가운데는 쟁기를 가는 일, 부러진 연장을 다시 붙이는 일, 말이나 나귀의 쇠발굽을 다는 일, 심지어 우리 집 마차나 수레의 나무바퀴에 쇠틀을 붙이는 일 등이 있었다. 특히 쇠틀을 붙이는 기술은 열로 전체 링을 달궈 늘린 뒤 잽싸게 틀을 제자리에 밀어 넣어, 쇠가 식으면서 저절로 바퀴를 꽉 조이게 하는 기술이었다. 히코리 나무 밑둥에 단단히 고정된 모루는 대장간 한가운데 있었고, 흙바닥 위엔 허리높이의 작업대가 둘러싸고 있었다. 벽에 달려 있는 선반에는 톱, 망치, 직각자, 손드릴, 드릴비트, 수평기, 프라이 바, 테이프, 접자 같은 목공연장들이 있었다. 손연장은 문 안쪽에 보관했는데, 벽에는 나무나 강철에 구멍을 뚫는 데 사용하던 커다란 드릴 프레스 기계가 있었다. 훨씬 나중 일이지만, 우리 농장에 전기가 들어왔을 때 아버지는 수평선반을 설치했다. 대장간에서 몇 걸음 떨어진 곳에는 트랙터 좌석처럼 생긴 물건 앞에 설치된 거대한 연마기가 있었다. 페달을 밟으면 연마기가 작업자 쪽으로 돌면서 움직였다. 연마용 휠은 잘라 놓은 고무 타이어에 냉각수를 채워 담가 두었다. 사람들은 종종 도끼, 괭이, 칼, 그리고 기타 날카로운 도구들의 날을 가는데 이 장비를 이용했다. 쟁기날은 꽤 두꺼웠기 때문에 모루에다 올려놓고 두들겨서 날을 세웠다. 고철은 대장간 밖에 보관했다.

농장에서 하던 작업은 주로 목공일이었다. 망치, 도끼, 괭이, 삽, 갈퀴자루를 만들거나 수레바퀴살, 물추리 막대, 밭 갈 때 쓰던 쟁기에 들어가는 나무부속 같은 것을 고치는 소규모 작업은 공방 안에서 했다. 더 큰 목공은 공방 밖에 있는 톱 작업대 두세 개를 써서 하거나 혹은 작업현장에서 직접 했다. 돼지분만장을 짓거나 목화씨·비료·연장을 보관할 저장소를 만들거나 혹은 울타리나 집을 고치고 농장 안에 있는 다른 건물들을 보수하는 작업은 늘 작업대기목록에 올라 있었다. 이런 일들은 밭이 너무 질어서 일을 할 수 없는 날이나 혹은 겨울 농한기 때, 또는 쟁기질하기엔 곡물이 너무 자랐지만 추수하기엔 이른 수확기 직전에 주로 처리했다.

공방은 매혹적인 곳이었다. 거기서 우리 가족이 신던 신발도 수선했다. 아버지, 어머니, 두 여동생, 그리고 내 발 크기에 맞춘 다양한 크기와 모양을 가진 금속신발틀이 공방에 가지런히 놓여 있던 것을 기억한다. 신발에 난 구멍을 때울 때는 다양한 두께의 가죽을 잘라서 나무못, 쇠못, 접착제 등을 사용해 수선했고 구두 윗쪽은 두껍게 꼰 실로 박음질했다. 나이를 먹고 힘도 붙으면서 토치로 용접과 금속절단하는 기술도 배웠다. 어른이 하는 일은 나도 할 수 있다는 자신감이 생겼다. 그러나 내 마음을 정말 사로잡은 것은 목공도구들이었다. 집이나 헛간, 창고를 고치거나 새로 돼지분만장 만드는 작업을 즐거운 마음으로 도

농장에서의 많은 일들은 나무를 다루는 것이었는데, 소규모 작업은 공방 안에서 했다.
공방은 매혹적이었다. 우리 가족의 신발도 거기서 수선했다.

왔다.

아버지는 픽업트럭을 가지고 있었는데, 나는 계기판을 엿보면서 운전하는 법을 금세 배웠다. 아버지는 종종 씨나 비료를 밭까지 운반하는 일을 내게 맡겼다. 열두 살 때는 트럭을 몰고 플레인스의 졸업댄스파티나 교회파티에 가는 것도 허락받았다. 한 친구와 함께 고장나서 버려진 포드 모델 T 자동차를 수선하기도 했다. 차체를 뜯어내고 메인프레임에 나무좌석을 붙였다. 동네의 자동차수리공이던 로잘린의 아버지가 우리를 도와 엔진이 돌아가도록 해 주었고, 우리는 껍데기만 남은 차로 도로를 벗어나 신나게 달렸다.

농장에서 내 주된 임무는 모두 밭일과 관계되어 있었다. 목화를 따거나 잡초를 솎아 낼 때 우리는 모두 같은 속도로 밭고랑을 따라 이동했다. 성인들은 하루 1달러씩 동일한 임금을 받았다. 아직 어렸던 나는 보통 25센트씩 받았는데, 좀 더 힘이 붙어서 밭까지 7.6리터 2갤런짜리 물통을 손에 들고 나를 수 있게 됐을 때에는 그보다 두 배를 벌었다. 추수기에는 일종의 경쟁이 벌어져, 일꾼들은 일한 만큼 일당을 받았다. 가령, 한 줄기에서 목화를 얼마나 딸 수 있는지, 혹은 땅에서 땅콩을 수확한 후 흙을 털어 내고 얼마나 많은 땅콩을 쌓아 둘 수 있는지 같은 것이었다. 매일 이런 경쟁이 있었는데, 늘 레이첼 클라크 아주머니가 1등을 했다.

노새를 끌고 밭을 가는 일은 좀 달랐다. 몇몇 믿을 만한 사람들만 농사에 사용되는 가축이나 장비를 다룰 수 있었는데, 계절마다 처음으로 땅을 다지는 일도 역시 그랬다. 작물이 자라기 시작한 후 재배할 때 쟁기질은 가장 중요한 작업이었다. 쟁기날을 정확히 다루고, 연한 식물들 사이로 정확히 쟁기질하고, 식물생장을 돕우고자 흙을 부드럽게 다듬고, 더 중요하게는 작물의 생장을 방해하고 열매의 결실을 떨어뜨리는 잡초나 잔디를 관리하는 일은 많은 기술과 노력을 필요로 했다. 농사에 쓰이는 가축을 훈련시키고 적절히 다뤄서 동물들이 작업을 감당할 수 있게 만들고, 또 신체적으로나 정신적으로 가축들이 건강을 유지할 수 있게 하는 효과적인 기술들이 있었다. 더위가 심한 날엔 동물들이 무리하기 쉬운데, 그런 경우엔 영영 회복하지 못하고 심지어 일찍 죽어 버리는 경우도 있었다. 노새는 열에 지쳐서 더 이상 일을 할 수 없는 위험한 상태에 이르면 알아서 일하길 거부한다. 그러나 말은 스스로를 보호하는 점에 있어서는 최소한 노새만 못했다.

조금씩 나이를 먹으면서 그저 괭이질이나 하고 목화나 따고 땅콩에 붙은 흙이나 터는 다른 이들의 수준을 넘어, 작물을 재배할 수 있는 자질을 갖춘 최고의 쟁기꾼이 되고 싶다는 꿈이 자연스레 생겼다. 하지만 아버지의 판단에 따르면, 열여섯 살에 농장을 떠나 대학에 진학하고 해군에 들어가기 전까지 나는 결코 쟁기꾼으로서 최고의 경지에는 이르지 못했다는 점을 인정해야겠다. 나는 우리 집과 대장간 사이에 있던 뜰에서 처음으로 쟁기질을 했다. 그때는 겨울이었는데, 엠마란 이름의 아주 순한 노새를 끌고 잭 클라크 아저씨의 감독하에 연습을 했다. 고삐와 어설픈 내 명령만으론 엠마를 제대로 다루기 어려워, 결국 전후좌우로 삐뚤빼뚤하게 쟁기질하고 말았다. 이로 인해 문제가 생긴 것은 아니지만 이런 실수를 거치며 쟁기질을 하나씩 배워 나갔다.

열두 살이 되었을 때, 드디어 밭에서 쟁기질해도 된다는 허락을 받았다. 두 마리의 노새를 사용해 땅을 깊게 갈 수 있는 회전쟁기 사용이 허가되었다. 이 일은 소년기에 했던 일 가운데 가장 지루하면서도 어려운 일이었으나 그럼에도 큰 성취였다. 몇 에이커 정도 되는 밭을 갈 때는 첫 쟁기질은 종종 해뜨기 전에, 가급적 주변 숲이나 울타리, 관목 울타리가 근접한 밭의 삐뚤어진 주변부에서 시작했다. 작은 몸집과 약한 목소리를 가지고 어디로 튈지 모르는 쟁기 손잡이를 잡고 명령을 내리면서 재갈에 연결된 씨줄로 노새들과 씨름하는 일은 큰 도전이었다. 노새의 한 걸음은 성인이 성큼성큼 걷는 보폭에 가까워서, 종종 쟁기 속도에 맞추기 위해 종종걸음을 걸어야 했다. 선두에 선 노새에게 왼쪽으로 갈지 오른쪽으로 갈지 명령을 내릴 때는 "야gee", "이랴hau"라고 소리치는 것이 도움이 되었다.

　몇 에이커의 밭을 갈 때, 쟁기질은 밭 중심 쪽으로 1피트가 조금 모자라게 벗어나는 지점에서 끝났다. 처음에는 이런 거창한 목표를 이루는 것이 불가능해 보이지만, 느리더라도 계속 앞으로 나아가면 목표를 이룰 수 있다. 쟁기질하는 동안에는 상대적으로 멍하게 있을 수 있기 때문에 종종 자유로이 공상을 즐겼다. 날이 잘 서고 균형이 잡혀 흙 사이를 가르고 나가는 강철쟁기날은 완벽한 농사도구처럼 보였다. 육체적으로나 정신적으로 노새와 한 몸이 되어야 하는데, 이때 노새들의 특징을 이해하면서 말을 듣지 않는 노새에게도 내 뜻을 관철시켜야 한다. 쟁기질이 성공적이려면 날씨, 지난번 내린 비의 영향, 그리고 흙이 햇빛에 노출된 정도가 중요하다. 모든 조건이 맞아떨어지면 작업도 쉬

워진다. 초급 수준의 산수실력으로 때때로 얼마나 오래 밭을 갈아야 이 일을 마치고 나서 아버지가 주는 다른 일을 할 수 있을지 계산해 보기도 했다. 나중에는 노새와 함께 시간당 평균 2마일을 걷는다고 가정하고 쟁기 방향을 돌리는 시점이나 짧은 휴식시간을 조정할 수 있었다. 하루 동안 쟁기질하면 밭을 22마일에서 25마일 정도 갈 수 있다. 일과를 마칠 때쯤에 뒤를 돌아보면서 얼마나 넓은 경작지에 파종준비를 마쳤는가를 보는 것만으로도 고된 마음이 사라졌다. 내가 해낸 모든 일이 사람, 심지어는 아이라도 해낼 수 있는 일이란 점, 내가 한 일이 눈에 보이는 증거로 남을 것이란 점을 알기에 성취감과 만족감을 느낄 수 있었다.

나는 지금도 내 목공실에서 작업할 때 그때와 동일한 느낌을 받는다. 끌이나 끌칼, 대패, 바퀴살대패, 줄, 스크레이퍼, 사포, 페인트분사기 등으로 힘든 작업을 하는 동안이라도, 지금 하는 일의 결과를 볼 때면 그런 고된 마음이 사라진다. 참신한 디자인, 정확히 계측하는 세밀한 감각, 선택한 목재를 길들이는 과정, 수공구들이 주는 묵직한 느낌과 아름다움어떤 도구든 아주 오래된 디자인을 가지고 있다에서 오는 흥분은 가구를 만드는 데 모두 긍정적인 요소가 된다. 스스로 생각해 낸 디자인과 만들어 낸 작품들을 음미하면 즐겁다. 이런 기쁨은 시간이 흘러도 사그러지지 않았다. 사실 나이를 먹으며 기력이 떨어지고 예전에 즐기던 취미들은 못하게 되면서, 목공이나 그림그리기는 내게 더 중요한 취미가 되었다.

학교 친구들은 모두 농장 출신이었다. 우리는 8학년이 되면서 '전미

영농후계자the Future Farmers of America'의 일원이 되었다. 회원으로서 우리의 임무 가운데 하나는 그동안 농장에서 배워 온 필요한 기술들을 향상시키는 것이었다. 가구제작 같이 더 정교한 목공일의 경우, 각 가정의 작업장보다는 학교 작업장이 더 컸고 목공교본이나 목재가공선반, 목공선반, 접착제 같은 장비들도 더 잘 갖춰져 있었다. 지역 숲에서 다양한 나무를 식별하는 방법과 그 나무들의 특성을 파악하는 법도 배웠다. 우리는 특정 지형에서 자라는 나무들의 목재가치를 평가하는 매목조사법도 배웠다. 학교에서는 비교적 단순한 모양의 의자와 탁자, 서랍장을 만드는 법도 배웠다. 최종점수를 받기 위해 가장 어렵게 도전했던 과제는 백악관 모형을 만드는 일이었다!

더 실용적인 프로젝트로 헛간이나 작은 집, 창고, 다양한 크기의 수납공간을 만들었다. 설계계획을 짜고 비용을 계산하는 법을 배웠고, 동네나 지역구, 그리고 주에 있는 다른 회원들과 높은 수준의 목공품을 제작하여 서로 경쟁했다. 이 가운데 내가 기억하는 프로젝트 하나는 2×6이나 2×8 규격의 작은 집 지붕의 경사진 지붕창에 맞는 서까래를 목재를 잘라 만드는 일이었다. 학교에서 배우는 내용과 농장에서 하는 일은 늘 연관이 있었고 익숙했다. 아버지와 혹은 농업 선생님과의 관계도 마찬가지였다. 어린 송아지를 숫소로 키우는 프로젝트를 맡았을 때, 아버지는 별로 도움을 주지 않고 대신 나 스스로 우리 집 훈제장 뒤편에 헛간을 직접 설계하고 짓게 시켰다. 여기서 헛간제작이란 여물통, 회전문, 나무창 등을 만드는 것까지 포함한다.

인종문제

어린 시절, 나는 백인 가정인 우리 집과 아처리 지역의 이웃들인 흑인 가정들 간에 어떤 사회적이고 법적인 차별이 존재한다고 생각해 본 적이 없었다. 물론 우리 집이 그들의 집보다 크다는 것, 우리 아버지가 그들의 고용인이란 것, 우리 집에는 자동차나 픽업트럭이 있지만 이웃들은 걸어다니거나 혹은 마차나 노새를 타고 다닌다는 것쯤은 알고 있었다. 다만 아버지가 일을 더 열심히 하고 우리가 살던 땅을 소유할 정도로 부유하기 때문에 그런 것이라고 생각했을 뿐이다. 또 백인과 흑인이 서로 다른 학교나 교회를 다니는 것은 문화적인 차이라고 생각했다. 아처리에 있던 세인트 마크 흑인감리교회를 가면 나는 거기서 신령한 진지함, 그리고 플레인스에 있던 우리 백인교회 예배에서는 보기 힘든 생기, 진솔함, 열정을 느꼈다. 당시 나는 백인만 투표권이 있고 배심원이 될 수 있다는 사실은 몰랐고, 사실 누구도 이런 법적 차별에 대해서 언급하는 것을 들은 적이 없었다.

우리 마을에서 가장 영향력 있던 사람이 뛰어난 흑인이란 점 때문에 인종차별문제에 대한 내 인식은 더 혼란스러웠는데, 그분은 마을에서 가장 부유하고 내가 알던 사람 가운데 가장 세련된 사람이기도 했다. 윌리엄 데커 존슨_{감리교회} 목사는 세인트 마크 흑인감리교회와 함께 철길 건너편에 있는 흑인학교 가운데 최고로 간주되던 학교를 소유하고 운영하던 분이었다. 크리스마스마다 그분이 교회나 학교에 다니는 모든 아이들에게 멋진 선물을 나눠 주던 것을 기억한다. 그는 흑인감리

감독교단African Methodist Episcopal Church에 소속된 북부 5주의 모든 교회를 담당하고 있었고, 아처리에 있는 집으로 며칠간 돌아올 때가 되면 그 소식이 지역신문에 주요 기사로 실릴 정도였다. 존슨 목사는 늘 전속운 전기사가 운전하는 큼직한 검은색 캐딜락이나 패커드의 뒷좌석에 앉아 있었다. 그가 에펠탑을 배경으로 파리에서 찍은 유명한 사진도 있었다. 나를 포함해서 다른 모든 사람들이 보기에도 역시 존슨 목사는 대표적인 명망가이면서 출세한 인물이었다.

흑인이 백인 가정을 방문하는 일은 드물었다. 존슨 목사는 아버지와 이야기하고 싶을 때면 비록 스스로는 흑백의 신분 차이를 인정하지 않더라도 당시 관례에 따랐다. 존슨 목사의 운전기사가 우리 집에 와서 아버지가 집에 계신지 확인한 후, 다시 차로 돌아가 존슨 목사를 모시고 집 마당으로 왔다. 운전기사가 경적을 울리면 아버지는 밖으로 나가서 손님과 이야기했는데 주로 차창을 통해 이야기하거나 큰 목련나무 아래 나란히 서서 이야기했다. 어머니는 이런 관례에 별로 신경을 쓰지 않았는데, 독립적 성격을 가지신 데다 또 간호사로서 명성 있는 의학협회 회원이었기에 남들이 뭐라고 하든 신경 쓰지 않았다. 존슨 목사의 아들인 앨번은 하버드 대학교 학생이었고 또 어머니의 친구였다. 앨번이 방학 때 고향에 오면 우리 집 정문에 와서 노크했고 거실이나 현관에서 어머니와 함께 대화를 나누었다. 마침 아버지가 집에 있는 경우, 아버지는 조용히 집을 나와 헛간이나 작업실로 가서 앨번이 떠날 때까지 기다렸다. 부모님이 이 문제를 두고 무슨 이야기를 했는지 알지 못하지만, 적어도 어린 우리들 앞에서 말씀을 나눈 적은 없다.

여섯 살이 되자 마을에 있는 플레인스 고등학교에 입학했다. 그 학교엔 약 250명의 백인 학생이 다녔고 1학년부터 11학년까지 과정이 있었다. 우리 학교는 비록 규모는 작았지만 아주 뛰어난 줄리아 콜먼 교장선생님 덕에 조지아주 안에서도 최고 학교 가운데 하나로 선정되었다. 콜먼 교장은 모든 학생에게 글쓰기주제를 정하여, 고전음악, 미술, 다독, 토론, 무대공연 같은 것들을 강조했다. 매일 일과는 30분가량의 예배로 시작했고, 우리는 예배시간에 공지사항을 듣고 찬송가를 부르고 성경을 암송하고 간략한 설교를 들었다. 나와 나중엔 내 두 여동생도 집 앞에서 작은 버스를 타고 학교를 오갔다. 이 버스는 새 차였을 때 파손된 적이 있어서 차의 본체 위에 좁은 차체가 삐뚤게 얹혀 있었다. 어떤 학생들은 이 버스를 생긴 모양대로 '크래커 상자'라고 놀리기도 했는데, 우리는 매일 이 버스를 공짜로 타고 다닌다는 점에 만족했다. 이 학교에서 새로운 백인 급우들과 물론 친해지긴 했지만, 방과 후나 방학 때 같이 시간을 보내는 아처리의 흑인 친구들과 여전히 더 가까웠다. 이 흑인 친구들과 나 사이엔 서열 같은 것은 없었고, 그저 누가 더 큰 물고기를 잡나, 목화를 누가 더 많이 따나, 누가 야구를 더 잘하나, 레슬링이나 달리기를 누가 더 잘하나 같은 것으로 경쟁할 뿐이었다.

사소하지만 향후 내 인생에 중대한 영향을 준 사건 하나가 지금도 생생하게 기억난다. 열네 살 무렵이었는데, 그때 우리 집과 헛간 북쪽에 있던 밭에서 두 명의 흑인 친구와 작업하고 있었다. 우리가 '풀밭으로 가는 문'이라고 부르던 쪽으로 가던 중에 갑자기 두 친구가 내가 먼저 지나갈 수 있게 양보하는 것이었다. 놀란 나는 순간적으로 이 친구들이 아마도 땅에 철사줄을 치고 내가 걸려 넘어지게끔 장난치는 것이라고 생각했다. 학교농구팀에서 막 뛰기 시작했고, 플레인스에 있던 주말파티에 어울리면서 여자친구에 관심을 갖게 되던 무렵이었다. 나는 그때까진 이 사건을 어느 누구에게도 이야기한 적이 없었다. 몇 해가 흐른 후, 흑인 친구들의 부모가 이제 성인들처럼 인종차별에 엄격하게 순응해야 할 시간이라고 신중하게 말해 주었기 때문에 친구들이 나를 예기치 않게 이런 식으로 대우하기 시작한 것이 아닐까 하고 짐작하게 되었다.

나중에 나는 아처리를 방문하고 이런 시를 썼다.

풀밭으로 가는 문
The Pasture Gate

마을에서 3마일 떨어진 이 텅 빈 집
내가 살았고, 지금 다시 돌아온 집
주변의 집들은 거의 사라졌다.
여기 살았던 사람들은
내 친구 자니나 A.D.처럼 모두 흑인.
어린 시절, 우린 아버지 밭에서 함께 일했고
토끼, 다람쥐, 그리고 꿩을 잡고
메기와 장어를 잡아먹고
화살촉 찾아 땅을 뒤지고
꼬마 연을 함께 날리고
철사를 꼬아 배럴후프를 굴리고

신나게 씨름했었다. 가끔 싸웠지만
우린 생각해 본 적 없었다. 누가 대장인지
누가 더 똑똑한지, 더 뛰어난지를.
그 시간만큼은
마지막 경기에서 이기는 자가 대장이었다.
열네 살 혹은 그 무렵
우리가 풀밭으로 가는 문을 지날 때
친구들은 그 문을 열며
뒤로 물러나 우뚝 섰다.
나는 망설였다.
이게 장난인가, 혹시 밑에 철사줄을 친 건 아닌가
확신할 수 없었다.
나는 생각한다. 친구들은
부모의 충고에 따랐던 것이라고. 혹은 명령에.
이제 이런 일은 드물지만
우리는 그때 거기서 변화되었다.
보이지 않는 선이
친구와 친구 사이, 인종과 인종 사이에 그어졌다.

어머니는 내 어린 시절 내내 정규 간호사로 일했다. 처음 맡으신 일은 와이즈 요양원에서 참을성을 가지고 입원환자를 간호하는 일이었는데, 2교대로 일당은 4달러였다. 부모님은 신혼 초에 병원 위층에 사셨다. 지금 그곳은 아침식사를 제공하는 여관이 되었다. 부모님이 살던 집 전실 문에는 '분만실'이라고 적힌 판이 붙어 있었다. 어머니는 수석외과의사였던 샘 와이즈 박사의 전속 간호사가 되었다. 어머니의 분

42

만일이 다가오자 와이즈 박사는 어머니가 계단을 오르내릴 필요가 없도록 부모님께 1층으로 이사할 것을 권했다. 운 좋게 수술실 건너편에 빈 방이 있었고 거기서 첫 아이를 낳았다. 나는 병원에서 태어난 첫 미국 대통령이다.

아처리로 이사한 후, 아버지 농장의 수입이 늘어났다. 어머니는 환자 가정에서 개인 간호사로 더 많이 일하게 되었는데, 거의 의사 역할을 도맡았다. 아버지나 우리 남매가 아파서 돌볼 때는 일이 한결 편했지만, 어머니 본인이 편찮았을 때는 가사를 돌보기 위해 종종 어머니 친척분이 와서 도와주시곤 했다. 어머니는 거의 대부분 아처리에 사는 흑인 이웃들을 돌보았다. 20시간을 일해야 6달러를 받다 보니 어머니는 밤 10시에 집으로 돌아오는 게 일상이었고, 샤워하고 간호복을 빨고 다음 날 우리가 할 일을 적은 쪽지를 남기고 새벽 2시에 다시 일하러 가곤 했다. 우리는 어머니가 돌보는 환자가 바뀌는 사이에만 어머니를 볼 수 있었다. 어머니의 수입은 대공황 시절에는 간간히 들어왔고, 보통 닭, 달걀, 돼지를 받거나 혹은 우리 집과 뜰에서 일해 주는 것으로 보수를 대신 받았다. 그때는 살기 힘들고 서로 나누는 것이 중요한 시절이었기 때문에, 어머니는 사례를 받을 수 있을지의 여부로 환자를 달리 취급하지 않았다. 어머니는 종종 휴가를 쓰기도 했다. 이른 여름철 수확기, 아버지와 함께 큰 야구경기가 열리는 도시를 찾는 경우, 혹은 11월에 사람들을 모아 우리 땅에 있는 피칸을 모두 거두어 팔 때였다. 나무에 낮게 열린 피칸은 긴 대나무 장대로 쳐서 떨어뜨렸고, 더 높은 가지의 경우는 사람이 올라가서 피칸을 치거나 흔들어 땅에 떨어뜨

어머니 릴리안 고디는 간호사가 되고자 리치랜드의 우체국 직원 자리를 버리고
1920년 18마일 떨어진 인구 500명 남짓의 플레인스로 이주했다.
어머니는 간호사 수련이 끝나던 1923년 나의 아버지 얼 카터와 결혼했고,
내가 1924년 10월에 태어났다.
이 그림은 인도의 평화봉사단에서 자원봉사를 하던 어머니의 칠순 때 모습이다.

렸다. 어머니 수입으로는 여동생 옷을 사거나 다른 필요한 물품을 구입했다.

부모님을 제외하면, 레이첼 클라크 아주머니가 나와 가장 가까운 사람이었다. 밭에서 레이첼 아주머니와 나란히 일할 기회가 있을 때마다 아주머니의 엄청 빠른 속도와 숙련도를 흉내내 보려고 했다. 아주머니는 아처리에 있는 어느 누구보다도 목화를 따거나 땅콩을 수확하는 기술이 뛰어났다. 밭일이 없으면 아주머니는 근처 작은 개울에서 물고기를 잡을 때 나를 데려 갔는데, 가는 길에 만나는 야생 동식물에 대해서, 또 하느님 및 사람들과 어떤 관계를 맺을 것인가에 대해 친절하게 가르쳐 주곤 했다. 아주머니는 여왕 같은 인상을 줬으나 부드럽고 겸허한 분이었으며, 늘 다른 사람을 도울 궁리를 하셨다. 나는 클라크 씨 댁에서 저녁시간을 자주 보냈고, 그 집 바닥에 작은 판자침대를 놓고 잠을 잤다. 레이첼 아주머니는 추운 날에는 침대를 벽난로 곁으로 옮겨 주었다.

고등학생 때 가장 인기 있던 사람 중 한 명은 애니 메이 홀리스란 흑인 여학생이었다. 애니는 내 두 여동생과도 매우 친해서 동생들과 많은 시간을 함께 보냈다. 애니는 내가 대학에 진학한 후에도 우리 가족과 잘 지냈는데, 나중에 할리우드에 체이스 레스토랑을 소유한 부유한 부부와 함께 일하게 되었다. 애니는 평생을 우리 가족과 연락하고 지냈고, 1953년에는 아버지가 편찮으시다는 소식을 듣고 플레인스를 방문하기도 했다.

내가 어린아이였을 때도 어머니는 흑인을 백인과 차별해 대우하는 어떤 사회적 제약도 거부하는 사람으로 마을에 잘 알려져 있었다. 동생 글로리아는 다른 여자들이 어머니를 흉본다고 어머니께 전하곤 했는데, 어머니는 그냥 웃어넘기며 대수롭지 않은 일로 치부하셨다. 우리 남매는 간호사들은 원래 남들과는 다른가 보다 하고 생각했지만 우리 사남매가 흑인 이웃에 대한 어머니의 그런 태도를 어머니와 확실히 공유하고 있었다고 믿는다. 아버지는 흑인 고객이나 고용인을 언제나 매우 공정하게 대하고 존중했지만, 그럼에도 불구하고 백인과 흑인은 분리되어야 한다고 확실히 믿는 분이셨다. 내가 플레인스 근방에서 알고 지내던 다른 모든 사람들과 마찬가지로 아버지 또한 이런 입장이 성경에 명시되어 있는 대전제라 여겼고, 또 100년 역사의 짐 크로법Jim Crow laws에 의해 확인되었다고 생각했다. 아버지가 돌아가시고 1년 후, 학교에서의 흑백분리가 더 이상 합법이 아니라는 대법원의 결정으로 이 법은 뒤집혔다.

아버지는 민주당원이 모든 공직을 차지하고 있던 지역 및 주 정치에 깊이 관여하셨다. 조지아주 공화당은 애틀랜타의 몇몇 흑인 지도자와 몇몇 농촌지역 등에 산재해 있던 소수의 백인으로 구성되어 있었고, 국가적인 사안에만 신경 쓰고 있을 뿐이었다. 이들 공화당원은 공화당 출신 대통령이 집권할 때는 우체국 직원이라든지 연방세무국 직원, 연방검사장 같은 연방직을 꽉 쥐고 있었다. 조지아주 남부의 중심지는 라인Rhine이었는데, 지금도 그곳의 인구는 400여 명밖에 되지 않는다. 이때는 연방정부 고용인들의 정치활동 배제를 골자로 하는 해치법Hatch Act이 도입되기 이전이었다. 이 법안은 1939년에 통과되었고, 실제 효력을 발휘하게 될 때까지는 몇 해가 더 걸렸다. 민주당이 전국선거에서 패배하면, 시골 지역의 우편배달원이나 다른 직종 공무원들은 호주머니에 선거인명부를 넣고 라인까지 가야 했다. 예산편성이 성공적인 경우 이들 공무원들은 일자리를 보전했다. 외할아버지인 짐 잭 고디는 이런 일에 잘 적응한 달인이었고, 인생 대부분을 양당의 집권과 상관 없이 우체국장이나 세무공무원으로 재직했다.

아버지는 상인이자 농부였을 뿐, 나중에 주 의원으로 선출되어 입법활동을 하기 전까진 전혀 정치에 관심을 두지 않았다. 그러나 양당이 경합하는 전국선거와 완전히 민주당원으로 구성된 지역선거 사이에는 분명한 선을 그었다. 아버지는 1932년 대통령 선거 때 민주당 프랭클린 D. 루스벨트Franklin D. Roosevelt에게 투표했지만, 이어서 공화당 앨프 랜든 Alf Landon, 웬델 윌키Wendell Willkie, 토마스 듀이Thomas Dewey, 드와이트 아이젠하워Dwight Eisenhower를 계속해서 찍었다. 뿌리 깊은 자유주의자였던 아버지는 연방정부가 사적 영역에 침투해 들어오는 추세에 분노했다. 대공황 때는 정부보조금 수급 자격에 맞추기 위해 농부들더러 키우던 농작물을 갈아엎고 돼지를 도살처분할 것을 지시했던 뉴딜 농업정책에도 반대했다. 종종 다수당의 전당대회 라디오방송을 밤새도록 들었던 일이 기억난다. 웬델 윌키가 1940년 공화당 대통령 후보로 지명되었을 때 여전히 배터리식 라디오를 사용하고 있었는데, 개표상황이 방송되던 중 배터리가 방전되었다. 아버지는 픽업트럭을 가져와 커다란 라디오를 실외로 옮겨 땅에 놓고 자동차 배터리에 라디오를 연결했다. 아버지는 나중에 우리 지역을 관할하던 전기회사인 섬터 일렉트릭

멤버십의 책임자 중 한 명이 되었고, 그 얼마 후에 전등, 부엌용 전기스토브, 라디오, 냉장고를 집에서 사용할 수 있었다. 이로 인해 우리 각자의 삶은 변화했다. 부모님은 우리 카운티의 행정청 소재지인 애틀랜타의 종교교육협회REA 연례모임이나 시카고의 전국모임, 그리고 다른 회합들에도 참석했다.

농장에서 대학으로

농장에서 행복했고, 아버지를 존경했으며, 우리 마을에서 아버지의 경력을 이어 나갈 수도 있었다. 그러나 부모님은 나를 위한 다른 계획을 가지고 있었다. 아버지는 조지아주 오거스타 인근의 군사학교인 리버사이드 아카데미를 10학년까지 마쳤다. 그때까지 우리 집안 남자들이 받은 최고 교육이었다. 아버지와 어머니는 내가 고등학교를 마치고 대학에 진학하길 바랐지만, 당시에는 누구에게나 돈이 필요했다. 그러나 우리는 미국에 등록금과 기숙사가 무료인 대학이 두 곳 있다는 것을 알고 있었다. 웨스트포인트에 있는 육군사관학교와 아나폴리스에 있는 해군사관학교였다.

아버지는 당신이 복무했던 육군에 그다지 특별한 애착은 없었고, 톰 고디 막내 외삼촌이 해군 무선통신요원으로 태평양 지역에서 근무하고 있었다. 외삼촌은 어린 시절 나의 펜팔이었고, 우리는 정기적으로 편지를 주고 받았다. 외삼촌은 호주, 일본, 필리핀, 중국, 그리고 다른 해외에서 기념품을 보내 주었다. 나는 곧 해군의 길을 걷기로 결정했고, 해군사관학교 졸업을 목표로 정했다. 저학년일 때 해군사관학교 입학은 내 삶의 목표였다. 우리 모두는 이 학교가 조지아주 상원의원 혹은 하원의원에게 받은 추천장과 학업성적에 기초해서 입학허가를 내 준다는 것을 알고 있었다. 부모님과 선생님은 이 점을 내게 늘 상기시켰으며, 나 역시 그분들을 실망시키지 않았다. 우리 학교가 제공하는 타자수업이나 속기 같은 모든 과외수업을 이수했다. 대학생활 내내, 모든 수업을 그레그Gregg 속기법으로 받아 적었고, 타자실력도 유지했다.

아버지의 모든 노력에도 불구하고, 나는 1941년 고등학교를 졸업할 때까지만 해도 해군사관학교로부터 입학허가를 받지 못했다. 그래서 근방에 있던 조지아 사우스웨스턴 칼리지에 입학해 과학 교수인 L. R. 토슨 박사의 조수로 일했다. 약간의 봉급도 받았고 물리, 화학, 수학, 천문학을 공부할 수 있는 기회도 덤으로 얻었다. 토슨 박사는 그 지역 예비군 사령관이기도 했다. 그는 제2차 세계대전 초반부엔 일주일에 두 번씩 군사훈련을 담당했는데, 그럴 때면 나는 토슨 박사를 대신해 1학년 수업을 가르쳤다.

1941년 12월, 일본이 진주만을 폭격했을 때 나는 초급대학의 신입생이었다. 괌에 주둔하고 있던 톰 삼촌과 80여 명가량의 다른 해군들의 안부가 매우 걱정되었다. 며칠 후, 우리는 진주만 공습 하루 전 일본군이 무방비 상태이던 괌을 침공해서 장악했다는 소식을 들었다. 그 섬에 주둔하던 해군요원의 임무는 태평양에 있는 해군전함과 해군기지 간의 무선통신을 중계하는 것이었는데, 섬의 주민들 가운데 불필요한 사상자가 발생하지 않도록 일본군과 교전하지 말 것을 상부로부터 지시받았다. 우리는 톰 삼촌에게 무슨 일이 일어났는지 알 수 없었다. 외숙모인 도로시 아주머니는 세 아이들을 데리고 샌프란시스코의 집을 떠나 플레인스 서쪽의 인근 농가인 우리 외가에 머물고 있었다. 도로시 숙모는 아주 미인이었다. 나는 플레인스의 가족을 방문할 때마다 도로시 숙모를 만났다. 숙모는 남편에게서 어떤 소식이라도 들을 수 있지 않을까 기다리고 있었는데, 전쟁포로가 되었을 것이라는 기대와 달리 2년 후 공식적으로 톰 삼촌이 전사했다는 통보를 받았다. 도로시 숙모는 친정식구들과 살기 위해 캘리포니아로 돌아갔다. 편지에 따르면, 도로시 숙모의 아버지와 형제 몇몇이 모두 소방관으로 일하며 샌프란시스코에서 살고 있다고 했다. 1944년이 끝나갈 무렵, 도로시 숙모는 아이들을 양육하기 위해 친정식구의 친구인 한 소방관과 재혼할 것이라는 소식을 보내왔다.

전쟁이 끝나고, 톰 삼촌이 생존해 있었다는 사실이 알려졌다. 그동안 산에서 채굴한 석탄을 큰 철로로 보내는 짧은 철로를 건설하는 강제노역을 일본에서 하고 있었던 것이다. 톰 삼촌은 극도로 학대당해 몸무게가 100파운드가량 줄었고, 정맥염 혹은 정맥류를 앓고 있었다. 삼촌은 병원에 실려가 거의 임종을 기다리는 상태였지만 법에 따라 해군 대위로 진급했고, 따라서 전쟁 중 현역으로 복무했다면 받을 수 있었던 모든 봉급을 수령받았다. 나는 톰 삼촌과 도로시 숙모가 재결합할 것이며, 도로시 숙모가 제안한 대로 숙모의 재혼이 무효가 되리라 기대했다. 그러나 외할아버지, 외할머니, 그리고 어머니와 이모들은 도로시 숙모가 정숙한 사람이 아니며 이혼이 최선의 선택이라고 삼촌을 설득했다. 그때 나는 첫 함선에서 복무 중이었는데, 도로시 숙모 및 조카 몇명과 짧게나마 소식을 주고받고 있었다. 가장 나이가 많은 조카의 이름은 내 이름을 따서 지어졌다.

제 2 장

해군 시절

아나폴리스에서

조지아공과대학교조지아텍에서 2학년을 마치고 1년간 해군 예비장교 훈련을 받은 후, 1943년 해군사관학교 입학허가를 받았다. 전시였기 때문에 해군사관학교 1947년 졸업반은 4년 과정을 3년만에 이수할 수 있었고, 1946년 6월에 졸업했다. 아나폴리스에서 해양공학을 전공하면서 전기, 전자, 기계설계, 항해기술, 전함제작, 운행, 장비, 장갑 등에 대해 공부했다. 해군사관학교에서 훨씬 더 좋은 성적을 거둘 수도 있었지만, 그 전에 2년 동안 다녔던 조지아텍에서 더 강도 높게 공부하여 이수한 과목들로 해군사관학교 학점을 대체했다. 외국어 수업 한 과목을 빼면 모든 생도들은 정확히 같은 과목들을 이수했다. 1학년 생도일 때 내 룸메이트는 아이오와 대학교에서 이미 이학사를 받은 친구였는데, 그 친구가 이수한 과목들의 학점은 인정받지 못했다.

우리 학년에 흑인 생도는 없었다. 하지만 내가 해군사관학교 2학년일 때 웨슬리 브라운이라는 흑인 생도가 입학을 허가받았다. 그 친구가 내가 소속되어 있던 크로스컨트리 팀에 합류했을 때, 나는 그 친구를 더 잘 알게 될 기회를 얻었다. 아처리에 있던 흑인 친구들처럼 웨슬리 브라운과도 편하게 지냈지만, 미국 전역에서 온 많은 백인 생도들은 그 친구가 해군사관학교를 다닌다는 사실에 분개했고, 상급생들이 했던 단체행동을 하거나, 괴롭히거나, 혹은 과도한 벌점을 주는 방식으로 그 친구가 학교를 스스로 그만두게 만들려 했다. 이전에 입학했던 5명의 흑인 생도들도 같은 방식으로 괴롭힘을 당해 학업을 중도에 포기하고 말았다. 감독관이 담당장교가 브라운 생도에게 준 부정적인 수행점수만 계산한다는 소문이 돌았다. 우리는 이런 지시가 해군사관학교보다 더 상급기관, 아마도 백악관에서 온 것이라고 짐작했다. 훗날 브라운 소령은 그의 자서전에 크로스컨트리 팀 동료였던 나와의 우정과든든한 지원에 대해 언급하면서, 내가 남부 중에서도 특히 '디프사우스Deep South' 출신이라는 점 때문에 이 일이 얼마나 특별했는지 적었다.

줄리아 콜먼 교장선생님은 모든 학생들에게 고전음악을 소개했고, 조지아텍에서 룸메이트였던 로버트 옴스비는 훌륭한 음반을 소장하고 있었던 까닭에, 해군사관학교 2학년 때 피아니스트였던 로버트 스콧과 같은 방을 쓰는 시간은 무척 즐거웠다. 그 친구와 나는 생도에게 지급되던 생활비2학년 생도는 7달러, 4학년 생도는 11달러를 모두 털어 고전음반을 샀다. 서로 다른 피아니스트들의 기량을 비교하고자 종종 같은 피아노 콘체르토를 녹음한 다른 음반들을 구입했다. 나중에 블라디미르 호로비츠(Vladimir

Horowitz)는 우리를 위해 백악관에서 연주회를 가졌고, 나는 그가 라흐마니노프(Rachmaninoff), 루빈스타인(Rubinstein), 그리고 다른 연주자들보다 낫다고 평했다. 우리는 다른 고전음반들을 폭넓게 구해 감상하길 즐겼는데, 스콧은 그 당시에 고급 음향기기를 가지고 있었고 특별한 날이면 그 기기로 음악을 크게 틀었다. 바그너의 악극 《트리스탄과 이졸데 *Tristan und Isolde*》의 마지막 아리아인 '사랑의 죽음 *Liebestod*'이 울려 퍼질 때마다 한 무리의 생도들이 우리 방문 앞에 모여들었던 것을 기억한다.

역사, 문학, 그리고 미 해군에 대한 모든 것을 일반 수업보다 더 깊이 배우고 싶었다. 나는 독서광이었고, 열정적인 크로스컨트리 선수였고, 조종술에 푹 빠져 있었다. 매달 말에는 체서피크만을 가로질러 올라가 해군조종사들과 함께 비행하는 것이 허용되었는데, 이들 조종사들은 보우트 정찰기 Vought OSTU 와 장거리 PBY 패트롤 폭격기를 타고 지정된 필수 비행시간을 채우게 되어 있었다. 나는 수상이착륙법을 배웠고, 조종사의 지시에 따라 두 기종을 조종하는 법도 배웠다. 아울러 많은 국적의 비행기들이 스크린 속에서 순식간에 지나갈 때 그 형체나 윤곽을 신속하게 식별하는 법도 배웠다. 그때는 졸업 후 해군조종사가 될 작정이었다.

군대 내 얼차려가 허용되던 시절이었다. 신입생 때 나는 특별히 북부 출신 상급생들의 표적이 되었다고 느꼈다. 남부 출신이었던 나는 〈조지아를 건너 진군 Marching Through Georgia〉을 부르길 거부했고, 출신 지역에 대한 험담을 듣고 가만히 있지 않았다. 대부분의 얼차려를 시원스레 받아들였는데, 아마도 이런 태도가 나중에 그들과 더 나은 교감을 갖는 데 도움이 된 것 같다. 생도 4학년생 중엔 몇몇 사디스트들이 있었고, 우리는 그네들을 경멸하되 가급적 피하라고 배웠다. 기상나팔이 불기 전에 특공코스를 도는 얼차려에 이골이 났다. 밤에는 여러 방을 돌며 팔굽혀펴기 47회, 혹은 우리 학년의 배수만큼으로 앉았다 일어나기 94회를 했다. 우리에게 가장 힘든 '놀이'는 '크루즈 박스 경주'였다. 모든 생도들은 짐을 싸서 배로 가져가는 데 쓰거나, 책이나 철 지난 제복을 넣어 두는 나무상자를 가지고 있었다. 여기서 '경주'란 것은, 닫힌 나무상자 속에 비집고 들어가 그 안에서 제복을 갈아입고, 밴크로프트 홀의 지정된 현관을 찍고 와서는 다시 그 안에 들어가 일상복을 갈아입고 나오는 식이었다. 상대적으로 나는 체구가 작았기 때문에 꽤 유리했다.

상급생들의 명령을 어기거나 혹은 어겼다고 간주되면 빗자루로 맞거나 더 나쁜 경우 큼직한 배식용 쇠수저나 주걱으로 식당에서 맞았다. 물집이 터지는 일은 다반사였다. 소위 가학행위의 목적은 우리를 단련시키고 체벌을 견뎌 낼 수 없는 생도는 솎아 내기 위함이라 했다. 가장 가까운 친구 하나는 자살했고, 그의 룸메이트는 우리 방으로 옮겼다. 아나폴리스에서의 첫날, 우리는 일렬로 나란히 서서 우리 혹은 우리를 마주 보고 서 있는 생도들이 1년도 견디지 못할 것이며 늘 적어도 3분의 1은 중도포기한다고 들었다. 약한 모습이 보이는 것 같으면, 선배 생도나 지도장교들은 자퇴를 종용하거나, 혹은 나쁜 수행점수를 줌으로써 퇴학시키려는 온갖 노력을 다했다. 전쟁이 끝난 후에 그보다 더 심한 야만적인 행태 대부분이 금지되었다는 소식을 듣고 기쁘기 그지없었다.

여름 항해훈련은 카리브해와 대서양으로 갔는데, 오래된 전함인 USS 뉴욕호를 타고 트리니다드Trinidad를 방문했던 일이 특히 즐거웠다. 돌아오는 길에 우리 군함이 독일 어뢰에 맞거나 혹은 어뢰를 피하려다가 좌초하는 일이 발생했다. 프로펠러 하나가 파손되었고, 우리는 프로펠러가 돌 때마다 선미가 6인치씩 출렁거리는 배를 필라델피아 항구까지 끌고 갔다. 우리 생도들은 6개월 후 다시 바다로 나갔다. 어느 날에는 갑판에 앉아 확성기를 통해 트루먼 대통령이 코맹맹이 소리로 히로시마에 가공할 만한 폭탄이 투하되었으며 이로써 일본이 항복하길 바란다는 연설을 들었다. 모두가 트루먼의 결정을 지지했다. 50만여 명의 미국인이 전투 중 사망했고, 우리가 일본 본토에 진입하면 더 많은 사람이 죽게 될 것인 데다, 일본 육군이 자결하기로 맹세한 것도 우리의 판단이 옳았음을 뒷받침해 주었다. 일본이 겨우 며칠만에 항복했기 때문에 항구로 돌아가기도 전에 종전기념식이 끝나 버려 매우 아쉬웠다.

우리 학년의 상위 10% 안에 들었지만 학업에서나 군인으로서나 어떤 면에서도 아주 뛰어나지는 않았다. 우리 생도 연감《더 럭키 백The Lucky Bag》에 보면 각자의 룸메이트들이 적은 짤막한 생도 소개가 있다. 명백한 과장이긴 하지만 내 소개문에는, "지미는 결코 공부에 신경 쓰지 않는다. 사실 지미는 급우가 문제 푸는 걸 도와 달라고 할 때나 책을 편다. 그러나 그가 공부를 안 한다고 해서 상위권에 들지 않는다는 뜻은 아니다"라고 적혀 있다. 해군사관학교에 감사하며, 내가 받은 교육과 군사교육의 가치를 늘 높게 평가한다.

로잘린

해군장교 임관보다 더 중요한 일이 졸업 며칠 후 결혼한 일일 것이다. 나는 아내가 된 로잘린 스미스가 태어났을 때부터 알고 지냈다. 농장으로 이사한 후 막내 여동생 루스는 로잘린과 많은 시간을 보냈는데, 사실 나는 내 또래 여자애들에게만 관심이 있었다.

해군사관학교 졸업반이 될 무렵 휴가를 맞아 플레인스에서 한 달을 보냈다. 당시에는 미스 조지아사우스웨스턴 대학교로 뽑힌 아넬 그린이라는 매력적인 친구와 사귀고 있었다. 집에서 보낸 마지막 밤에 아넬은 가족재상봉 모임에 참석해야 했는데 나는 초대받지 못했고, 막내 여동생 루스의 남자친구와 드라이브를 하면서 미팅할 만한 여자를 찾고 있었다. 마침 감리교회를 지나치다 로잘린을 보았는데, 로잘린은 영화를 보러 가자는 우리 제안을 받아들였다. 다음 날, 부엌에 들어갔는데, 요리하던 어머니께서 아넬은 가족들과 보냈는데 나는 뭘 했는지 물으셨다. "아메리커스에 있는 극장에 영화 보러 갔어요"라고 답했더니, 어머니는 "혼자서?"라고 되물으셨다. "아뇨, 로잘린 스미스랑 보러 갔어요"라고 했더니, "그런데 너는 로잘린은 어떻게 생각하냐?"라고 다시 물으셨다. 그래서 "로잘린과 결혼할까 해요"라고 답했다.

어머니뿐 아니라 나 스스로도 이 대답에 놀랐다. 로잘린과 우리 관계에 대해 한 번도 대화해 본 적이 없고, 장래에 대해서도 확실히 이야기해 본 적이 전혀 없었기 때문이다. 로잘린은 꽤 미인이었고, 심각할 정도로 수줍음이 많았지만 확실히 총명했고, 덜컹거리는 포드 쿠페 뒷

로잘린은 꽤 미인이었고, 심각할 정도로 수줍음이 많았지만
확실히 총명했고, 덜컹거리는 포드 쿠페 뒷좌석에서도 나와 수다스럽게 이야기했다.

좌석에서도 나와 수다스럽게 이야기했다. 내가 아넬과 데이트하고 돌아온 뒤, 로잘린은 늦은 시간임에도 우리 가족과 함께 나를 배웅하러 기차역까지 나왔다. 나는 로잘린에게 이별키스를 해 주었다. 나중에 아넬이 의대생과 결혼해서 메이컨으로 이사 갔다는 소식을 듣고 행복을 빌어 주었다. 로잘린과 나는 크리스마스 휴가 때 데이트했고, 다음 해 2월에 부모님과 로잘린이 함께 에이브러햄 링컨과 조지 워싱턴의 생일을 기념하는 짧은 휴일을 보내러 아나폴리스로 왔다. 그때 로잘린에게 청혼했지만 거절당했다. 플레인스로 돌아간 로잘린은 돌아가신 자신의 아버지에게 대학을 마칠 것이며 졸업 전에는 결혼하지 않겠다고 약속했다는 내용의 편지를 보내왔다. 게다가 로잘린에게는 같은 대학에 다니는 남자친구도 있었다. 나는 절망해서 로잘린에게 편지를 쓰고 전화도 자주 걸었다. 마침내 로잘린은 청혼을 받아들였고, 로잘린이 아메리커스의 초급대학을 졸업한 후 7월 첫째 주에 결혼식을 올렸다. 며칠 후엔 내가 승선하게 된 배가 진주해 있던 버지니아주 노퍽에 신혼살림을 차렸다. 우리는 해군기지에서 몇 마일 떨어진 아파트 윗층을 신혼집으로 구했다. 다음은 내가 로잘린에 대해 쓴 시다.

로잘린
Rosalynn

그녀가 웃으면, 새들은 더 이상
노래할 필요가 없다.

어쩌면 내게 새들의 지저귐이 들리질 않는지도.

사람들 사이에서, 그녀가 날 흘깃 보길 나는 바라지만, 나는 안다.

수줍은 그녀는

혼자 있길 원한다는 것을.

표를 사고 그녀 뒤에 앉아,

영화는 보지 않고, 그녀 머리칼에 비치는

영상을 바라본다.

그녀의 속삭이는 소리는

흐린 날 번쩍이는 번개처럼

내 멍한 정신을 일깨운다.

그녀의 냉담에 내 영혼은 텅 비고

내게로 와 함께하니

영혼은 바보같이 충만해지네.

더 이상 수줍지도 않고, 머리카락도 희끗하지만

그녀가 웃을 때

여전히 새들은 노래하길 잊고

내겐 새들의 지저귐이 들리지 않네.

전함

임관을 앞둔 생도들은 제비뽑기로 첫 부임지를 정하는데, 내 번호는 맨 끝자락에 있었다. 첫 임지는 현역으로는 당시 가장 오래된 전함이었던 USS 와이오밍호였다. USS 와이오밍호는 1912년에 실전배치되어 제 1차 세계대전에서 활약했고, 이후에는 훈련용 전함이 되었다가 제2차 세계대전 동안에는 12인치 함포를 장착하고 해안 포격을 맡았다. 이후 와이오밍호는 최신 레이더와 통신장비, 항법장치, 그리고 함포장비를 시험하는 전함으로 실험적으로 운용되었다. 전근을 신청하려면 이 부임지에서 2년을 복무해야 했다. 젊은 장교로서 나는 일상적인 임무에 아울러 전자기술장교로서 꽤 창의적인 임무를 동시에 수행했다. 당시는 예산이 매우 빠듯한 시절이라 자이로 나침반, 레이더, 장거리 전파 항법시스템, 또는 화재통제시스템 가운데 시험모델 한 개만 구매할 수 있었는데, 내 임무는 각각의 성능을 철저하게 가급적 저비용으로 시험하는 것이었다. 수거된 비행목표물의 정지화면 혹은 동영상 및 탄흔을 조사해 대공화기의 정확도를 시험하는 일도 맡았다. 당시는 컬러필름 개발 초창기였고, 함상에서 작업했다.

외관으로만 봤을 때 내가 근무한 전함은 좀 볼품이 없었다. 전시에 진을 다 빼서 그런지 선체는 낡았고 계속 침수되었다. 장교와 승무원이 최선을 다해 유지보수했음에도 선체에서 소량이긴 하지만 기름이 계속 흘러나왔고, 따라서 우리 배는 항구에 입항해 다른 해군함정들과 나란히 선창에 정박할 수 없었다. 그래서 항구 바깥에 닻을 내리고 정박하면서 썰물이 수질오염을 최소화해 주길 바라는 수밖에 없었다. 이것은 곧, 가끔 대서양에서 작전이 없을 땐 작은 보트를 타고서야 해안을 오갈 수 있었다는 뜻이기도 하다. 선임장교들과 회사대표들이 우선순위였고, 나머지 사람들은 기다린 후에 보트를 탈 수 있었다. 그나마 바다가 거칠 때는 작은 보트조차 띄우지 못했다.

버지니아와 노스캐롤라이나 해안선을 따라 5일간 왕복항해를 하면서 주어진 실험을 하는 것이 우리의 평범한 일정이었다. 토요일과 일요일에는 닻을 내리고 정박했다. 나를 비롯해 임관한 소위들은 경계장교로서 세 번째 주말에 함상근무를 해야 할 의무가 있었고, 부여된 고정임무와 관련된 특별한 일이 없으면 다른 두 주 동안은 가족과 시간을 보낼 수 있었다. '특별한 때'란 새로운 전자장비를 함상으로 실어 와 설치하고 다음 주 테스트를 위해 성능을 시험하는 것이었다. 전자기술장교였기 때문에 종종 이런 임무를 맡았다. 새로운 장비들을 가지고 일을 했는데, 한번은 수리 중인 레이다의 전기공급장치 아래 누워 작업하다가 상당히 심하게 감전된 일도 있었다. 함상의 사기는 매우 낮았고 나도 해군생활에 진저리가 나기 시작했다. 임무를 수행하면서, 육지에서 가족과 가능한 한 많은 시간을 보내거나 혹은 해군기지에 있는 큼직하고 장비가 잘 갖춰진 목공작업실에서 가구를 만들고 싶었다. 내 이층침대에 걸려 있던 "그래서 어쩌라고?"라고 적힌 팻말이 기억난다.

그해 연말, USS 와이오밍호가 마침내 현역에서 은퇴하고 USS 미시시피호로 교체될 것이란 사실을 알고 기쁘기 그지없었다. USS 미시시피호는 1917년에 진수되었고, 제2차 세계대전 중에는 수송선 경호나 해안선 포격에 투입되었다. 그리고 1947년에는 와이오밍호가 하던 임무를 맡기 위해 마지막으로 다시 한번 개조되었다. 선체는 조선소에서 새로 개조했는데, 상태가 아주 좋아서 어떤 항구에나 드나들 수 있었고 부두에 정박할 수도 있었다! 다른 실험적인 프로젝트들이 이 배에서 진행되었고, 장교들과 수병들은 임무에 큰 변동 없이 새로운 함선으로 갈아탔다.

이 무렵, 전자기술장교로 발령받은 것이 얼마나 큰 행운인지 깨달았다. 당시 군대, 심지어 육군과 해병대에도 도입되고 있던 거의 모든 첨단 기술들에 아무런 제약 없이 접근가능했기 때문이다. 마침내 처음으로 나의 모든 능력을 해군에서 경력을 쌓는 데 쓰기로 결심했고, 항해술, 항법, 함상에 설치되어 시험평가되던 여러 장비들과 함선 자체를 공부하는 데 완전히 몰두했다. 나는 부함장의 특별부관이 되었고, 미군사연구소U.S. Armed Forces Institute 관리자로 자원하기도 했는데, 이 프로그램은 장교들과 사병들에게 고등학교와 대학 수준의 과정이나 혹은 무료 보강교육과정을 제공했다. 우리는 작은 그룹을 하나 만들었고 나는 일반 주제를 다루는 과목을 가르쳤다. 회화 과정을 신청한 한 수병이 있었는데, 그가 주문한 책과 미술용품이 도착하기도 전에 해군에서 제대해 버렸다. 책과 미술용품이 도착하자 몇몇 다른 수병들과 나는 수채화와 유화에 도전했고, 우리 아파트 근방의 풍경을 스케치했다. 또 유명한 미술가와 작품에 관한 몇 권의 책도 수집했다. 지금도 서재에 잰 고든의 《초보자를 위한 회화Paintings for Beginners》 1939년판을 가지고 있다.

그 무렵 정치에 관심을 갖게 되었지만, 다른 장교들처럼 정치적으로 중립적인 태도를 견지했다. 미시시피호 선상에서 남은 몇 개월을 복무하는 동안 해리 트루먼Harry S. Truman 대통령이 인종 간 평등과 전쟁종식을 위해 어려운 결정들을 내리는 것을 보고 트루먼을 존경하게 되었다. 1948년 대통령 선거유세 초반에, 나는 루스벨트 대통령 시절 부통령이었던 트루먼의 선임자인 헨리 월리스Henry A. Wallace가 노퍽에서 대통령 후보자 연설을 한다는 것을 알게 되었다. 윌리스가 인종분리정책에 대한 강력한 비판자라는 점, 《뉴 리퍼블릭 *New Republic*》의 편집장이었던 점, 또 소비에트 연방과의 냉전종식을 외치는 사람이라는 점도 알고 있었다. 그 연설을 들으러 가려는 계획을 부함장에게 보고했을 때, 부함장은 내가 정치집회에 참가한다는 점과 특히 그 집회가 헨리 윌리스 같은 과격분자의 집회라는 점 때문에 크게 화를 냈다. 결국 그 연설을 직접 듣지는 못했지만, 대통령 선거의 추이는 계속 지켜보았다.

그해 왜 로즈 장학생 Rhodes Scholarship 을 신청했었는지 기억나지 않는다. 해군사관학교와 다른 사람에게 추천서를 받고 에세이를 쓴 후, 조지아주 시민 자격으로 신청서를 제출했다. 에세이에는 해군장교로서 옥스퍼드에 입학허가를 받으면 국제관계에 대한 내 지식을 세계평화 증진에 사용할 수 있다는 내용을 담았다. 로즈 장학생 최종후보에 올랐다는 연락을 받고, 인터뷰를 위해 애틀랜타에 갔다. 애틀랜타에서 사촌인 돈 카터와 밤을 지샜는데, 이때 텔레비전을 처음 봤다. 기억하기론 화면크기가 엽서 한 장 만했다. 앨라배마에서 온 마르고 구부정한 젊은 친구와 로즈 장학생 최종선발을 놓고 다투었다. 그는 심사관들에게 자신은 오직 엘리자베스 1세 시절의 영국문학에만 초점을 맞춰 공부해 왔으며, 엘리자베스 1세가 사망한 1603년 이후의 문학에는 전혀 관심이 없다고 말했다고 한다. 나는 지난 신문과 잡지를 잘 숙독해 두었다가, 역사, 지리, 시사에 관한 심사관들의 다양한 질문에 답했다. 앨라배마 친구가 최종선발되었다는 소식에 별로 놀라지는 않았다. 그 친구와는 한두 차례 편지를 주고받았는데, 그의 부모로부터 영국에서 공부하던 중 사망했다는 이야기를 전해 듣고 매우 안타깝게 생각했다.

젊은 해군장교로 받았던 300달러 남짓한 월급을 가지고 어떻게든 제복도 사고, 승선 중 먹을 음식도 사고, 아파트 월세도 내고, 막 가족의 일원이 된 아들 잭을 포함한 가족 생활비까지 감당해야 했다. 가구가 갖춰진 집과 그렇지 않은 집의 생활비는 차이가 많이 났기 때문에, 옷장제작 전문가였던 준위들이 주로 사용하던 해군기지 내 고급스러운 목공작업장을 최대한 이용했다. 그들에게서 재질이 다른 목재 사용법, 잘 짜여진 이음매 제작법, 적절한 접착제 사용법, 표면 마감법 등을 배웠다. 이사비용을 아끼기 위해 부임지를 옮길 때는 가구들을 집에 두고 떠났다. 그러나 나중에 플레인스 공공주택조합이 제공하는 작은 무가구 아파트로 입주할 때는 이층침대, 탁자, 의자 같은 것은 가져 갔다. 그 무렵 우리가 가지고 있던 제일 좋은 가구는 흰참나무로 만든 장으로, 호놀룰루의 잠수함 기지에 살던 때 내가 직접 만든 것이었다. 45도로 모서리를 붙여 처리하고 오목한 경첩을 단 이 장은, 고급 라디오와 레코드시스템을 수납하려고 만든 것이었다.

잠수함

2년 후, 일반함정, 혹은 특수근무지인 정보부서, 해군공군U.S. Naval Air Force, 잠수함 중 하나로 근무지를 지원할 수 있었다. 이 무렵 나는 해상 작전에 크게 끌렸고, 신중하게 고민한 끝에 잠수함 근무를 지원해 보기로 했다. 선발된 뒤 폐쇄공포증 및 다른 심리 검사를 통과했고, 아내와 아들 잭도 함께 코네티컷주의 뉴런던으로 이사했다. 6개월 동안 50명의 장교들과 함께 강도 높은 훈련을 받았는데, 이들 중 몇몇은 다른 나라에서 온 장교들이었다. 교육은 매우 실용적이었다. 우리는 잠수함의 구조와 잠수원리, 어뢰의 조립·보관·발사법, 해상에서 사용하는 잠수함 포 사용법, 잠수 중 사용되는 거대한 축전기 관리법, 방수설계된 튼튼한 선체 내부를 둘러싼 파손되기 쉬운 얇은 탱크들로 구성된 민감한 선체부위를 다루는 데 필수적인 특별한 항행기법들을 배웠다.*

그동안 여러 차례의 치명적인 잠수함 사고가 있었기에 심하게 파손되어 수면으로 부상할 수 없는 상태의 잠수함에서 탈출하는 요령을 필수적으로 훈련받아야 했다. 가압탈출구는 몇 사람이 동시에 잠수함을 떠날 수 있도록 설계되어 있는데, 이때 바다 깊이는 300피트에 달한다. 물 위로 천천히 떠오르지 않으면 폐 속에 있던 공기가 고압 때문에 혈류로 들어가서 무의식 상태에 빠지거나 심지어는 사망할 수도 있다. 100피트짜리 탱크가 잠수함 바닥에 있었는데, 우리는 탱크 바닥으로 내려가서 고압을 견뎠다가 작은 밧줄을 잡고 맨발로 부상속도를 조절해서 개인탈출용 맘슨Momsen 폐를 통해 숨을 내쉬면서 물 위로 올라오는 훈련을 숙달했다. 허접해 보이는 이 장치는 날숨에서 이산화탄소를 제거하고 생존에 필요한 충분한 산소를 공급한다. 몇몇 훈련자들과

---

* 노트 : 우리는 '잠수함'과 '함정' 혹은 '보트' 같은 용어들을 뒤섞어 사용했고, 잠수함을 타는 수병을 칭하는 '서브마리너'를 발음할 땐 늘 세 번째 음절에 강세를 넣어서 발음했다.

함께 인공호흡장치를 사용하지 않는 소위 '자유부상'이라 부르는 방법을 자원해 시험해 보았다. 날숨을 쉴 때 공기방울을 관찰하면서 공기방울보다 더 빨리 부상하지 않도록 조절하는 것이 이 기술의 핵심이었다. 이 훈련은 매우 불쾌한 경험으로 잠수함 근무 초창기 시절의 가장 생생한 기억으로 남아 있다. 다른 모든 사람들보다 더 뛰어난 성적을 거두기로 결심했다.

이때 처음으로 잠수함에 매료되었다. 이 잠수함은 자랑스런 역사를 가졌고, 모든 대원은 서로 친밀했다. 몇몇 사병들은 기계, 전기, 어뢰, 장비, 조타, 포, 항해, 소방 등 각자의 고유임무만 맡기도 하지만, 모든 장교들은 이 모든 일을 능숙하게 할 수 있어야 했다. 무지로 인한 판단 착오 하나만으로도, 혹은 밸브 하나를 여닫는 실수만으로도 모든 승조원들의 생명이 위태로울 수 있다는 것을 우리 모두는 알고 있었다.

1948년 잠수함 학교 수강생 가운데 트루먼을 대통령으로 뽑으려는 사람은 나 하나밖에 없다는 점을 알게 되었다. 다른 장교들은 트루먼이 경제문제는 너무 진보적이고, 안보의식은 불충분하다고 보았으며, 무엇보다 선거에서 승산이 없다고 여겼다. 인종평등에 관한 트루먼의 공약 같은 것은 누구도 언급하지 않았지만 아마 중요한 변수였을 것이다. 아내와 나는 사교모임에서나 혹은 사적으로 다른 학생들과 있을 때마다 트루먼을 두둔하는 데 지쳤다. 그들은 모두 토머스 듀이Thomas Dewy를 찍었고, 트루먼이 선거에서 이긴 뒤론 아무도 우리와 말하려 하지 않았다.

잠수함 학교를 마치고 USS 폼프렛SS-391에 배정받았는데, 잠수함이 3일 후 서태평양으로 장기항행을 나가기 전까지 서둘러 호놀룰루에 있는 잠수함 기지로 가야 했다. 로잘린과 잭은 내가 모항으로 돌아올 때까지 플레인스에 가서 친척들과 함께 4개월을 보내기로 결정했다. 폼프렛호는 제2차 세계대전 때 투입된 320척의 표준형 잠수함 가운데 하나로, 그중 132척은 거의 똑같이 생겼다. 이 잠수함들은 75일간의 순찰항해에 맞춰 설계되었는데, 하와이에서 보통 12,000마일 반경에 해당하는 태평양 전체를 활동무대로 삼을 수 있었다. 각각의 잠수함은 평균 10노트의 속도로 움직였고, 나를 비롯한 장교를 포함해 약 75명의 승조원이 승선했다.

잠수함은 시가처럼 생긴 매우 튼튼한 내부 선체를 가지고 있었으며 최대작전수심_{보통 조건에서는} 450피트까지 수압을 견딜 수 있었다. 선체를 둘러싼 부력탱크에는 디젤이 채워져 있거나 혹은 수면에서 비웠다가 잠수할 때 해수로 채운다. 잠수함이 수면으로 올라올 때 압력실의 약 80%는 수면 아래 잠겨 있었다. 항구에 있거나 혹은 고요한 날 순항할 때는 잠수함 위에 나무갑판을 깔고 승조원들이 그 위를 걸을 수 있었다. 함수에 있는 이 갑판은 수면 위 약 10피트 정도 높이에 위치했다. 그러나 함미 쪽으로 가면 이 갑판은 고작 4피트 높이가 된다. 우리 잠수함의 압력실은 지름이 16피트, 길이는 312피트였다. 우리는 이 공간 안에서 엔진, 어뢰, 축전지 등과 함께 매일매일을 보냈다. 이 선체 위로는 '전망탑'이라 불리는 작은 가압 실린더가 있는데, 잠수 중에는 거기서 잠망경을 수면 위로 올려 몰래 주변을 정찰할 수 있었다.

주력 무기는 24발의 어뢰로, 잠수함 함수나 함미에 보관했다가 거기서 직접 발사했는데, 발사 후에는 미리 고정된 궤도로 날아간다. 아울러 5인치 구경의 포가 전망탑 바로 위 주 갑판에, 20밀리 및 40밀리 대공포가 갑판 전방과 전망탑 위에 설치되어 있었고, 50-칼리버 중화기 기관총으로는 항공기와 수상 선박을 공격할 수 있었다.

이 잠수함들은 수면에서는 디젤엔진으로, 잠수 중에는 252개의 배터리를 사용해서 최대항속 15노트로 운항했다. 배터리는 수면에 올라와 있는 동안 충전해야 했다. 각각의 배터리 무게가 1톤이나 나갔지만 그 출력으로는 배를 움직이고 잠수 중에 필요한 장비를 돌리기엔 매우 제한적이었다. 2노트로 잠행할 때는 약 60마일을 갈 수 있었고, 움직이는 목표물에 접근하기 위해 최고속도인 13노트로 기동할 때는 배터리가 고작 30분밖에 작동하지 않았는데, 이는 약 7마일 정도 운항이 가능하다는 뜻이다. 이런 성능제한 때문에 밤에는 수면으로 부상해 배터리를 충전하면서 목표지점으로 이동하고, 낮에는 잠수해 저속으로 이동하는 것이 보통 우리 일과였다. 그 당시에는 잠수 중인 잠수함 내부로 공기를 끌어들여 디젤엔진을 돌릴 방법이 없었다. 공기를 끌어들이는 스노클시스템은 1947년 미국에서 처음 도입되었지만, 내가 잠수함에서 근무하는 동안에는 널리 사용되지 않았다.

잠수함이 수면 위로 부상할 때, 당직사관과 두 명의 경계근무자는 닫힌 해치를 열고 전망탑 위로 올라가 브릿지와 연결된 강철튜브를 통해 신속히 갑판으로 올라갔다. 당직사관이 서 있는 자리는 주 갑판처럼 나무바닥이 깔려 있었고, 해수면 약 10피트 높이에 위치해 있었다. 경계근무자들은 잠망경 타워 곁에 나란히 서는데, 그들의 다리는 당직사관의 머리보다 조금 높게 위치했다. 완벽하게 훈련되어 있다면 필요한 경우 30초만에 다시 잠수할 수 있었는데, 부력탱크에 물을 채우고 선미와 선수의 축을 아래로 향한 후 빠르게 전진했다.

훈련기간 중 유사한 잠수함을 가동해 보았기 때문에, 잠수함에 도착했을 땐 이런 기본적인 사실들을 잘 알고 있었다. 나는 J. B. 윌리엄스 주니어 함장의 허락을 받아, 함장과 부함장의 명령을 수행하는 경비장교로 합류했다. 근무가 없을 때 각 장교들은 잠수함 작동에 중요한 장비의 기능을 관리감독하는 책임이 있었다. 경험 많은 수병들로부터 모든 밸브, 파이프, 레버, 스위치, 해치, 어뢰, 나침반, 키 및 일상·교전·비상시 잠수함 작동에 사용되는 장비들에 대해 배워야 했다.

전자기술장교로 배정되어 집중교육을 받으며 항구에서 첫 이틀을 보냈다. 상사들은 바다로 나가기 전까지 전기장비에 관해 가능한 모든 것을 가르쳤다. 1948년 12월 마지막 날에 출항했는데, 경비장교로서의 내 임무에 대해 배우면서, 함장과 부함장을 보좌하던 다른 4명의 장교와 함께 일했다. 잠수함 학교에서 종합적으로 배운 것이긴 했지만 각 잠수함 함장들은 각자의 개성이 있었다. 3일 후, 나는 함교 상부현측에서, 다른 장교는 아래 전망탑 쪽에서 경계를 서고 있었다. 우리는 모의 전시순찰 중이었는데, 낮에는 잠수하고 밤에는 수면에 나와 항해했다. 효율적으로 잠수함의 항속을 유지하면 하루에 중국 방향으로 200마일을 운항할 수 있었다. 이 정도면 옛날 돛단배들이 바람을 잘 받았을 경우 갈 수 있는 거리다.

한 주가 지난 후 폭풍이 몰아치면서 점차 배멀미에 시달렸다. 담배

연기와 디젤연기가 잠수함 아래쪽 구역에 스며들었고, 멀미는 걷잡을 수 없이 심해져 침대나 화장실에서 토하곤 했다. 함교에 있으면 차갑고 신선한 바람이 도움이 되었기 때문에 가급적 다른 장교 대신 자원해서 경계근무를 섰고, 토하더라도 바다에 할 수 있어 좋았다. 잠수함은 잠망경 깊이인 약 6피트 정도까지는 파도의 영향을 받았고, 그보다 상대적으로 고요한 심해로 더 깊이 내려갈 수도 있었다. 심한 파도로부터 잠수함을 보호하기 위해 가급적 잠수 상태를 유지했지만, 밤에는 배터리 충전과 운항일정에 맞춰 목표지점까지 이동하기 위해 수면으로 부상해야 했다. 잠수함은 장축 방향으로는 매우 튼튼하고 단단하지만 원통형으로 생긴 형태 때문에 측면에서 바람이 불거나 파도가 치면 좌우로는 지나치게 흔들렸다. 생도 시절 전함을 타고 대서양에 갔을 때 험한 날씨를 겪어 보긴 했지만, 이번 폭풍은 내가 경험했던 어떤 것과도 달랐다. 함교에 서면 내 머리는 수면에서 약 15피트 정도 높이에 있었고, 짠 물보라와 파도가 쉬지 않고 내 얼굴을 때려 댔다. 1월의 찬바람 속에서 여러 시간 보내고 나면, 비록 열대지방을 항해하던 중이었더라도 몸이 덜덜 떨렸다. 파고가 더 높아지자 함장은 선체의 지나친 흔들림을 최소화하고자 곧장 큰 바다로 나가라는 지시를 내렸다. 이 지시가 비로소 날 살렸다.

자정 이후에 약 두 시간 정도 함교에 서서 경계를 서면서 두 발을 나무 갑판에 꼭 붙이고 있었다. 바로 앞으로 엄청난 파도가 치는 걸 보고 함교 전면으로 둘러진 가슴 높이의 철제 안전대 아래로 자세를 낮추고 손으로는 안전손잡이를 꽉 쥐었다. 그러나 파도가 머리 몇 피트 위에서 내리치자 손잡이를 놓치고 말았고, 몸이 붕 뜨면서 잠수함에서 떨어져 버렸다. 격류 속에서 가까스로 헤엄쳐 간신히 잠수함 표면에 닿았다. 내가 처음으로 죽음을 체험한 순간이었다. 파도가 물러가고 나니 내 몸은 함교 바로 뒤 주 갑판에 올려져 있었고, 잠수함의 5인치 포를 붙들 수 있었다. 다음 파도가 밀려오기 전 황급히 함교로 기어가서 허리 위까지 물에 잠겨 있던 경계대의 보호레일을 부둥켜 안았다. 우리 모두는 구명대를 착용하고 있었는데, 나는 거기에 밧줄을 연결했다. 내가 파도를 조금만 비껴 맞았다면 아마 바다에서 실종되었을 것이다. 잠수함이 동일한 장소로 돌아오는 것은 불가능하기 때문에, 어둠 속에서 나를 찾는다는 것은 하나마나한 노력이었을 것이다. 다음 날, 함장에게 파도에 맞아 함교에서 쓸려 갔다가 갑판 뒤쪽에 떨어졌고, 다친 데 없이 복귀했다고 무미건조하게 보고했다.

잠수함은 계속해서 몹시 흔들렸고, 라디오 안테나를 비롯해 표면 이음쇠의 장비들이 파도에 쓸려 나가거나 파손되었다. 서둘러 수리하긴 했지만, 전파를 받을 수만 있고 신호를 전송할 수는 없었다. 잠수함은 8시간마다 현재 상태와 위치를 의무적으로 보고해야 하는데 우리는 그렇게 할 수 없었다. 우리 위치가 파악되지 않자 하와이에서 문의가 빗발쳤다. 급기야 폼프렛호가 실종되었으니 우리가 마지막 교신한 곳으로부터 서쪽 해상에서 부유물 혹은 생존자를 수색하기 위해 모든 함선과 항공기를 출동시키라는 지시가 태평양 사령부로 하달되었다. 우리는 웨이크섬 남쪽 600마일 지점에 있었는데, 윌리엄스 함장은 가급적 빨리 인접한 작은 해군기지로 가기 위해 수면에서 항해하면서 북쪽으로 항로를 틀었다. 3일간 항해하는 동안 우리는 가족들에게 우리의 실종 가능성이 통보되었으리란 점을 깨달았다. 사실 하와이에 거주하던 승조원들의 아내는 이미 통보를 받았지만, 로잘린은 그때 조지아에 있었기 때문에 이런 절망적인 소식을 듣지 못했다. 우리의 생존사실을 보고한 후 3일간 잠수함을 수리하는 동안 폭풍은 가라앉았고, 우리는 계속해서 항진했다.

우리 임무에는 모의전쟁훈련과 더불어 필리핀과 중국 주요도시들을 방문하는 임무까지 포함되었는데, 거기서 우리는 중화민국이때의 중화민국 정부는 아직 중국 본토에 있었다. - 옮긴이, 호주, 영국, 그리고 미국에서 참가한 함선들과 함께 대잠 전투훈련에 참가했다.

나는 제2차 세계대전 초반, 제국주의 일본군에 맞서 중국군과 함께 싸웠던 클레어 첸노트 장군과 의용군인 플라잉 타이거즈the Flying Tigers를 특별히 자랑스럽게 여겨 왔다. 나중에 뉴스매체를 통해 중국 국공내전 소식을 전해 들으면서, 국민당 군대가 마오쩌둥모택동의 공산군을 제압하길 바라기도 했다. 조지아 사람들은 장제스장개석. 원문은 (광둥어로는) 창카이섹의 아내쑹메이링가 조지아주 메이컨에 있는 웨슬리언 대학교를 다녔던 사실을 자랑스럽게 여겼다. 쑹메이링은 15살에 조지아주 웨슬리언 대학교에 입학했다가, 이후 매사추세츠주 보스턴의 웰즐리 대학교로 옮겨 졸업했다. - 옮긴이 제2차 세계대전 종전 후 트루먼은 조지 마셜George Marshall 장군을 중국에 보내 장제스와 마오쩌둥 간의 평화협정을 중재했고 나는 이 결정을 지지했다. 그러나 마셜의 노력은 실패했고, 국공내전은 고조되었다. 나중에 매카시Joseph McCarthy 상원의원이 중국공산당의 성공을 두고 마셜과 다른 이들을 비난했던 일은 황당하기 그지없었다. 마셜이 노벨평화상을 받았을 때는 내 일처럼 기뻤다.

미국정부는 장제스와 국민당 군에 완벽한 동맹관계를 약속했으며, 우리의 방문은 국민당정부를 심리적으로 지원하고, 중국공산군이 본토장악에 성공하지 못할 것이라고 시위하는 데 목적이 있었다. 우리가 도착했을 땐 이미 국민당 군의 패색이 짙은 것이 분명했다. 국민당은 중국 대부분 지역에서 이미 철수했고, 동부 해안을 따라 있는 몇몇 항구들만 점유하고 있었다. 홍콩을 방문한 후 상하이로 갔고, 다시 칭다오로 가서 조금 더 머물렀다. 계속된 교전과 결과의 불확실성 때문에 우리는 항구에 정박하면서도 언제나 출항할 준비를 하고 있었고, 만약의 경우에는 신속히 출항하기 위해 상당수의 승조원은 잠수함에 남아 있었다. 근방 언덕지대에서 마오쩌둥의 공산군이 피우는 모닥불을 볼 수 있었고, 국민당 측이 총으로 소년들과 청년들을 위협해 징집하는 장면도 목격했다. 한번은 우리 함장을 태운 지프차가 도시 밖에서 총격을 당하기도 했는데 다행히 다친 사람은 아무도 없었다. 상점 대부분은 앞을 나무판자로 막아 놓았고 물건을 살 때는 옆문이나 뒷문으로 가서 흥정했다. 물건들은 대개 헐값에 팔렸다. 우리 배가 부두 옆에 정박할 땐, 함장은 상인들이 잠수함 갑판에 올라와 물건을 진열하도록 해 주었다.

당시 돈이 별로 없어서 상아나 옥으로 만든 작은 기념품 정도만 살 수 있었지만, 장교와 수병 중 일부는 꽤 비싼 물건들을 구매해서 집으로 가져갔다. 우리는 중국해에서 약 두 달간의 훈련을 마치고 진주만으

76

중국에서 폼프렛호 갑판에 올라온 중국인 상인들(1949)

로 돌아왔다.

이 방문으로 중국과 중국사에 특별한 관심이 생겨났다. 몇 달 후 국민당이 타이완섬으로 밀려나고, 중화인민공화국이 수립된 1949년 10월 1일이 바로 나의 25세 생일이었다는 점 때문에 더욱 흥미가 생겼다. 그 후 나는 중국과 대만을 매우 면밀히 지켜봐 왔다.

몇 달 후인 1949년 연말, 우리 잠수함은 수리 차 메어섬에 갔다. 그곳에서 톰 고디 삼촌의 전처였던 도로시 아주머니를 방문하는 멋진 경험을 했다. 금요일 오후, 아내와 나는 도로시 숙모의 편지 하나에 적혀 있던 주소로 찾아갔다. 아내와 잭은 길 건너에 두고 혼자서 집 앞으로 갔는데, 사실 어떤 대접을 받을지 몰랐다. 문을 두드리자 나온 나이 든 여자분에게 누군지를 밝히자, 그녀는 "톰의 조카가 왔다!"며 큰 소리로 외쳤다. 도로시 아주머니의 친정 어머니인 맥도웰 부인이었다. 그 분은 도로시 아주머니와 다른 가족들이 몰려나오는 동안 나를 포옹해 주었다. 곧이어 아내와 잭도 합류했는데, 우리는 내가 기억하는 한 가장 즐거운 시간을 그들과 마음껏 즐겼다. 긴 식탁에 온갖 음식이 차려졌고, 10여 명의 이웃들도 파티 내내 초대되었으며, 어느 누구도 그날 밤 자러 가는 사람이 없을 정도였다. 어렴풋하게나마 기억하기로는, 모든 사람들이 위스키와 맥주를 섞은 '보일러메이커'를 마셨고, 춤을 추는 동안 남자들은 기타를 치며 노래했다. 우리는 톰 삼촌의 젊은 시절에 대한 기억들을 마음껏 나누었다. 나는 그들에게 삼촌이 다시 건강을 회복했으며 플로리다에 있는 해군기지의 보안을 담당하면서 승진을 거듭하고 있다고 알려 주었고, 재혼해서 플로리다에 있는 메리 호수에 내가 예전에 들렀던 주점도 하나 소유하고 있다고 전해 주었다. 우리는 다음 날 잠깐 눈을 붙인 뒤 그날 밤 도로시 숙모의 새 남편과 함께 연극 《욕망이라는 이름의 전차 *A Streetcar Named Desire*》를 관람하러 갔다.

톰 삼촌은 해군에서 중령으로 예편한 후, 내가 주지사일 때 주지사 관저를 방문하셨고 또 플로리다에서 친구분들과 함께 대통령 선거유세 초반을 도와주셨을 정도로 오래 사셨다. 톰 삼촌은 늘 당신이 나보다 계급이 높다고 말씀하셨지만, 이것은 내가 대통령에 당선되기 전까지만이다.

하와이로 돌아오기 전, 우리 잠수함은 시애틀 외곽의 퓨젓사운드 만에서 작전을 수행했다. 여기서 다시 큰 사고가 날 뻔했다. 우리는 61번 선창의 바다 쪽 끝자락에 정박했고, 나는 짙은 안개가 낀 날 밤 갑판에서 경계를 담당하고 있었다. 감시탑에서 큰 배가 접근하고 있다고 알려왔는데, 잠수함 선미 쪽으로 갔더니 내 머리 거의 바로 위에서 큰 목소리가 들렸다. 아무것도 보이지 않았고, 잠수함이 여기 있다고 내가 소리치는 것을 위쪽에 있던 사람은 전혀 듣지 못했다. 곧 그들이 자기 배가 수로 중간 쯤에 있다고 여기며 큰 닻을 내리려 한다는 것을 깨달았다. 닻은 잠수함 위 내 머리 바로 위쪽으로 보였는데, 그때 그 배에서 닻 내릴 준비를 하라는 명령이 떨어지는 것을 들었다. 절망적으로 목소리를 쥐어짜서 소리를 지르고 나니 그제서야 "잠깐, 이 아래 뭐가 있는 것 같은데?"라고 말하는 소리가 들렸다. 마침내 탐조등이 눈부시게 비쳤고, 배를 뒤로 빼기 시작했다. 이렇게 위기상황이 끝났다.

우리는 퓨젓사운드만과 환드퓨카 해협 사이의 담수역에서 캐나다와 영국 군함들과 작전을 수행했다. 민물과 바닷물이 섞이는 수역에서 상대적으로 변하는 부력에 주의 깊게 적응하는 훈련을 했는데, 잠수 중 중성부력에 도달할 때까지는 테스트가 필요했다. 그 지역에서 우리의 작전수행을 마무리 짓고 하와이로 복귀를 준비하고 있을 때, 영국 구축함 장교들이 캐나다 브리티시컬럼비아주 빅토리아의 마지막 밤에 우리를 자기 배로 초대했다. 우리는 수면으로 운항하며 시애틀에서 빅토리아로 항해했다. 새벽까지 그들과 함께 파티를 즐겼는데, 그들은 군함에서 술을 마실 수 있다는 점을 십분 활용했고 우리도 그들의 호의를 열광적으로 받아들였다. 배에서 내린 사람은 아무도 없었다.

다음 날 아침, 우리는 하와이를 향해 서쪽으로 항진했는데, 밤새 술을 마셨던 고참 장교 중 하나가 첫 잠수를 준비하다가 큰 실수를 저질렀다. 그가 맡은 임무는 모든 주 밸브들이 동시에 열리도록 준비하고 확인하는 일이었는데, 그만 우현 쪽에 있는 밸브들만 확인하고 다른 곳에 정신이 팔렸던 것이다. 함장이 잠수명령을 내리고 전기신호가 밸브로 보내지자 우현 측 밸브들이 열리고 물탱크 안으로 물이 쏟아져 들어왔지만, 좌현 측 밸브는 여전히 닫혀 있었다. 잠수함은 선수를 아래로 한 채 잠수하면서 우측으로 기울어, 마침내 잠수함이 전복되기 직전에 이르렀다. 잠수함과 승조원을 구하기 위해서는 고압의 공기를 탱크로 불어넣는 수밖에 없었다. 폼프렛호가 절체절명의 위기에 이른 순간이었다. 이때 내가 얼마나 연약한 존재인지, 그리고 가장 전문적이고 숙달된 뱃사람조차도 얼마나 불완전한 존재인지 깨달았다.

이후 하와이로 돌아가는 길은 상대적으로 평온했다. 근무 중에는 거의 매 순간마다 우리 잠수함과 잠수함대에 관해 가급적 많은 것을 배우려고 노력했다. 모든 노력을 쏟고 힘을 다해 내게 맡겨진 임무를 완벽하게 완수하고자 최선을 다했다. 경쟁심 때문에 그런 것은 아니었다. 잠수함에 탑승한 장교 가운데 같은 계급은 내가 유일했다. 대신 무의식 중에 해군사관학교 동기 가운데 잠수함을 타던 다른 친구들과는 비교했던 것 같다.

1950년 6월 한국전쟁이 발발하자 우리 잠수함은 하와이에서 샌디에이고로 이동했고, 전쟁지역에 파견되어 한국 해안가를 따라 정찰업무를 수행하거나 추락한 조종사를 구조하는 임무를 맡을 것을 예상하면서 캘리포니아 해변을 따라 기동훈련을 했다. 둘째 아들인 제임스 얼 카터 3세가 태어난 지 수개월이 지났을 때였다. 둘째의 이름은 내 이름을 따서 지었지만, 하와이의 트리플러 종합병원의 해군간호사들은 신생아 손목 띠에 '칩 Chip'이란 별명을 적어 놓았고, 그때부터 둘째는 그 별명으로 불렸다. 샌디에이고에서의 임무는 우리가 겪은 가장 불쾌한 경험 가운데 하나였다. 해군기지는 만원이었고, 샌디에이고에서 우리가 구할 수 있는 집은 범죄가 창궐하는 지역의 노후 주택뿐이었다. 모든 잠수함 승조원들은 해안을 따라 있는 한적한 선착장이 아니라, 만에 정박한 소위 '잠수모함'이라고 불리는 큰 군함과 나란히 정박해야 했다. 예전에 노퍽에서 작은 보트를 타고 해안을 오가던 때처럼 승선과 하선에 오랜 시간이 걸렸고, 그나마도 보트 운용에는 많은 변수가 있었다. 그래서 아내나 아들들과 보내는 시간에도 제약이 있었다. 우리는 주차장 딸린 아파트에 살았는데, 집주인인 여자는 함부로 집에 들어

캘리포니아 샌디에이고에서 아버지 얼 카터와 어머니 릴리안(1950)

왔으며 고압적이었다. 집주인은 열쇠를 가지고 우리가 집에 없을 때 들어와서는 우리 물건들을 훑어보고 갔다. 로잘린의 살림살이에 잔소리하는 것은 물론이고, 우리가 쓰레기통에 버린 물건을 가지고도 불평했다. 우리는 교외에 있던 샌디에이고 동물원에 가는 것을 즐겼고, 가끔은 근처에 있는 멕시코 티후아나에도 다녀왔다.

잠수함대의 모든 구성원은 해군이 제2차 세계대전 종전 후 모종의 신형 잠수함을 건조하고 있다는 사실을 알고 있었다. 이 신형 잠수함은 외부에서 공기를 흡입하는 스노클 장치를 갖추고, 잠수 중 극도로 저소음 운항이 가능해서 적소련에게 들키지 않고 공격할 수 있는 모델로 예상되었다. 새 잠수함이 완성되기 몇 달 전, 정부를 대표해 장교 한 명이 뉴런던에 있던 일렉트릭 보트 컴퍼니 훗날의 제너럴 다이내믹스 코포레이션로 파견근무를 나갔다. 그 잠수함은 '킬러 1' 혹은 더 적절하게는 'USS K-1'이라 불릴 터였다.

이 비밀임무에 지원하여, 그해 말 부모님이 샌디에이고를 방문했을 무렵 뉴런던으로 가라는 통지서를 받았다. 잠수함 건조의 세부사항을 아는 유일한 장교로서 이어지는 몇 달간 두 가지 주요 임무를 수행했다. 첫 번째 임무는 잠수함 건조의 마지막 단계 검사를 돕고 새로 투입되는 첨단장비를 테스트하며, 향후 작전과 비밀전투수행에 필요한 절차들을 고안하는 일이었다. 두 번째 임무는 피복, 접시, 식기, 전투식량 같은 일련의 장비들을 테스트하는 일이었다. 프랭크 앤드루스 대령이 지휘관으로, 나는 기술장교로 뽑혀 다른 장교들과 함께 새 잠수함 조사에 투입되었다. 우리는 내가 준비한 상당한 분량의 문건들을 신속하게 활용하고 내용을 보강했다.

새로운 스노클시스템은 수면 아래 몇 피트 지점의 선체 전망탑에서 빨아들인 공기로 디젤엔진을 가동시키고 승조원들도 호흡할 수 있었다. 파이프 꼭대기에 있는 밸브는 그 위로 파도가 치면 닫히도록 설계되어 있었는데, 이 경우에도 가동되는 엔진이 잠수함 내부 공기를 계속 사용하면 배 안에 일시적으로 불쾌한 산소부족현상을 일으켰다. K-1형 잠수함 외형의 가장 큰 특징은 잠수함의 주 갑판 앞쪽에 설치된 큼지막하고 둥그스름하게 툭 튀어나온 음향레이더시스템이었다. 이 장비로 바다 먼 곳에서 발생한 아주 작은 소리까지 탐지할 수 있었다. 이는 우리 잠수함이나 승조원 역시 가급적 아주 조용한 상태를 유지해야 한다는 뜻이기도 했다. 이 때문에 물속에서 전달되는 소음을 줄이고자 모든 장비들을 선체에서 떼어 낸 후 특별히 제작된 유연한 받침대에 부착했다. 폼프렛호에 탑승한 75명의 승조원에 비해, 새 잠수함의 승조원은 40명 정도였다. 새 잠수함은 함대급 잠수함의 약 5분의 2 정도 규모였다. 침대 크기나 음식 저장량은 거의 같았다. 그러나 작은 정수기를 통해 공급되는 식수는 극도로 부족했다. 요리에 쓰거나 마시는 물을 제외하면, 오랫동안 바다에 나가 있는 경우 승조원들에게 할당된 물은 하루에 1쿼트약 0.95 리터 정도였다. 샤워도 바닷물로 했다.

꽤 흥미로운 임무였다. 도입된 신기술 때문이기도 했고 또 당시 냉전기간 동안 소련 잠수함과 있을 법한 군사적 충돌을 준비하고 있었기 때문이기도 했다. 우리는 심해로 잠수할 수도, 잠수 도중 정지할 수도, 모든 불필요한 장비를 끄고 잠수할 수도 있었다. 이런 정적의 시간 동안 우리 모두는 필요한 경우엔 신발을 모두 벗고 양말만 신고 다녔다. 우리는 부력탱크에서 바닷물의 양을 조금 조정하는 방식을 통해 원하는 수심에 계속 떠 있는 기술을 습득했다. 최종적으로 트림trim이 맞춰지면, 잠망경을 올리거나 혹은 1~2피트 정도 낮추면서 잠수함을 매우 느리게 부상시키거나 잠수시킬 수 있었다. 이 상태에서 잠수함이 보유한 큼직한 음향탐지장비를 통해 바닷속 아주 멀리서 들리는 소리까지 들었고, 수온이 완벽히 안정적이고 파도의 영향이 최소일 때면 더 멀리까지 소리를 탐지했다. 나는 해저 특성에 큰 관심을 갖게 되어 이 주제를 다루는 모든 잠수함 관련 책자를 탐독했다. 전시에 적의 잠수함과 교전할 때 우리의 생존율을 높이려면 이런 특성들을 이해하는 것이 필수적이었고, 심지어는 평시에 작전을 수행할 때도 역시 중요했다. 뉴펀들랜드 동쪽 해상의 바닷속 깊은 곳에서 항진하고 있을 때의 일이다. 당시 멕시코만에서 올라오는 상대적으로 따뜻한 물속을 운항하고 있었다. 갑자기 잠수함 선수가 북극에서 내려오는 훨씬 찬그래서 밀도가 높은 해류로 들어갔다. 그러자 잠수함은 강력한 상승해류를 만나 급부상했다. 찬물과 더운물은 섞이지 않는데, 심지어 200피트 내의 짧은 거리에서도 그랬다.

우리 장교들은 음향탐지장비에 좀 더 익숙해졌고 전문가와 같이 앉아 더욱더 흥미로운 소리를 탐지해 보기도 했다. 다른 배가 내는 서로 다른 프로펠러 소리뿐 아니라, 새우나 다른 생물들이 내는 소리, 특히 고래가 서로 교신하는 소리가 흥미로웠다. 우리의 주 임무는 잠재적인 적이 우리 존재를 파악하기 전 미리 그들의 움직임을 추적하는 것이었다. 평화와 전쟁이란 이 생생한 대비에 관한 시를 한 편 썼다.

전투용 잠수함에서의 삶

Life on a Killer Submarine

깊은 바닷속, 나는
따뜻하고 고립된 듯하다.
정적 속에 움직이며
살금살금
양말 신고 다니며
멀리서 들려오는 소리를 듣고 평가한다.
바다에서 들려오는 소리를 들었다.
새우가 긁어 대는 소리, 북극고래가 신음하는 소리,
흑등고래가 유혹하는 노래
우리는 또 바다가 전해 주는
모든 소리에 긴장하며 귀 기울였다.
스크류 돌아가는 소리
먼 바다에서 배들이 내는 소리
혹은 우리를 쫓는 잠수함 소리
한번은 아주 분명하게
400마일 밖 어떤 배의 엔진소리를 들었다.
우리는 소리를 죽였다.
해수층은 조그만 소음도 전달해
저쪽에서 그 소리를 듣는 자에게
어뢰 쏠 지점을 알려 줄 것이다.

우리가 먼저 그들을 탐지하고 있었다는 걸
그들이 깨닫길 바랐다.
이 적막에 대한 사랑, 우리의 공포를
우리와 함께 공유하길 바랐다.
위협이든 실수든, 한순간의 잘못으로
우리가 지키길 바라는 평화를 걸어야 한다는 점을
그들도 고래의 노랫소리에 전율을 느끼리란
우리의 기대도 함께 사라진다는 점을.

K-1

폼프렛호를 탈 때 이미 잠수함 승조원으로서 자격을 검증받았지만, 나는 이제 잠수함을 지휘할 자격을 갖춘 충분한 선임요원이 되었다. 잠수함의 구조, 작전수행에 관련된 필수 지식은 이미 섭렵했고, 내 연구논문도 이런 지휘자격을 부여받는 데 필수적이었다. 미적분을 사용해 프로펠러가 내는 주기적 박동음과 소리가 멀어지는 비율을 대입하여 우리와 상대 배의 거리를 결정하는 시스템을 고안했다. 이 시스템이 실제 상황에서 작동한다는 것이 입증되었을 때, 비로소 잠수함 지휘권을 인정받았다.

　K-1호는 대서양-카리브해 수역에서 작전을 수행하며 가급적 많은 시간을 바다에서 보냈다. 바하마 제도의 나소 수역에서 작전할 때의 일이었는데, 당시 최소 30일간 잠수해 있으라는 지시가 내려왔다. 불행

하게도 잠수 후 약 20일 뒤 동료 전기기술병의 폐쇄공포증이 점차 심각해지기 시작했다. 상부의 지시를 어기지 않기 위해 앤드루스 함장은 그 수병을 장교구역의 침대에 묶어 두라고 지시했다. 그러나 가둬 두면 상황이 더 악화된다는 점이 곧 분명해졌고, 그 수병은 고통으로 뒹굴면서 입에 거품을 물기 시작했다. 급히 부상해 헬리콥터로 그를 육지로 보내야 했다.

잠수함 내부는 장비들로 꽉 채워져 있어 승조원들이 자고 먹고 움직일 수 있는 공간은 매우 제한되어 있었다. 조금 나은 장교구역이라 해도 빽빽하게 붙인 침대에서 잠을 자야 했는데, 한쪽 구석에 좁은 구멍이 하나 있어서 기지개를 펼 때는 그리로 몸을 뻗어야 했다. 위를 보고 누우면 내 가슴 위로 책 한 권 펼칠 만한 공간도 없었다. K-1은 특별히 더 작았고, 우리의 신형 음파탐지 장비들은 심지어 더 밀집해 채워져 있었다. 우리가 깊이 잠수하는 동안 숨 쉬는 공기는 필터를 거쳐 순환되었고, 수면 위로 올라와 항행하는 동안 재충전되거나 약 12인치 지름의 스노클 관을 통해 잠수함 내부로 흡입되었다.

화재는 치명적일 수 있었다. 특히 플라스틱이나 고무절연재가 타면서 발생하는 독성연기는 더욱 치명적이었다. 모든 잠수함 승조원들은 화재진압훈련을 받아야 했고, 잠수함이 건조도크나 조선소에서 통상적인 점검을 받을 때면, 이런 항존하는 위험에 대처할 최선의 요령을 배우기 위해 특수학교에 다녔다. 한번은 기관실에 화재가 발생했는데, 나는 적절한 방호복과 가스마스크를 착용하고 주 모터에서 발생한 화재원인을 찾아냈고, 이산화탄소와 분말을 사용해 불을 껐다. 물이나

1950년 대의 USS K-1호.
주로 대서양과 카리브해 일대에서 작전했으며, 가능한 한 바다에서 시간을 보냈다.

거품방식의 소화기는 사용할 수 없기 때문이다. 헤드폰을 착용하고 마이크로폰을 통해 함장과 교신하면서 이제 화재가 잡혔다고 보고했다. 그다음 기억은 승조원 대합실 탁자 위에 내가 누워 있고 의무관의 조수가 내게 산소를 불어넣어 호흡을 다시 살리려고 하던 장면이다. 짧게 토하고 난 후, 나는 다시 정상으로 돌아왔다.

트루먼 그리고 인종문제

국정 최고책임자로서 해리 트루먼 대통령이 군과 공무원사회에 인종차별을 종식시킬 것을 지시한 1948년 당시, 나는 잠수함에서 근무하고 있었다. 몽고메리의 버스 맨 앞자리에 흑인 여성 로자 파크스Rosa Parks 가 앉았던 일과 마틴 루터 킹 목사Martin Luther King Jr. 가 유명해지기 7년 전이었다. 우리 잠수함에서는 이런 변화를 별 동요 없이 받아들였으며, 내가 아는 다른 승조원들 사이에도 특별한 반발 같은 것은 없었던 것으로 기억한다. 하지만 많은 정보에 따르면 남부 출신 의원들 사이에서 특별한 반발이 있었다. 사우스캐롤라이나 주지사였던 스트롬 서먼드Strom Thurmond는 1948년 대통령 선거에서 소위 '남부당Dixiecrat'의 후보로 지명되었고, 앨라배마, 루이지애나, 미시시피, 그리고 사우스캐롤라니아의 투표결과에서 트루먼을 앞질렀다.

　USS K-1호에 승선하고 3년 후, 패스트피치 소프트볼 팀에서 뛰었는데 우리 팀은 경기에 진 적이 거의 없었다. 러셀이란 흑인 수병이 엄청난 속도와 다양한 구질로 공을 자유자재로 던질 수 있었기 때문이었다. 야구 마운드보다 타석에 20피트 더 가깝게 붙어 고작 46피트 떨어진 패스트피치 소프트볼 마운드에서 던진 공은 눈 깜짝할 사이에 타석에 도달하며, 최고의 타자도 언제 공이 도착할지 그저 추측할 수밖에 없다. 어쩌다 공을 맞추는 것은 그야말로 우연이고, 우리 팀은 종종 무안타 승을 거두곤 했다. 함박웃음과 친근한 성격 덕에 러셀은 우리 잠수함에서 가장 인기 있는 친구였다.

우리 잠수함이 나소에 있는 항구의 프린스 조지 선창에 배를 정박하고 있을 당시 당직이던 나는 미 해군을 치하하기 위해 바하마 총독이 장교와 수병을 대상으로 베푼 공식무도회 초대를 접수했다. 많은 젊은 숙녀들이 시종을 거느리고 무도회에 참석할 것이란 귀띔도 있었다. 모두가 굉장히 신나고 들떴으며 앤드루스 함장은 이 초대를 수락했다. 그런데 다음 날 백인 승조원들만 무도회에 참석할 수 있다는 내용의 통지를 받았다. 내가 이 메시지를 함장에게 가져갔을 때, 함장은 모든 승조원을 대합실에 모은 뒤 대략 어떻게 답신할지 의견을 물었다. 몇몇 욕설은 빼고 우리는 만장일치로 초대를 거절하는 답신을 보냈다. K-1호 승조원들의 결정은 인종 간 평등의 문제가 우리 사이에 어떻게 수용되었고 또 받아들여졌는지를 보여 주는 사례다. 우리 잠수함이 매우 자랑스러웠다.

그해 휴가 때 아내와 두 아들을 데리고 부모님을 만나러 플레인스에 갔다. 이 사건을 언급하자 아버지는 조용히 방을 떠나셨고, 어머니는 "애야, 흑인과 백인이 함께 춤추는 걸 상상하는 건 아직 여기 사람들에겐 너무 이르다"라고 말씀하셨다. 나는 그때 해군에서 보낸 삶과 조지아 남서부에서 살았던 삶 사이에 큰 간극이 있다는 것을 깨달았다. 몇 해가 지나 조지아에 정착하러 왔을 때, 어머니가 그때 말씀하셨던 것이 여전히 유효하다는 것을 알 수 있었다.

리코버의 원자력 해군

2년 동안 K-1호에서 복무한 다음, 두 대의 핵추진 잠수함이 건조계획 중이라는 사실을 알게 되었다. 하이먼 리코버Hyman Rickover 대령이 이 극비 프로그램을 담당하고 있었는데, 그는 핵발전, 핵의학, 그리고 핵추진 선박 같은 평화적 핵사용에 관한 세계 최고의 전문가였다. 그는 또 두 대의 잠수함에 설치하기에 충분히 작고, 안전하고, 효율적인 원자로를 개발할 팀을 이끌 젊은 잠수함 요원을 선발하는 개인적인 임무도 맡고 있었다. 원자로 한 기는 뉴욕 주 스키넥터디 소재의 제너럴 일렉트릭에서 제작했고, 다른 한 기는 피츠버그의 웨스팅하우스 일렉트릭에서 제작했다. 다른 많은 사람들처럼 나도 이 자리 중 하나에 지원했는데, 몇 주 후에 리코버 대령이 직접 면접을 본다고 워싱턴으로 오라는 지시를 받았다.

리코버 대령은 논란이 많은 인물이었다. 좀 더 보수적인 거의 모든 선배장교들은 해군의 의전과 절차를 지나치게 무시한다며 그를 비난했다. 해군제독들은 리코버가 대령에서 준장으로 진급하지 못하도록 인사위원회에서 계속해서 막았다. 이 진급탈락은 결국 해군에서의 예편을 뜻했다. 그런데 트루먼 대통령과 몇몇 원로 상원의원들이 개인적으로 개입하여 제독들의 결정을 뒤엎는 특별법을 승인함으로써 리코버는 현역에 계속 남을 수 있었다.

그가 볼 면접에 상당히 긴장했고, 시사와 해군전술을 비롯하여 내가 뽑은 예상 주제들을 놓고 최선을 다해 준비했다. 면접을 위해 그의 사무실로 들어가 큰 책상 뒤에 앉은 리코버 대령을 발견했는데, 책상 앞에는 일자로 생긴 밋밋한 의자 하나가 놓여 있었다. 리코버 대령은 앉으라고 손짓하고는 다짜고짜 무슨 주제로 말하고 싶은지 물어봐서 나를 크게 놀라게 했다. 가장 잘 알고 있던 시사, 해군사, 잠수함 전투전술, 전자공학, 포술 같은 것에 관해 차근차근 이야기했다. 각각의 주제에 내가 도저히 답하지 못할 때까지 점점 어려운 질문을 던졌다. 결코 웃는 법이 없었고 내 눈을 항상 똑바로 쳐다보았는데, 내 심신에 고통을 주는 걸 즐기는 듯 보였다. 나중에 알았는데, 내가 앉은 의자의 두 앞다리가 짧아서, 앞으로 미끄러져 내리는 듯한 느낌을 받았다.

많은 책을 읽었다고 하자, 그는 그 책들에 대한 교차검증을 시작했다. 우리는 셰익스피어와 입센의 희곡, 윌리엄 포크너와 어니스트 헤밍웨이의 소설, 그리고 당시에 베스트셀러에 올랐던 책들에 대해 이야기했으며, 허먼 워크Herman Wouk의 《케인호의 반란 The Caine Mutiny》에 관해선 아주 자세한 이야기를 나누었다. 이후 그는 어떤 음악을 좋아하는지 물었고 나는 성급하게 컨트리음악과 재즈를 좋아하지만 고전음악에 대해 더 잘 안다고 말해 버렸다. 어떤 형식의 고전음악을 좋아하는지를 묻자, 나는 피아노 콘체르토와 오페라를 정말 좋아한다고 답했다. 그러자 리코버는 몸을 앞으로 숙이면서 물었다. "그럼 자네가 좋아하는 오페라는 뭔가?" 나는 바로 "바그너의 《트리스탄과 이졸데》입니다"라고 답했다. "그럼 자네가 제일 좋아하는 악장은 어딘가?", 다행히 마지막 악장의 이름을 기억해 냈고 '리베스토트' 혹은 '사랑의 죽음'Liebestod는 독일어로, 영어로는 사랑의 죽음(love death)이 된다. - 편집인이라고 답했다. 룸메이트와 내가 이 음악을 잘 알고 있었고 또 아나폴리스 시절에 이 음악을 자주 들어서 정말 다행이라고 생각했다.

거의 두 시간이 지나자 면접도 거의 끝나는 것 같았다. 리코버는 또 다른 질문을 던졌고, 나는 만족스런 답을 할 수 있을 것이라 생각했다.

"자네 해군사관학교에서 학업은 어땠나?"

"820명 생도 중 59등이었습니다."

잠시 후, 그는 물었다. "자네 늘 최선을 다했나?"

나는 "네, 그렇습니다"라고 답할 뻔했지만, 스스로를 돌이켜 보면서 더 많이 공부하고, 수업에 참가하고, 더 높은 등수에 오를 기회를 놓친 적이 많았다는 점을 기억해 냈다. 결국 그 말을 삼키고 대신 이렇게 말했다. "아닙니다. 저는 늘 최선을 다하지는 못했습니다."

리코버는 한동안 나를 쳐다보더니 이렇게 말했다. "왜 그랬나?"

그는 의자를 한 바퀴 돌리더니 인터뷰를 끝내고 책상에 있던 서류를 작성하기 시작했다. 나를 무시하고 서류작업을 하는 동안, 나는 몇 분간 그 자리에 앉아 있다가 천천히 방을 떠났다. 잠수함 기지로 돌아오는 길 내내 낙심했지만 돌아와서는 아내에게 그래도 최선을 다했다고 말했다. 그러나 곧 내가 선발되었다는 통보를 받았다. 아마도 리코 버의 마지막 질문에 솔직히 답했기 때문이 아니었을까. 공식발령을 받기 전 셋째 아들인 제프리가 뉴런던의 해군병원에서 태어났다.

같이 선발된 다른 장교는 스키넥터디에서 설계하는 USS 시울프로 발령되었다. 해군사관학교에서 나와 수업을 같이 들은 적 있는 후배 찰스 칼라일 대위였다. 우리에게는 약 24명의 부하들이 배정되었다. 곧 핵발전의 기초에 관한 몰입교육을 받았고, 잠수함에 사용될 시험형 원자로 제작을 도왔다. 이 원자로는 독특하게도 액화나트륨을 열전달물질로 사용해 물을 증기로 바꿔 배를 추진하고 다른 용도로 사용될 전기를 생산했다. 나트륨은 물에 직접 닿으면 폭발하기 때문에, 우리가 작업하던 시험형 원자로는 지름이 약 200피트 정도인 강철 구 안에서 조립되었다. 이 강철용기는 비극적인 사태가 발생할 때 폭발을 내부에 가두기 위한 용도로 설계되었다. 나트륨을 열전달물질로 사용하는 주된 이점으로는 나트륨이 금속이기 때문에 별도 부품 없이도 펌프 내 전기장으로 순환시킬 수 있다는 점, 또 동일한 부피의 물보다 열을 더 잘 전달한다는 점을 꼽을 수 있다. 2년 전에 발주된 노틸러스호는 물을 열전달물질로 사용했는데, 이에 비하면 우리 원자로가 더 작고 효율적이며, 더 조용하기까지 했다. 고출력 원자로를 처음으로 설계하고 제작하는 일, 이 원자로가 장착될 잠수함을 이해하는 일은 최첨단 과학을 끊임없이 학습하는 과정이기도 했다. 나는 실기훈련을 위해 인근의 유니언 칼리지에서 이론핵물리학을 공부하라는 지시를 받았다.

당시에는 이 새 기술에 대해 우리만큼 아는 사람이 거의 없었고, 우리 모두는 기밀자료에 접근할 수 있는 특별보안인가를 받았다. 1952년 캐나다 초크 리버Chalk River에 있던 중수로가 노심이 용해되는 멜트다운에 이어지는 수소폭발로 파손되었을 때, 우리 팀은 리코버의 지시로 파손된 원자로를 분해하고 새것으로 교체하는 일을 도왔다. 우리는 열차를 타고 오타와 북서부의 한적한 지역으로 가서 재난상황을 보고받았다. 원자로 노심은 땅 밑에 있었고, 강렬한 방사선이 그 주변에서 검출되었다. 보호복을 입었더라도 단 90초의 노출만으로도 최대 방사선피폭 허용수치를 초과하는 상황이었기 때문에, 우리는 이 제한된 시간을 최적으로 활용해야 했다. 1950년대 초반 기준의 방사선 최대피폭량 상한선은 그로부터 60년이 지난 지금보다 약 1천 배 정도 높았다.

파손된 원자로의 정확한 실물크기 모형을 인근 테니스 코트에 제작했다. 모형은 땅속에 있는 실제 노심의 정확한 상태를 반영하기 위해 계속 바뀌었는데, 실제 원자로에 사용된 모든 파이프, 고정장치, 볼트, 너트 등이 그대로 사용되었다. 텔레비전 카메라가 노심을 계속 집중촬영하고 있었기 때문에, 거기서 어떤 변화가 생기면 실물모형에 곧바로 반영되었다.

나는 우리 팀을 세 명씩 한 조로 나누었다. 각 조원들은 묵직한 흰색 보호복과 마스크를 착용하고 테니스 코트에 투입된 후, 90초 안에 가급적 많은 볼트와 파이프들을 분해하고 부품을 새것으로 교체했다. 능률적으로 이 작업을 완수할 수 있을 때까지 계속해서 연습했다. 그리고 나서 방사선 오염구역으로 내려가 모형과 똑같은 상태의 원자로를 분해했다. 우리 모두는 방사선 구역에서 최대피폭 허용치를 넘긴 후 스키넥터디로 돌아왔다. 방사선 피폭의 영향에 대해 많은 농담을 나누었는데 주로 불임에 대한 것이었다. 몸이 정상으로 돌아올 때까지 계속해서 소변검사를 받았지만, 어느 누구도 영구적인 피해를 입은 사람은 없었다. 기쁘게도 몇 해가 지나 초크 리버 원자로가 재가동되었다는 소식을 들었다.

아버지의 죽음

1953년 4월, 사촌인 돈 카터에게서 아버지 병세가 위중하며 아마도 돌아가실 것 같다는 전화를 받았다. 아버지는 애틀랜타의 에모리 병원에 추가검진이 예정되어 있었다. 늘 무척 건강하셨고 뛰어난 운동선수이자 열심히 일하는 농부이자 사업가였고, 그 무렵엔 조지아 주의회 의원이기도 하셨다. 어머니에게서 아버지가 암에 걸린 것 같다는 말을 듣고 슬픔과 걱정에 사로잡혔다. 1941년 이래로 나는 대학과 해군 복무로 플레인스를 떠나 있었고, 그동안 부모님을 거의 방문하지 못했다. 두어 달 후, 어머니는 아버지가 췌장암 말기이며 고작 몇 주 정도 더 살 수 있다고 전했다. 리코버 대령의 허가를 받아 2주간 근무지를 떠나 아버지와 함께 있고자 7월에 플레인스를 향해 차를 몰고 내려갔다. 그때만 해도 이 도전적이고 흥분되는 핵잠수함 업무에 복귀하리라 생각했다.

아버지는 퇴원하고 집으로 돌아와 침대에 누워 계셨다. 어머니와 예전 가정부였던 애니 메이 홀리스가 아버지의 병수발을 들고 있었다. 몇몇 친척들이 방문할 때를 제외하면, 거의 항상 아버지의 침대 옆을 지켰고, 그때까지 했던 어떤 대화보다도 가장 길고 깊은 대화를 나누었다. 아버지는 점점 쇠약해졌고, 간혹 고통스러워 하긴 했지만 또렷하게 집중해서 나의 군대생활 이야기를 들으시고 또 지역과 주 정부에서 당신이 했던 여러 가지 일들을 설명해 주었다. 가장 놀라웠던 것은 우리 집에 방문객이 끊이지 않았던 점이었다. 대부분은 아버지를 방해하지 않으려고 작은 선물만 남기거나 혹은 아버지가 자신과 자신의 가족에게 해 준 일들에 대한 감사를 전해 달라고만 말하고 떠났다. 방문객의 절반 이상이 흑인이었다.

아버지가 우리 교회의 집사와 성경교사로서 열심히 봉사했다는 것은 알고 있었다. 그러나 아버지가 교육위원회 위원이자, 병원 감사, 라이온스 클럽의 핵심회원, 그리고 농기술 혁신을 위한 지역농부 교육에 중요한 역할을 맡고 있었다는 것은 몰랐다. 아버지는 조지아주의 대학교육을 보완하기 위한 직업기술학교 설립에 중요한 역할을 했고, 조지아주 경제성장을 위해 농촌지역을 지원하는 일에 몸바쳤다. 이런 공적 활동들보다 더 놀라운 사실은 아버지가 어머니도 모르게 개인적으로 많은 자선활동을 했다는 점이었다. 아버지는 당신의 종교적 믿음을 매일 실천하며, 다른 사람들의 삶에 심오한 영향을 주었던 것이 분명했다.

1940년대부터 우리 집 일을 거들었던 애니 메이는 아버지가 편찮다는 소식을 듣고 캘리포니아에서 플레인스로 찾아왔다. 아버지가 고통스런 마지막 숨을 쉬는 동안 애니 메이가 아버지를 두 팔로 부축하며 구토물이 튀어도 개의치 않던 것을 기억한다. 세월이 흘러 1994년, 올 버니 근방에 있던 애니 메이의 집이 홍수로 무너졌을 때, 아내와 나는 해비타트 포 휴매니티 Habitat for Humanity를 조직해서 애니 메이에게 새 집을 지어 주었다.

해군을 떠나다

내 인생에서 가장 기이하면서 또 가장 예상치 못했던 일은, 해군을 떠나 고향 플레인스로 내려가 아버지가 하던 일들을 해 보고 싶다는 생각이, 서서히 그러나 확실하게 들기 시작했다는 점이다. 군에서 극비에 속하는 임무에 내가 소속되어 있다는 점을 잘 알고 있었고, 장차 출세가도를 달리는 것도 기대해 볼 수 있었다. 특히 로잘린은 해군의 아내로 사는 것을 즐기며 집안일을 꽤 독립적으로 돌보는 자유를 누렸다. 그러나 동시에 나는 그동안 받은 교육과 특히 핵기술에 엄청나게 투자해 쌓아 온 지식들에 부담을 느끼고 있었다. 게다가 성인이 된 이후 떠나 있었던 작은 농촌마을에서의 불확실한 경제적 전망도 문제였다. 거기서 아버지가 누렸던 것과 같은 존경받는 지위를 얻을 것이라고 기대하기도 힘들다는 생각이 현재의 삶과 팽팽하게 균형을 잡고 있었다.

1953년 7월에 아버지의 장례를 치르고 차를 몰고 스키넥터디로 돌아오면서 내 미래에 관한 풀리지 않는 의심들을 붙들고 계속 고민했다. 이 문제를 놓고 거듭 생각하다가 결국은 플레인스로 귀향하는 것이 좋겠다고 결심했다. 아내는 내 결정을 듣고는 크게 경악하고 화를 냈지만, 나는 리코버 제독을 통해 공식적으로 전역지원서를 제출했다. 리코버 제독은 개인적으로는 이에 반대하지도, 또 이 문제에 대해 나에게 어떤 언질도 하지 않았다. 그는 경멸하는 듯한 반응을 보였다. 분명 자기 밑에서 일하는 부하는 그것을 자기 인생의 최우선순위로 삼아야 한다고 생각했을 것이다. 조지아주 상원의원이자 군사위원회 의장인 리처드 러셀 의원이 나를 도와서 내가 제출한 전역지원서가 빨리 승인받을 수 있도록 도움을 주었다. 감사한 마음과 죄책감이 뒤섞인 야릇한 감정을 안고 그해 10월 해군을 떠났다.

아내는 나의 전역을 용납하지 못했고, 우리 관계는 꽤 냉랭해졌다. 별로 많지 않은 살림을 집으로 부쳤고, 전역절차를 마무리 짓기 위해 워싱턴으로 차를 몰았다. 아내는 가급적 나와 말하지 않으려 했고, 대신 큰아들을 불러서 "잭, 네 아빠에게 우리가 화장실 가야 한다고 전해라" 하는 식으로 의사표현을 했다. 우리는 돈도 별로 없는 데다 내 수입이 보장되어 있지도 않았다. 그 덕에 플레인스에 새로 지어진 공공주택 신청이 승인되었다.

우리 부부는 아들들을 데리고 조지아주 의사당을 찾았다. 지역 하원의원인 E. L. (Tic) 포레스터 의원이 기꺼이 안내를 맡아 주었다. 그는 공공연하게 알려진 인종분리주의자였는데, 우리와 같이 있는 내내 점잖은 백인과 불쾌하고 경멸스런 유색인종을 같이 살게 한 인종통합주의자들의 잘못된 공공주택정책에 분노하며 이를 비난했다. 그는 아파트 단지에 들어가 살게 될 사람들을 인종차별적인 말로 표현했다. 아내와 나는 서로 바라보면서 그의 말에 답하지 않았고, 곧바로 차를 몰고 플레인스에 있는 공공주택단지의 새 집에 입주했다.

우리 부부는 내가 해군에 있는 동안 세 아들을 두었다. 막내아들은 우리가 플레인스에 돌아왔을 때도 아직 아기였다. 나는 딸을 갖고 싶어서 14년간 아내와 옥신각신했는데, 결국은 내가 이겼다. 에이미는 1967년에 태어났다. 그때 우리 큰아들은 스무 살이었다.

제 3 장

조지아로 돌아와서

플레인스에서의 삶

조지아로 돌아와 뭘 하고 살아야 할지 특별한 생각은 없었다. 그저 아버지가 하던 대로 농사를 지으면서 농부들을 대상으로 비료나 종자를 판매하는 작은 사업을 꾸리고, 추수기에는 땅콩을 수매해 보관하는 사업을 할까 하는 정도가 내 생각의 전부였다. 아버지께서 돌아가시기 전에 당신이 하던 창고도매업에 관해서 설명하긴 했지만, 그 당시엔 어느 누구도 내가 해군을 떠나리라고 생각한 사람이 없었다. 나는 우리 가족이 '버디 삼촌Uncle Buddy'이라고 부르던 올턴 삼촌이 아버지 재산정리를 맡았다고 생각했는데, 막상 삼촌 본인은 그 일을 맡길 거절하셨고 대신 지역판사를 통해 아버지 유산정리인으로 나를 단독지명했다는 말을 듣고 깜짝 놀랐다. 농사나 사업이나 고객관리에 대해 아는 게 하나도 없다고 말하자, 버디 삼촌은 이런 것들을 배우기엔 이번이 최고의 기회라고 답했다. 삼촌은 필요할 때는 도와주었지만, 본인은 장사꾼일 뿐 농부는 아니라는 점을 나에게 확인시키곤 했다.

그때가 우리 농장의 주 수입원이던 땅콩과 목화의 수확철이어서, 정신없이 곡물을 사들이고, 빌려준 빚을 받고, 농장에서 작물을 거두었다. 나귀와 소 대신 트랙터를 사용하는 방식은 아직 초창기였기에, 손으로 일일이 목화를 따고 땅콩더미를 쌓는 방식은 내가 12년 전에 농장에서 하던 그대로라 다행이었다. 픽업트럭을 제외하면 농장에 기계화된 농기구는 없었다. 작물의 파종기와 생장기 동안 아버지가 고객에게 판매한 농자재 외상대금은 가을에 고객들이 수확한 작물을 내다 팔 때 갚도록 되어 있었는데, 당시엔 사업상의 이런 측면에 그다지 신경을 쓰지 못했다. 비록 사람들이 우리 가족에게 많은 호의를 보이긴 했지만, 결국 어느 채권자에게 먼저 빚을 갚아야 할지의 문제가 되면 많은 고객들이 다른 사람들을 우선시했다. 그래서 그 가을이 끝날 무렵에도 아직 수금되지 않은 돈이 엄청나게 많이 남아 있었다.

또 다른 문제는 국세청에서 아버지가 몇 년 동안 환급받은 소득세를 재조사하겠다고 나선 일이었다. 국세청은 아버지가 환급받은 내역을 문건으로 증명하라고 요구했는데, 이 내역은 근로소득이 아니라 목재를 판매하고 들어온 소득이었기 때문에 그동안 총 수입에 낮은 세율을 적용받았던 것이다. 당시에는 10명 이하의 고용인을 둔 작은 목재소 주인이 숲에서 나무를 골라서 사들이는 일이 흔했다. 노새나 소가 통나무를 끌어 약 100야드 떨어진 목재소로 옮겼고, 목재소는 종종 다른 곳으로 옮겨 다녔다. 국세청이 증명을 요구한 그 기간에 플레인스에

는 목재소가 일곱 군데 있었는데, 사업주 가운데 몇 명은 이미 이사 갔
거나 사망했거나 혹은 사업을 접은 상태였다. 게다가 그들은 아주 기초
적인 장부만 남겨 놓았다. 그래서 나로서는 도무지 수입내역을 다 확인
할 방법이 없었다. 국세청에서 부과한 벌금은 아버지 소유재산에서 발
생하는 수입 상당액에 해당했다.

이런 예상치 못한 문제점에도 불구하고, 가족을 대신한 유산관리집
행인으로서 내 임무를 성실하게 이행하려고 노력했다. 삼촌과 함께 최
선을 다해 유산을 평가한 뒤 균등하게 다섯 몫으로 나누었다. 어느 날
오후, 어머니, 남동생, 두 여동생을 어머니 집에서 함께 만나 나이가 어
린 순으로 먼저 자신의 몫을 선택할 기회를 주었고, 내가 마지막으로
남은 몫을 취했다. 마침내 1953년이 저무는 것을 보면서 심적으로 안
도했고, 올해보다 더 잘 준비된 상태로 다음 해를 맞을 수 있으리라 생
각했다. 해군에 있을 때 원자로 설계와 제작을 도우면서 다방면에서 여
러 가지 책임을 동시에 맡았던 것은 이에 비하면 차라리 쉬웠던 일처럼
느껴졌다.

본업이 농사인지라 전문적인 목공설비를 접할 수 있는 기회는 제한
적이었지만, 그래도 작은 아파트를 꾸미기 위해 망치와 톱과 끌 같은
농부에게 친숙한 도구를 사용해서 조잡하긴 해도 쓸 만한 가구를 직접
만들었다. 나중에 피크닉 스타일 탁자와 두 개의 벤치의자를 몇몇 친
구들에게 주긴 했지만, 이층침대나 침대소파 같은 몇 가지 가구는 계
속 가지고 있고, 정원의자들은 지금도 우리 집 뒷현관에서 사용하고 있
다. 이 정원의자들은 송판을 사용해 만들었고 앉는 부분은 대마로 짠

밧줄로 엮었다. 우리 가족은 쿠션을 사서 얹었고 아내는 베개를 만들었다. 정부의 공공주택 프로그램에서 제공한 아파트는 작았지만 안락했다. 여섯 살짜리 큰아들은 아내와 내가 11학년까지 다녔던 학교에 잘 적응했다. 아내는 감리교인이었지만 내가 침례를 받았던 침례교회에 함께 정기적으로 출석했다. 나는 라이온스 클럽 회원이 되었고 지역사회의 다른 일에도 참여했다. 섬터 카운티 대배심은 아버지가 맡았던 교육위원회와 병원감사 업무의 공석을 채우기 위해 나를 지명했는데, 이 자리는 선출직은 아니었다.

비록 아버지 재산 가운데 5분의 1만 나와 아내의 몫이었지만, 농장 경작지에 아울러 다른 상속인들과 공동소유한 더 넓은 면적의 숲까지 관리해야 했는데, 여기엔 자연림과 몇 에이커 정도의 소나무 식목림이 포함되어 있었다. 나는 농사는 거의 잊고 살았기 때문에 파종기 직전 겨울 동안 임야관리와 옥수수, 목화, 땅콩, 밀 재배법 등에 관련해 가급적 많은 지식을 습득하려고 노력했다. 조지아 농업연구소에서 발행되는 책자를 공부했고, 티프턴에 있는 에이브러햄 볼드윈 농업대학이 제공하는 과정 중 가장 흥미로운 주제의 일일 훈련과정에 참석하기도 했다. 아버지와 함께 농장에서 일하던 소작농 일곱 가정이 있었는데, 그들에게 부탁해서 여러 경작지를 놓고 상의해 토양표본을 채취한 후 어떤 비료가 그 땅에 제일 적합한지 결정했다. 아울러 고객층을 확대하는 동시에 빚을 갚으려고 노력해 온 고객과는 계속해서 거래를 유지했다.

농지와 향후 작황에 대한 정보를 어느 정도 탄탄히 정리한 다음에는, 지역 은행에서 1만 달러를 융자받을 수 있었고, 그 돈으로 농자재를 구입한 다음 큰 기대를 품고 파종을 마쳤다. 인근 도슨에 있던 비료 생산업자는 기존 계약대로 우리에게 계속 비료를 제공하는 데 동의했다. 이로써 나는 1톤당 3달러의 수익을 추가할 수 있었다. 나의 거래는 고객들에게 농자재를 외상으로 판매하고 추수 후 외상값을 돌려받는 방식이었다. 그러나 역사상 최악의 가뭄이란 재난이 우리 지역에 들이 닥쳤다. 1954년이 저무는 무렵까지도 나와 고객들은 말라비틀어진 작물을 추수할 노력조차 하지 않았다. 나에게는 '버지니아 번치 67'이란 이름을 가진 새 품종의 땅콩을 재배하던 밭이 하나 있었는데, 8월 첫주에 비가 내려서 좋은 작황을 거두었다.

외상값을 가능한 한 많이 회수하고자 온갖 노력을 다했음에도 그해 총소득은 280달러에 불과했고, 우리 부부 손에 떨어지는 돈은 없었다. 그래도 이 작은 소득 덕에 공공아파트 보조대상 자격을 유지했고, 31달러의 월세만 내고 살 수 있었다. 다른 은행융자를 신청했지만 어머니나 삼촌이 보증을 서지 않으면 받을 수 없었다. 그렇게까지는 하고 싶지 않아서, 도슨의 비료회사에 가서 한 트럭20톤이나 한 화차40톤 분량의 비료를 위탁거래 방식으로 당장 한 번에 가져갈 수 있도록 합의했다. 모든 현금은 직접 도슨의 비료회사로 흘러갔고, 구매비용은 내가 아닌 비료회사에 지불되었다. 아내를 제외하면 나를 도울 사람이 없었는데, 모든 비료를 철길 옆의 작은 창고에 쌓아 두고 고객이 오면 트럭에 실어 주었다. 40톤의 비료를 실은 화차가 도착했을 때는 거리로 내려가 비료 내리는 일을 한두 시간 동안 도와줄 사람을 한 명 고용했다.

그때 몇몇 트럭 운전사들과 고객들이 기꺼이 우릴 도와주어 정말 고맙기 그지없었다. 비료는 100파운드 짜리 종이자루나 200파운드 용량의 마대자루 혹은 목면자루에 담겨 배달되었다. 이런 육체노동이 건강에 좋다고 생각했고, 이때 새로 만들어진 근육들을 보며 뿌듯해 했다. 추수철 내내 트럭에 실은 땅콩과 옥수수를 내릴 일용직 인부를 많이 고용했다. 그해 3천5백 톤의 작물을 판매할 계획이었는데, 우리 지역의 농부에게 더 나은 서비스를 제공해야겠다는 생각을 갖게 되었고, 조지아 주에서 농업에 더 깊이 관여하려면 참신한 아이디어를 내놓아야 한다는 사실도 깨달았다.

목화, 옥수수, 콩, 밀뿐 아니라, 모든 경작 가능한 땅에 지난해 좋은 작황을 보인 '버지니아 번치 67' 품종의 땅콩을 집중적으로 파종했다. 생산된 땅콩은 향후 2년간 종자용으로 다른 농가에 보급하는 용도로 사용하기로 했다. 1955년 강우량은 평균 수준이었고, 덕분에 빚 대부분을 돌려받고 3천6백 달러의 소득에 대한 세금도 냈다. 처음에는 살기 위해 바둥거렸지만 이제는 수입을 사업 확장에 투자했다. 다음 몇 해 동안엔 비료를 뿌리는 트럭을 구입해서 고객의 밭에 비료를 뿌렸다. 추수기에는 땅콩과 옥수수를 가공하는 데 사용하려고 구입한 장비들을 개량하기도 했다. 겨울철에는 새로운 창고시설, 폐기물 하치장, 승강기, 내 농장이나 고객의 농장에서 땅콩을 수확할 때 바위, 진흙, 나뭇가지를 골라내는 장비를 설계하고 제작하는 일에 가급적 많은 시간을 할애했다.

주 소득원으로 종자용 땅콩을 재배하면서, 자신들의 경작지에서 내가 고안한 껍질까기 시설에서 처리할 종자용 땅콩을 키울 다른 농부들과도 곧 계약을 맺었다. 좋은 씨를 골라 조지아, 앨라배마, 플로리다 등 광범위한 지역의 농부들에게 판매했다. 종자사업에 관한 가능한 모든 것을 배우는 데 집중했고, 옥수수, 목화, 밀, 곡물, 콩, 잔디, 심지어 소나무를 포함한 온갖 종류의 종자를 조지아주에서 생산하고 배급하는 조지아곡물증산협회의 대표로 선출되었다. 내 농장과 이웃 농장에서 계속 땅콩경작에 집중하면서 1년간 열여섯 품종의 땅콩을 생산했다. 나중에 알게 된 일이지만 그때 사업을 더 빨리 확장했어도 좋을 뻔했는데, 그럼 아마 추가로 융자받아 더 많은 수입을 올렸을 것이다. 당시는 경기침체기였기 때문에 사업확장과정에서 부채가 늘어나지 않도록 지나치게 조심했던 것이 아니었을까 생각한다.

어머니와 형제자매들은 아버지에게 상속받은 땅의 일부를 내게 팔기로 결정했다. 처가 소유의 땅을 포함한 추가 경작지도 사들일 수 있었다. 우리 부부는 약 3,200에이커의 땅을 보유했고, 토지를 대체로 두 구획으로 나누었다. 그 하나는 나의 선대가 1904년에 구입한 땅이고, 다른 하나는 1833년에 구입한 토지이다. 어머니와 동생 빌리는 농자재 공급사업의 동업자로 참여했는데, 잭을 비롯한 세 아들도 이젠 많이 커서 트럭을 몰면서 땅콩이나 다른 작물 다루는 일을 도울 수 있었다. 가을 추수 후 판매하거나 종자로 쓰기 위해 껍질을 깔 때까지 약 1만 5천 톤의 땅콩을 저장할 수 있는 규모의 창고시설도 세웠다. 조면기를 사들였고 목화, 옥수수 그리고 다른 곡물을 저장할 창고도 건축했다. 액상 비료들을 특별히 조합하는 방법을 터득했고, 토양시료를 분석하여 그

주 소득원으로 종자용 땅콩을 재배하면서,
자신들의 경작지에서 내가 고안한 껍질까기 시설에서 처리할
종자용 땅콩을 키울 다른 농부들과도 계약을 맺었다.

땅에 맞는 조합의 비료를 '처방'할 수 있었다. 1960년대 초반까지, 카터 창고회사는 농업에 필요한 거의 모든 것을 지역 농부에게 제공했다. 이 회사는 내가 대통령으로 선출되어 모든 상거래 정보를 백지신탁할 때까지 거의 23년을 가족기업 형태로 운영되고 변모해 왔다.

점차 농업, 임업, 경영 부문에 능숙해졌고, 이런 일과 관련된 조지아주의 여러 유관단체에서 지도력을 발휘했다. 또한 목재, 철근, 콘크리트 건축 및 장비 유지기술을 포함한 가급적 많은 기술들을 완전히 습득하려고 노력했다. 일 년 내내 일하는 고된 노동이긴 했지만, 도전을 즐겼고 다각화된 사업은 꽤 성공적이었다. 우리 농지나 다른 농장들에서 마주친 문제점을 통해 환경문제에도 깊이 관심을 갖게 되었다.

정착 2년 차인 1956년, 공공주택단지를 떠나 지역에서 늘 '귀신 나오는 집'이라 불렸던 집 하나를 임대했다. 이 집은 플레인스 서쪽으로 약 1마일 정도 떨어져 있었는데, 그 집으로 가는 길에 어린 시절을 보낸 농장이 있다. 그 집에서 고작 200야드 떨어진 곳엔 지역 공동묘지가 있어서 사람들은 해가 지면 이곳을 조심스럽게 피해 다녔고, 우리 지역 사람들은 그 길로 가느니 차라리 철로를 따라 걷는 위험을 감수하면서도 여길 우회해 다녔다. 그 집은 첫 백인 정착민들이 이 지역에 들어와 원주민을 서쪽 오클라호마주로 몰아낸 앤드루 잭슨 행정부 시절 무렵인 1835년경에 지어졌다. 다락에 흰 가운을 입은 여자가 등불을 들고 배회한다는 다수의 목격담을 포함해 그 집과 관련된 여러 기이한 현상들이 보고되었다.

장인어른이 운영하던 정비소에서 정비공으로 일하던 팅크 페어클

로스란 사람이 이 집에서 몇 해 살았다. 그를 따라 너구리와 주머니쥐를 잡기 위해 사냥개를 몰고 밤사냥을 나간 적이 있었는데, 그때 그는 개가 내는 듯한 이상한 소리에 여러 차례 잠을 설친 적이 있다고 했다. 침실 창문을 통해 큼지막한 검둥개가 그의 사냥개와 함께 있는 것을 볼 때마다 뒷문으로 가 덧문을 열어 확인했는데 그 낯선 개는 늘 사라지고 없더라고도 말했다. 마침내 어느 날 오후, 그 개가 뒷마당에서 자신을 보며 친근하게 꼬리치는 것을 보고서 개를 쓰다듬어 주려 했더니 갑자기 개가 사라졌다는 이야기도 해 주었다.

이 음산한 집은 나중에 사드 와이즈 박사가 소유했는데, 그는 의사 삼형제 중 맏이였고 어머니가 간호사 수련을 받았던 플레인스의 한 병원을 소유하고 운영했다. 그 병원의 수간호사가 내 대모인 거시 에이브럼스였다. 우리 부모님의 좋은 친구분이었고, 결혼한 후에도 이 집에서 사드 박사와 함께 살았다. 이 집의 요리사였던 이네즈 래스터는 이상한 여자가 그 집에 다가가는 것을 보았는데, 그들이 말을 걸려 하자 돌아서더니 홀연히 사라졌다고 주장했다. 이네즈는 이런 현상이 거의 1년간 일어났으며, 종종 누군가 현관문을 두드려서 나가 보면 아무도 없는 일이 잦았다고 했다. 요리사 일을 그만두고 싶었지만, 주인이 안전을 보장한 데다가 또 돈이 필요하기도 해 그 집에서 계속 일했다고 했다.

사드 박사가 심하게 아팠을 때, 에이브럼스 씨가 그 집에 와서 자신과 같이 있어 달라고 부탁한 적이 있다. 그날 부엌에서 저녁을 차려 주었는데, 두껍게 썬 빵에 구멍을 낸 후 지글거리는 프라이팬에다 구우면서 그 구멍에 계란을 까 넣는 요리를 에이브럼스 씨가 좋아했던 것으로 기억한다. 요리하는 걸 보는데 갑자기 사드 박사가 키우던 개들이 예전에 듣지 못했던 소리로 집 밖에서 짖기 시작했다. 마치 여러 마리의 늑대가 함께 우는 것처럼 들렸다. 밖을 내다보니 개들은 모두 웅크리고 앉아서 하늘을 바라보며 기이한 구슬픈 소리를 내고 있었다. 침실로 들어가 보니, 사드 박사가 막 돌아가신 직후였다. 어찌된 일인지 몰라도 개들이 주인을 위해 곡을 하고 있었던 것이다.

아내와 아들들도 그 집에서 일어난 여러 가지 기이한 현상과 설명되지 않는 소리들에 대해 알려 준 적이 있었는데, 그렇다고 우리가 어떤 신이한 존재 때문에 큰 문제를 겪은 적은 없다. 어느 날 아이들이 다락에서 놀다가 다락 바닥과 그 아랫방의 천장 사이에 약 6피트 정도의 헤드룸을 갖춘 비밀방이 있다는 것을 알아냈다. 그 방에는 작은 의자 하나만 놓여 있었다. 우리는 아마도 정신병을 가진 여자가 예전에 가족들에 의해 그 방에 갇혀 지냈을 것이라 짐작했고, 등불을 들고 어슬렁거렸다던 여자가 바로 그 사람이었을 것이라 추측했다.

아내와 나는 이제 좀 여가를 즐길 수 있는 여유를 갖게 되었다. 해군에 복무하던 시절에는 거의 생각할 수 없던 일이었다. 우리 부부는 골프채를 사서 우리 집 뒷마당에서 연습했고, 몇 주 후에는 몇몇 친구들과 함께 도슨에 가서 미국 재향군인회에서 운영하는 9홀 코스에서 함께 골프를 쳤다. 금요일 밤마다 모인다는 스퀘어댄스 클럽을 알게 되어 근처 농촌지역에서 온 100여 명가량의 회원들과 함께 춤추는 걸 즐기기도 했다. 그 클럽의 이름은 '메리 레그스'였는데 역시 재향군인회에서 운영했다. 춤을 배우는 과정은 노력이 필요했고 좀 어려웠는데, 기본 레퍼토리에 매주 한두 가지 새로운 스텝이 추가되었다. 다소 튀는 무도복을 입고 춤을 췄고, 조지아주에서 열리는 컨벤션 때는 다른 클럽에도 가입해서 많은 새로운 친구를 사귀었다. 이 활동이 내 삶을 바꾸었다.

우리는 플레인스 침례교회에서 신앙생활을 했다. 곧 우리 부부는 매주 일요일 아침마다 성경공부반에서 가르치기 시작했다. 나는 교회의 여러 일을 맡아보는 12명의 집사 가운데 한 명에 임명되었는데, 최종결정은 늘 총회에서 내리도록 했다. 아내는 감리교인이었지만, 침례교회로 이적한 후 새로 침례를 받았다.

그즈음 섬터 카운티 교육위원회의 일도 맡았다. 당시 조지아주 학교는 여전히 인종에 따라 분리되어 있었는데, 이런 엄격한 사회적 장벽 가운데서도 교육기회를 가급적 평등하게 만들려고 노력했다. 우리 5인의 교육위원들이 모든 학교를 방문해서 교육현장의 현실을 좀 더 알아보는 게 어떻겠느냐는 제안을 했고 다른 위원들도 동의했다. 우선 백인 학생들과 교사들을 만나보았는데, 모든 학년이 다 있는 두 개 학교와 초등학교만 있는 세 학교에 대해서는 무척 만족스러운 인상을 받았다. 이 학교들은 멋진 벽돌건물에 좋은 책상과 여가시설, 음악실, 미술실을 구비하고 있었으며 최신 교과서를 사용했다.

교육감은 흑인 학생을 위한 26개교가 있으며, 통학버스는 백인 학생과 그 수업을 위해서만 운용되기 때문에 집에서 걸어서 통학해야 하는 흑인 학생을 위해서 많은 흑인학교가 필요하다고 알려 주었다. 흑인

학교를 방문했을 때 우리는 흑인 학생이 백인학교에서 쓰고 보낸 너덜너덜하고 손때 묻은 교과서를 함께 쓰고 있다는 것을 금세 알아차렸다. 교회의 방이나 큰 집을 빌려서 교실로 사용했고, 음악이나 미술교본 같은 것은 아예 없었으며 책상도 거의 없었다. 많은 고학년 학생들이 등받이가 있거나 없는 작은 의자에 앉아 수업을 듣던 모습이 생생하게 기억난다. 결석은 흔한 일이었다. 출석기준은 낮았고 장려되지도 않았는데, 이는 많은 학생들이 학기 중 밭에서 일해야 했거나, 혹은 부모들이 문맹이라서 학교교육의 이점을 이해하지 못했기 때문이었다.

이렇게 몇 달간 학교방문을 하고 나자 다른 위원들은 더 이상 현장답사를 하지 않겠다며 참여를 거절했다. 당시는 인권운동이 활발해지고 있던 때라서, 조지아 주의회는 '분리하되 평등한'이란 전국적 정책에 따라 '분리정책'을 유지하면서도 더 '평등'해지기만 하면 된다는 점을 보여 주려고 했다. 마침내 흑인 학생들도 통학버스를 이용할 수 있게 되었지만, 조지아주에는 버스 앞쪽 흙받이를 검게 칠해서 차에 탄 사람들이 백인 학생이 아니라는 점을 누구나 알 수 있어야 한다는 의무적인 법 조항이 있었다. 1955년 인종분쟁이 처음 발생했는데, 조지아주 교육위원회는 전미유색인종지위향상협회NAACP에 가입된 모든 교사들을 파면했고, 인종분리정책을 따르지 않는 어느 누구도 교사가 될 수 없다는 지시를 내렸다.

비록 연방대법원이 우리가 고향으로 돌아온 해에 브라운Brwown 대 토피카 교육위원회Board of Education 재판에서 학교 내 인종통합 결정을 내리긴 했지만, '분리하되 평등한'이란 원칙이 우리 지역사회에서 도전

받거나 바뀐 적은 없었다. 트루먼 대통령이 군대에서의 인종분리를 종식시킨 것을 목격하고, 우리 부부는 상대적으로 적은 방해 속에서 우리 지역사회에도 인종차별적인 요소들을 점차 없애려는 노력을 해 나갔다. 나는 빌리 그레이엄Billy Graham이 지원하는 복음주의 접근을 이끌어 보고자 자원했고, 우리 기독교 신앙 안에서 모든 사람이 동등한 존재로서 함께 협력하자는 내용을 담은 영화를 활용했다. 두 인종으로 구성된 추진위원회를 구성했는데, 인종 간 통합을 위해 집회를 갖도록 허락해 준 백인교회가 하나도 없다는 사실에 별로 놀라지는 않았다. 우리 카운티의 행정청 소재지인 아메리커스에 있는 폐교에서 모임을 가졌고, 빌리 그레이엄이 제창한 원칙과 절차들을 따라 나갔다. 라디오나 신문광고를 이용하는 방법도 포함되어 있었다. 집회의 마지막 밤, 수백 명의 흑인과 백인이 지역 극장에서 그 영화를 함께 보았고, 영화를 본 후 많은 사람이 예수 그리스도를 자신의 구원자로 영접했다. 더 보수적인 일부 백인도 이 집회에 거리낌 없이 참여했다. 조지아 사우스웨스턴 칼리지 총장, 카운티의 검사장, 그리고 유일한 지역 라디오방송국의 소유주를 포함한 카운티 몇몇 주요 인사들이 우리의 좀 더 온건한 신조에 공감을 나타냈다.

인종문제와 인권시위가 점차 강도를 더해가면서, 우리 부부는 예전엔 간과했던 진보적 입장들이 점점 지역에서 논란이 되어 가고 있음을 깨달았다. 어느 날 아침 마을에 있는 유일한 정비소로 차를 몰고 갔는데, 주인이 내 픽업트럭에 주유를 거부했다. 결국 농장에 지하연료탱크와 주유시설을 설치하여 개인차량과 농장의 작업트럭을 직접 관리해야 했다. 나중에는 약 12명 정도의 우수 고객들이 창고사무실로 찾아온 적이 있었는데, 그들은 자신들이 아버지와 가까운 친구였다는 것을 상기시키며 백인시민위원회White Citizens' Council의 연회비를 대신 내주겠다고 제안하기도 했다. 미시시피에서 결성된 이 단체는 큐 클럭스 클랜KKK이 연루된 폭력행위에 반대하는 단체로, 조지아를 대표하는 연방 상원의원, 주지사, 조지아주의 다른 모든 정치인들의 공개적인 지지를 받았다. 회원가입을 거부했더니 그들은 내가 지역사회에서 이 단체에 가입하지 않은 유일한 백인이라고 말했다. 어느 날 밤 사무실 문에는 **검둥이들과 카터 집안은 한패**다란 표지가 붙어 있었다.

1965년에 큰아들이 고등학교를 졸업했고, 우리 가족은 멕시코로 2주간 자동차 여행을 떠났다. 여행에서 돌아왔더니 단 한 명의 고객도 우리 사무실을 찾지 않았다. 존 버치 소사이어티John Birch Society의 회원들이 카운티의 농업부서를 찾아가 우리 고객 명단을 입수한 후, 내가 공립학교의 인종분리를 종식시킬 최선의 방법을 찾기 위해 공산주의자 훈련캠프에 들어갔다고 일일이 알린 것이었다. 즉시 고객을 한 명씩 만나 그동안 우리 가족이 무얼 했는지 설명했고, 결국 우량고객 대부분은 다시 돌아왔다. 대학교 총장과 라디오방송국 소유주는 지역을 떠나라는 압력에 시달렸다. 잠시나마 플레인스를 떠나 조선업체로부터 받은 일자리 제안을 수락할까 고민하기도 했다. 이 업체들은 원자력발전에 대한 나의 지식과 극비정보 접근자격을 활용하려 했지만, 넓은 지역에서 재배되는 종자용 땅콩이 벌어들이는 수익과 다른 사업계약의 수익이 좋았기 때문에 경제적 압력은 사라져 버렸다. 오늘날 이러한 인종

갈등은 오랜 옛날의 역사처럼 느껴진다.

5년 동안 '귀신 나오는 집'에서 산 뒤, 플레인스 외곽에 땅을 사서 1961년에 집을 지었다. 건축사는 우리 부부와 협의해서 새 집을 설계했고, 두 명의 솜씨 좋은 목수들이 건축과정을 감독했으며, 우리 농장의 인력과 나도 작업을 도왔다. 문과 창, 벽의 상단부에 틈이 없도록 설계했기 때문에 모든 목재는 정확히 치수를 맞춰 잘라 내야 했다. 총 공사비용은 1평방피트당 10달러였다. 작황이 좋아서 3년 후에는 주택융자금를 모두 갚을 수 있었다.

몇 해가 지나, 침례교회의 집사이자 주일학교 교사, 보이스카우트 지도자, 카운티의 교육위원회 의장, 지역 병원 책임자의 일원, 우리 지역에 있는 56개 라이온스 클럽의 지역회장으로서 지역사회 지도자로 인정받게 되었다. 농업과 종자사업 방면으로 조지아주를 대표하는 자리들에 지명되었다. 앨라배마, 미시시피, 아칸소 및 다른 남부 주와는 달리, 조지아주의 공립학교에서는 폭력사태나 방해 없이 인종통합이 진행되었다. 같은 교실에서 다른 인종이 함께 공부하는 데 여전히 반대하는 백인 부모들은 자녀들을 남부 전역에서 우후죽순으로 생겨난 사립학교로 보냈다. 씁쓸한 논쟁과 반감이 잦아든 후, 거의 모든 고객들이 우리 창고회사와 거래를 재개했다. 그러나 1960년대 내내 공립학교 통합령은 조지아주 선동가들의 좋은 건수였고, 다른 학교들과 마찬가지로 플레인스 고등학교도 1967년까지는 흑인 학생을 받지 않았다.

지역과 주의 정치

비록 아버지가 주 의회에서 일했고, 우리 가족은 열렬한 민주당원으로 지역과 주에 출마한 민주당 후보를 공개적으로 지지했지만, 당시까지 나는 공직에 출마할 생각은 해 본 적이 없었고, 어머니와 대부분의 조지아 사람들처럼 아들라이 스티븐슨Adlai Stevenson과 존 F. 케네디John F. Kennedy를 지원했던 일 외엔 정치에 발을 들여놓은 적도 없었다. 1962년 연방대법원이 베이커Baker 대 카Carr 재판에서 모든 표는 가급적 동일한 가치를 가져야 한다고 판결한 후에 공직 출마를 결심했다. 이 판결은 조지아주에서 '카운티 유닛County Unit' 시스템이 더 이상 적용되지 않는다는 것을 뜻했는데, 이 옛 선거시스템에 따르면 농촌 지역의 몇 표는 도시 지역의 100표와 맞먹었다. 이에 대한 조지아주 정부의 대응 중 하나는 2년마다 새로 뽑던 조지아주 상원의원을 종신직으로 바꾸고 그들에게 더 많은 권한과 특권을 주기로 한 것이었다. 조금 무모한 생각이긴 했지만, 인종통합을 추진하면 폐쇄시키겠다는 위협을 받고 있던 우리 주의 공립학교시스템을 구하는 데 일조하고자 주 상원의원 출마를 결심했다. 카키색 작업복 대신 외투를 걸치고 넥타이를 맸더니, 아내는 내게 장례식에 가느냐고 물었다. 지금 생각하면 이해할 수 없는 일이지만, 당시 내 계획에 관해 아내의 조언을 구하지도 않았고 그저 법원에 가서 내가 주 상원의원 후보로 적격자인지 알아본 후에 지역신문에 출마 광고를 실을 것이라고만 답했다. 아내는 내 결정을 좋아했고 흥분했으며 더 이상 묻지 않았다.

옛 방식에 따르면 보통 후보가 선출된 후 보궐선거까지는 열흘 정도의 유세기간만 주어진다고 알려져 있었다. 우리의 새 상원의원 선거구는 일곱 카운티로 구성되어 약 7만 5천 명 정도의 유권자가 있었다. 포스터와 명함을 만들어 카운티의 행정청 소재지를 하나씩 방문했고, 그 지역의 신문사와 라디오방송국을 찾아가고, 내 요청을 받아 주는 시민모임에서 연설을 했다. 그 무렵은 농한기로, 내가 없는 동안 아내와 내 동생 빌리가 창고사무실을 대신 운영했다.

그때 우리 교회에서는 1주일간 부흥회가 열리고 있었는데, 교회를 방문한 목사가 어머니 집에 머물고 있었다. 상원의원 출마 계획을 어머니에게 말씀드렸더니 목사는 내게 "도대체 왜 정치같이 더러운 게임에 발을 담그려 해요?"라고 물었다. 잠시 생각한 후, "7만 5천 명의 신도가 있는 교회의 목사가 된다면 어떠시겠습니까?"라고 답했다.

경쟁자는 호머 무어였다. 그는 어머니 고향 출신의 창고업자이자 땅콩수매업자로, 사업상 잘 아는 정직한 경쟁자로 높이 평가하던 사람이었다. 우리는 각자 자신의 지역사회에서 당연히 유리한 위치에 있었고, 나는 많은 농부들과 라이온스 클럽 회원을 이미 알고 있었다. 출마 결정이 늦긴 했지만 나에게 유리한 또 다른 변수가 있었는데, 내가 회원으로 있는 스퀘어댄싱 그룹 회원들이 주 상원의원 선거구와 거의 겹치는 지역 출신들이란 점이었다. 그들은 나를 강력하게 지지했다.

선거 당일 나는 한 투표소에서 다른 투표소로 옮겨 다니고 있었다. 그때 아내가 자기 사촌에게 조지아주에서 가장 작은 카운티 가운데 하나인 큇만 카운티의 행정청 소재지인 조지타운에 큰 문제가 있다는 소

주 상원의원 출마 포스터(1962)

식을 듣고 전화를 걸어왔다. 친구인 존 포프에게 부탁해 나를 대리해 법원에 찾아가도록 했다. 법원에 도착했을 때 존은 그 지역의 정치실세인 조 허스트가 호머 무어를 돕고 있는 것을 보고 가슴이 철렁했다. 허스트는 모든 유권자에게 그의 앞에 놓인 탁자에서 후보자를 찍으라고 하면서 호머 무어에게 투표하라며 독려하고 있었다. 또한 투표용지를 골판지로 만든 투표함에 뚫린 큰 구멍에 넣고 있었는데, 존은 허스트가 몇 번이고 투표함에 손을 넣어 몇몇 투표용지를 뽑아 버리는 것을 목격했다.

나는 조지아 남서부에서 제일 큰 도시인 콜럼버스 소재 한 신문사에 전화해 정치담당 기자에게 현재 일어나고 있는 일을 알렸다. 루크 티슬리는 주 상원의원에 출마한 나를 인터뷰했던 기자였다. 나는 조지타운으로 차를 몰고 갔다. 허스트는 우리가 보고 있음에도 별로 동요하는 것 같지 않았고, 심지어는 내가 이런 불법적인 선거조작 행위를 중단하라고 요청했음에도 전혀 개의치 않았다. 그는 이곳은 그의 카운티이며 자신이 바로 큇만 카운티 민주당 위원장이라고 말하며, 이 방식이 그동안 늘 해 오던 투표방식이라고 답할 뿐이었다. 후보로서 나는 그의 친구인 보안관에게 이 문제를 신고할 권리가 있었다. 허스트가 내 항의를 거듭 무시하고 있었을 때, 티슬리 기자가 조지타운에 도착했다. 조 허스트는 계속 딴청을 부렸는데 꽤 웃기는 일이었다. 존 포프는 거기 머물면서 그날 무슨 일이 있었는지 기록했고, 나는 다른 카운티를 방문하기 위해 그곳을 떠났다.

다른 여섯 선거구의 집계로는 75표 앞서 있었다. 그러나 큇만 카운티에서는 360 대 136으로 뒤졌는데, 사실은 고작 333명만 투표한 것으로 되어 있었다. 뉴스는 호머 무어의 승리를 선언했다. 같은 주에 조지아주 민주당 전당대회가 메이컨에서 열렸다. 이전에 제출한 내 항의가 묵살되어 전당대회에서 재차 항의했다. 심지어 가장 가까운 친구조차도 내가 패배를 인정할 줄 모른다며, 이번 선거는 그만 잊고 2년 후에 재출마를 기약하라고 충고할 정도였다. 어머니가 여동생에게 "지미는 너무 순진해, 너무 순진해"라고 말하는 것도 들었다. 당시 내가 그 이상한 선거법을 이해했더라면 아마 출마를 포기했을 것이다. 그러나 나는 분노했다. 그 무렵 연방대법원이 판결한 바에 따라 카운티 단위의 득표가 아닌 개별 득표에 기반한 선거로 새로 뽑힐 상원의원들이 인종 간 화해의 길을 더 쉽게 추진하는 등 조지아에 새로운 시대를 열 것이라 기대했기 때문이었다.

카운티의 검사장인 워렌 포트슨의 사무실에 가서 그간 문제가 된 선거들에 관련된 상황들을 함께 검토했다. 그 건들은 선거조작으로 다뤄진 것이 아니라 거의 대부분 그저 재검표하는 방식으로 처리되었다. 드물게 항소가 있긴 했지만, 이 경우 조 허스트가 위원장으로 있고 그가 모든 위원을 직접 선정한 카운티의 민주당 위원회에 5일 안에 항소장을 접수해야 했다. 우리가 할 수 있는 유일한 일은 필요한 항소를 제출한 후, 지역 판사가 재검표를 판결하도록 소송을 거는 것뿐이었다. 우리는 내 사촌인 휴 카터의 집에서 만나 회의했다. 휴는《애틀랜타 저널_The Atlanta Journal_》의 편집장이던 그의 형 돈에게 전화를 했다. 그 신문은 곧 의심 많은 존 페닝턴 기자에게 취재를 맡겼고, 그는 나를 만난 후 조지타운으로 가서 조 허스트에게 공개적으로 맞섰다. 생생한 1면 기사가 조지아주를 휩쓸었다.

페닝턴은 투표인 가운데 117명이 정확히 알파벳 순서로 투표했고, 그들 중 많은 사람들이 이미 죽었거나 감옥에 있거나 혹은 다른 곳에 살고 있다는 사실을 발견했다. 《애틀랜타 저널》에 실린 만평 가운데는 죽은 사람이 묘지에 설치된 투표소에 와서 투표권를 행사하는 동안 관 뚜껑이 열려 있는 장면을 묘사한 것도 있었다. 우리는 퀏만 카운티 주민 가운데 허스트에 반기를 들고 있는 많은 사람을 만났고, 우리가 옳다는 것을 입증할 진술서에 서명을 받아 밤낮으로 모았다. 우리가 민주당 집행위원회 앞에 섰을 때 카운티 법원은 만원이었다. 재판의 첫 순서는 선거부정 혐의를 부인한다는 내 상대 측 변호인의 이의신청이었고, 허스트 측과 그의 위원회는 만장일치로 이에 동의했다. 제출된 어떤 증거도 받아들여지지 않았다. 자칫하면 그냥 재검표만 이뤄지는 상황이 벌어질 수도 있었다. 재판은 보수적인 칼 크로 판사가 주재했다.

워렌 포트슨 검사는 나의 친구로 알려져 있고 인종문제에도 꽤 진보적이었기 때문에 청문회에서 나를 대변하지 않기로 결정했다. 대신 그는 찰스 커보를 소개시켜 줬는데, 커보는 남부 조지아 출신으로 애틀랜타에서 킹 & 스펄딩이라는 큰 법률회사를 꾸리고 있었다. 커보는 나의 소송 건 수임에 동의했다. 우리가 이미 알고 있던 정보는, 총 496표 360 대 136가 집계되었지만 투표시간 마감까지 투표한 사람의 총수는 고작 333명이란 점뿐이었다. 심지어 조 허스트 본인조차 투표에 빠진 사람은 없다고 진술했다. 선거를 집행했던 모든 사람들은 이구동성으로 유권자에게 어떤 압력도 없었고, 모든 절차는 적합하게 진행되었으며, 투표용지와 투표지를 준 후 남은 반쪽과 선거인 명부가 모두 투표함 안에 있다고 진술할 뿐이었다. 투표함이 어디에 있고, 그 속에 무엇이 들어 있는가가 가장 큰 쟁점이었다.

골판지 투표함은 결국 조 허스트의 딸이 쓰던 침대 아래에서 발견되었다. 탁자 위에 두고 조사에 들어갔다. 상자는 봉인되어 있지 않았고 다른 문서들 없이 그저 투표용지만 들어 있었다. 100개 이상의 투표용지가 말려져 고무줄로 묶여 있었다. 커보는 천천히 그리고 길게 쉬어가며 장문의 성명을 발표했는데, 조사결과 이번 건은 마치 닭도둑이 자기 발자국을 빗자루로 지우면서 자신의 흔적을 보안관에게 감추려 한 것에 비할 수 있다고 설명했다. 투표자에게 떼 주고 남은 투표용지 반쪽과 선거인명부 없이는 얼마나 많은 투표용지가 투표함 안에 있는지 허스트가 알 방법이 없었다. 반대 측 변호인은 조사결과에 대응하지 않기로 결정했고, 크로 판사는 특별한 언급을 하지 않고 폐정하면서 다음 주 금요일인 11월 2일에 올버니에서 판결을 내리겠다고 말했다. 콜럼버스 지역신문은 13면에 "호머 무어에게 패배한 플레인스의 제리 카터"가 재검표 청원재판에서 질 수도 있다고 보도했다.

금요일 판결에서 크로 판사는 조지타운 투표결과에서 발견된 불일치를 설명하면서, 투표소도 없었고, 비밀투표도 아니었으며, 따라서 선거결과를 결정할 방법이 아무것도 없다고 판결했다. 조지타운에서의 투표는 모두 무효화되었고, 세 군데 작은 카운티의 선거구에서는 무어에게 43표를, 나에게는 33표를 투표했다. 그 결과 지역구의 총 투표

수가 2,811표에서 2,746표로 내게 유리한 방향으로 재조정되었다. 재투표가 시행된다면 그 결정에 따라 나는 공화당에서 출마한 후보가 없는 상태에서 민주당 측 단독지명자가 되는 것이었다! 우리는 앞으로 올드 크로 위스키만 마시겠다고 맹세했다.

조지아주 민주당과 주 주무장관은 그 다음 주 화요일에 내 이름이 선거 투표용지에 인쇄될 것이라고 했지만, 호머 무어는 지역 대법관인 톰 마셜에게 청원하여 월요일 밤 늦게 후보자 이름들을 모든 투표용지에서 삭제하고, 선거결과는 다음 날 6시간 후 선거구에서 찍히는 표에 한해서만 결정되도록 조치했다. 나는 며칠간 잠을 자지 못해 5킬로그램이나 살이 빠졌지만 선거 당일에도 최선을 다해 유세에 나섰다. 두 카운티의 행정책임자는 모든 투표용지에서 이름을 삭제하라는 법관의 지시를 따르지 않았다. 대부분 카운티의 투표결과는 지난번과 비슷했다. 퀫만 카운티 유권자는 몇 년 만에 처음으로 반대표를 던질 기회를 갖게 되었고, 나는 448 대 23으로 호머에 앞섰다. 선거구에서의 총 합계는 3,013 대 2,182였다.

불복한 호머는 조지아주 상원의원들에게 직접 청원했다. 상원의장은 조지아주 부지사 피터 잭 기어로, 호머 무어와 조 허스트의 절친한 친구로서 퀫만 카운티에서의 선거에서 늘 10배 차이로 대승을 거두던 사람이었다. 조지아주 사바나에서 또 다른 선거분쟁이 발생했는데, 부지사는 주 의회가 열리기 전에는 둘 중 어떤 사안도 논의하길 거부했다. 우리는 그가 주 상원에 절대적인 영향력을 갖고 있다는 것과 새로 선출되는 주 상원의원에게 위원회나 다른 공직을 배분한다는 것도 알고 있었다. 사실 피터 잭은 호머와 나 사이를 저울질했는데, 일이 어떻게 될지는 매우 불확실했다.

교육위원회의 다른 위원들에게 주 상원의원에 당선되면 교육위원직을 사퇴할 것이며 상원의원으로서 교육문제에 집중할 것이라고 알렸다. 하루 종일 자고 일어나 상원의 규제, 권한, 절차, 그리고 지역구와 관련된 중요한 안건을 연구하기 시작했다. 11월 말에는 애틀랜타로 가서 피터 잭 부지사를 만났다. 그는 나를 깍듯이 맞이했다. 그는 현재로선 아무것도 말할 수 없다면서, 내가 자신을 만나러 온 마지막 사람이라며 어떤 위원회를 선호하는지 물었다. 호머 무어는 이미 그에게 자신이 원하는 위원회를 말했다. 내가 오직 교육위원회에만 관심 있다고 말하자, 그는 내가 규제위원회, 세출위원회, 법사위원회, 상공위원회를 요구하지 않은 데 놀라워하며 교육위원회에 자리를 마련하는 건 문제가 없을 것이라고 답했다. 최고직은 이미 채워졌기 때문에, 만약 글쓰기를 좋아한다면 나를 총무로 선임할 수 있다고도 답했다. 그 제안을 수락했고 자리를 떠나면서 대학시스템을 다루는 소위원회가 있는지 물었다. 만약 소위원회가 없다면 하나 만들 수 있는지도 물어보았다. 그는 교육위원회 위원장 내정자에게 전화를 걸었고, 내정자는 내가 고등교육 소위원회의 위원장이 되는데 반대하지 않는다고 답했다. 물론 내가 상원의원으로 선출되었을 경우에 해당할 일이었다.

조지아주에는 의회가 개회하기 전에 야생돼지요리 만찬을 갖는 전통이 있었다. 아내와 나는 애틀랜타의 유서 깊은 빌트모어 호텔에서 열린 만찬에 참석했다. 우리가 피터 잭의 방으로 가던 중 얼굴에 큰 함박

128

웃음을 짓고 떠나는 호머 무어와 그의 변호사를 만났다. 우리는 부지사가 그저 그에게 농담을 했길 바랐다. 다음 날 상원이 개회될 때까지도 우리는 불안하고 낙담한 상태였지만, 결국 나는 질문을 받지 않고 상원의원 취임선서를 할 수 있었다. 우선 농업위원회에 배정되었고, 몇 주후에는 세출위원회에 배정되었다. 열심히 일했고, 모든 관련 법안을 읽었고, 상원 회기 중에 매년 몇 주 정도만 쉴 수 있었다. 나중에 《전환점 *Turning Point*》이란 책을 써서, 내 정치인생의 시작점이 된 이 사건들에 대해 기술했다. 이 몇 주간 정말 많은 것을 배웠다.

내가 제정하고 싶었던 법안은 두 가지로, 하나는 선거제도를 개선하는 것이었고, 또 하나는 조지아 남서부에 4년제 대학교를 설립하는 것이었다. 이미 투표문제에 대해서는 꽤 많은 경험을 했기 때문에, 법사위원회에 소속된 소수의 법률가들과 함께 작업하면서 최근의 연방대법원 결정을 반영하고 선거부정 사건을 처리할 수 있는 일련의 조치를 명시한 통합적인 개혁안을 기초했다. 나는 조지아주 이니그마Egnima, 수수께끼라는 뜻이다. 출신의 한 상원의원이그의 고향 이름이 참 부러웠다! 낸 수정안을 기억하는데, 그 수정안은 '사망한 지 3년이 지난 시민이 경선이나 본선에서 투표하는 것을 금하는' 법안이었다. 고인이 여전히 그 기간 동안 투표하고 싶어 하는지 아닌지를 고인의 아내나 자녀가 꽤 정확히 결정할 수 있다는 식의 재미난 논쟁도 있었다. 개혁안은 수정안 없이 압도적으로 가결되었다.

그다음 사안은 내 지역구에서는 훨씬 더 중요한 것이었다. 우리 지역구에서 가장 가까운 4년제 대학교는 앨라배마에 있는 오번 대학교로, 다른 주에 소재하고 있었던 까닭에 그 학교를 다닐 경우 학생들은 거주 주립대학 등록금 할인을 받을 수 없었다. 승격대상이 될 만한 두 초급대학은 우리 카운티의 행정청 소재지인 아메리커스에 있는 조지아 사우스웨스턴 칼리지와 콜럼버스에 있는 더 큰 학교였다. 주지사로 선출된 칼 샌더스는 아메리커스 주민들에게 4년제 대학승격을 공약했지만, 콜럼버스 쪽의 압력에 굴복해 한 발 물러섰다. 그들이 지지하던 보 캘러웨이는 우리 지역을 대표하는 대학이사회 임원이었다. 부유했고, 정치적으로 영향력을 가졌으며, 주 내 모든 대학의 지위를 결정하는 위원회의 의장이기도 했다. 나는 대학시스템에 투입되는 자금을 승인하는 소위원회 위원장이란 점을 제외하면 정치적 열세였다. 주지사는 그의 고향에 새 치과대학을 설립하고 싶어 했으나 나는 이 제안을 보류시켰다. 나와 주지사 사이에 조용하지만 치열한 협상이 오간 후, 주지사는 대학이사회에 영향력을 발휘하여 새 치과대학 설립에 예산을 투입하기로 했고, 조지아사우스웨스턴 컬리지가 신규 4년제 대학교로 승격되었다. 내가 1964년에 반대표 없이 2년 임기의 상원의원에 재선된 것은 기본적으로 이 성과 덕분이었다. 그러나 이 일로 주지사와의 사이에는 앙금이 남았다.

아내와의 관계

1946년 우리가 결혼한 후로 1962년 내가 주 상원의원에 출마할 때까지, 우리 부부는 다정하고 서로 존중하는 관계이긴 했어도, 가정에 중요한 결정을 내릴 때는 아버지나 내가 아는 다른 남자들이 집안에서 중요한 결정을 할 때 하던 방식과 크게 다르지 않았다. 처음부터 아내는 꽤 수줍음이 많았고, 해군 시절 칵테일 파티에 갈 때나 혹은 낯선 사람들이 참석하는 다른 모임에서는 내가 자신 곁에 꼭 붙어 있길 바랐다. 결혼 초 바다에서 오래 지내면서 아내를 믿고 집안 살림을 맡겼고, 가정의 대소사와 자녀양육 같은 대부분의 결정도 아내에게 일임했다. 동시에 그보다 더 중요한 사안에 대한 최종결정은 나만의 책임이라고 여겼다. 해군을 떠난 일, 아버지의 유산을 나눈 일, 혹은 공직출마처럼 모든 가족의 삶에 큰 영향을 끼칠 결정에 관해 최소한 아내와 상의라도 해 보지 않았다는 사실은 지금에 와서 돌아보면 참 이해하기 힘들다.

고객방문을 통해 농자재 공급사업을 확대하고 점차 이 사업이 전문적으로 조직화되면서 내가 자리를 비울 동안 대신해서 사업을 돌볼 사람이 필요해졌다. 아내가 나를 돕겠다고 나섰다. 아내는 회계 책을 구해 공부했고, 오후에는 아들과 함께 창고에서 일했다. 차차 시간이 지나면서 아내는 플레인스 생활에 적응했고, 종자나 비료나 살충제나 사료를 사들이는 많은 고객들이 향후 외상빚을 갚을 수 있을지 매주 수백 건의 결정을 내리면서 스스로가 카터 창고회사 운영에서 핵심인 사람임을 입증했다. 모든 거래내역을 장부에 기록했고, 우리가 벌인 사업 중 어떤 사업이 이익을 낼지, 혹은 손실을 볼지, 더 나은 성과를 거두기 위해서 추가로 어떤 일들을 해야 하는지 찾아내는 안목을 갖게 되었다. 나는 아내의 결정에 크게 의지하면서, 더 자주 상의하게 되었다.

아내와 함께 정치유세에 동참했을 때늘 나 없이 다니긴 했지만, 그녀는 성공적으로 의심 많은 유권자들의 지지를 얻었는데, 사람들이 나보다 로잘린에게 더 신뢰나 관심을 드러낸다는 사실을 깨달았다. 사실 아내가 정치기술에 관심이 많다는 것을 발견하고 놀랐는데, 여기에는 현안분석, 재정분배, 전략기획, 제안 공식화, 여행계획, 격렬한 유세 대장정 중의 숙박예약, 라디오·텔레비전 인터뷰 제안, 심지어는 연설하는 일까지 포함됐다. 사실 아내는 나보다 더 정치적 절차에 관심이 많았다.

우리가 결혼하고 나서 처음으로, 우리는 삶의 모든 면에서 동반자가 되었다. 그러나 여전히 사적인 면에서는 서로 많은 자유를 허락했다.

연방 하원의원 혹은 주지사?

1964년 대선이 다가올 무렵 조지아주에서 정치혁명이 시작되었다. 린든 존슨Lyndon B. Johnson 대통령은 임기 중 인권을 성공적으로 증진시켰는데, 그 덕분에 역설적으로 더 남쪽에 위치한 남부 주들에서는 아주 인기가 없었다.

조지아주 전역의 공직자들이 민주당을 버리고 공화당원이 되었다. 공화당이 다수당이 되기까지는 몇 년이 더 걸렸지만 이것은 시작에 불과했다. 당적을 바꾼 사람들 가운데 하나인 보 캘러웨이는 1964년 존슨에 맞선 배리 골드워터의 대선 캠페인을 맡은 조지아주 대표가 되었고, 또한 우리 지역구를 대표하는 공화당 후보가 되었다. 그는 두 선거에서 쉽게 이겼다. 어머니는 우리 카운티에서 린든 존슨의 선거 캠페인을 담당하다가 사람들에게 많은 괴롭힘을 당했다. 어머니의 선거본부는 아메리커스에 있는 유서 깊은 윈저 호텔이었는데, 일과를 마칠 때쯤 주차장에 가 보면 누군가 차를 낙서로 도배해 놓거나 자동차 안테나를 구부리거나 부러뜨려 놓기 일쑤였다. 아들들도 학교에서 괴롭힘을 당했고 종종 울면서 집에 오기도 했다. 그러나 우리 부부는 아이들을 토닥이면서 책가방과 도시락에 민주당 지지 스티커를 계속해서 붙이라고 다독여 주었다.

농무장관인 오빌 프리먼Orville Freeman이 존슨을 대신해 유세차 우리 카운티를 방문했다. 어머니가 지역 야구장에서 정치집회를 준비했다. 우리는 약 100명 정도의 백인과 2천여 명의 흑인 지지자를 데리고 집회에 참가했다. 휴버트 험프리Hubert Humphrey 부통령과 그의 아내 뮤리엘도 조지아 전역으로 유세를 다녔는데, 어머니는 그들과 함께 유세에 참여해 줄 것을 부탁받았다. 한번은 몰트리에 들렀고, 거기서 험프리는 지역클럽 연합모임에서 연설할 예정이었다. 뮤리엘은 한 호텔에서 지역 여성들과 갖는 점심식사가 예정되어 있었다. 아내도 모임에 참석하기로 했고, 여동생 글로리아가 차를 운전했다. 그들이 호텔에 도착할 즈음, 뮤리엘은 만약 그 모임이 흑백이 합석하는 자리가 아니라면 참석하지 않겠다고 말했다. 글로리아에게 비밀스런 윙크를 보낸 후, 어머니는 "글로리아, 호텔에 들어가 모든 게 다 준비되었는지 살펴보고 와라"라고 말씀하셨다. 글로리아는 몇 분 후 돌아와서 엄지를 들어 보였고 그들은 함께 점심모임에 갔다. 모임이 끝나자 호텔의 흑인 하녀들은 앞치마를 다시 차려입고 식당을 청소했다. 어머니는 뮤리엘과 글로리아 모두를 자랑스럽게 여겼다.

플레인스에서는 인종문제가 크게 불거지지 않았고 대부분의 백인은 잠자코 있었다. 이런 방조적인 태도는 흑인 운동가들이 교회에서 백인 신도와 함께 예배드릴 수 있도록 요구한 사건을 기점으로 바뀌었다. 아메리커스의 한 감리교회에서 국제적으로 주목받았던 흑백대립이 벌어졌다. 백인교회 예배당에 들어가는 것이 허락되지 않자 흑인 신자들이 그 교회 앞에 무릎을 꿇고 앉았고, 이 장면을 주요 텔레비전방송사 카메라가 포착한 것이다. 비록 우리 교회에서는 그때까지 어떤 분쟁도 일어나지 않았지만, 11명의 다른 집사들은 나의 반대를 무릅쓰고 흑인 신자들이 플레인스 침례교회 예배당에 들어오지 못하도록 하는 규정을 결의했다. 침례교회에서 다른 중요한 결정을 내릴 때와 마찬가지로, 이 사안도 반드시 교회의 모든 신도의 표결에 의해 결정되어야 했다. 아내와 나는 조카딸 결혼식에 참석하기 위해 토요일에 애틀랜타 북부에 갔다가 아침에 일찍 일어나 일요일 아침 예배시간에 맞춰 플레인스로 돌아왔다. 보통 때라면 교회 총회에 40여 명 정도만 참석했지만, 이번에는 약 200여 명이 토론과 결정을 위해 참석했다. 총회의 의장과 내가 서로 상반되는 입장을 설명한 후 투표를 진행했고, 우리 가족 5명을 포함해서 총 6명이 집사들의 권고안에 반대하는 쪽에 표결했다. 50명은 권고안에 찬성했고, 나머지는 기권했다. 그날 오후, 많은 교회 사람들로부터 전화를 받았는데 사실상 나를 지지하지만 다른 가족들과의 관계를 악화시킬 수 없고 고객들을 따돌릴 수 없었다고 설명했다.

우리 가족에게 이날 사람들의 이런 대립된 견해가 드러난 것은 중요한 전환점이었다. 사람들이 보여 준 태도는 인종문제에 관한 조지아주의 일반적인 자세라 할 수 있었다. 이후 몇 해 동안 200개의 지역 학군이 하나둘씩 연방대법원의 판결을 수용하게 되었고, 조지아 주지사들은 아칸소나 미시시피나 앨라배마의 주지사들과는 달리 흑인 학생들을 교문에서 가로막는 식으로 연방정부의 결정에 반기를 들지는 않았다.

주 상원의원 두 번째 임기가 끝나 갈 무렵, 부유하고 공화당이 각별히 선호하는 상대적으로 인기 있던 현직 후보 보 캘러웨이에게 맞서기 불리함에도 불구하고 그의 재선을 막아야겠다고 결심했다. 우리의 개인적인 차이가 더 악화된 계기는 그가 민주당 탈당파라는 이유도 있었고 또 캘러웨이가 육군사관학교 출신이란 점도 있었다. 나는 선거 때까지 겨우 몇 주간만 유세에 온 시간을 투입할 수 있었는데, 캘러웨이가 연방 하원의원 출마를 철회하고 대신 주지사 출마로 선회하는 통에 공화당 적수가 사라져 버렸다. 민주당 주지사 후보는 전직 주지사였던 어니스트 밴디버였는데, 경선 과정 중 그에 말에 따르면 건강상의 이유로 출마를 포기했다. 나는 애틀랜타로 가 저명한 민주당원을 영입해 주지사 출마를 권유하려 했지만 성공하지 못했다. 캘러웨이나 극단적인 분리주의자인 레스터 매독스가 유력한 주지사 후보에 오를 것이란 사실에 경악하지 않을 수 없었는데, 매독스는 그가 소유한 애틀랜타의 한 식당 문 앞에 가로대를 설치하고 흑인이 자기 사업장에 들어오는 것을 막은 일로 악명을 떨친 인물이었다. 그는 선동적인 연설가였고, 자신이 주지사로 선출되면 조지아주에 어떤 형태로든 인종 간 통합은 없을 것이라고 못 박았다.

결국 연방 하원의원으로 가는 보장된 자리를 포기하고 몇몇 젊은 민주당원들의 지지서약을 받아 주지사 후보로 선거에 뛰어들었다. 해밀턴 조던과 그의 여자친구 낸시 코닉스마크는 당시 조지아 대학교의 학생으로 자원해서 도움을 주었는데, 나의 정치인생 내내 주요한 참모진이 되었다. 짧은 기간 동안 조지아주에서 빠르게 성과를 보이긴 했지만, 결국 매독스 측의 준비된 조직과 우리 측의 빈약한 선거자금 탓에 주지사 경선에서 패하고 말았다. 레스터 매독스가 민주당 후보로, 캘러웨이는 경선 없이 공화당 후보로 각각 지명되었다. 이 두 사람은 본선에서 무소속 엘리스 아날 전 주지사와 맞붙었다. 조지아에서는 어느 후보도 분명하게 다수표를 얻지 못하면 주 의회가 후보 가운데 한 명을 주지사로 지명할 수 있었는데, 민주당이 압도적이었던 주 의회는 매독스를 주지사로 선출했다. 그들은 이렇게 함으로써 조지아 주지사가 항상 누렸던 권한 중 상당 부분을 의회로 가져올 수 있을 것이라고 정확히 계산했다. 그때까지만 해도 조지아 주지사는 주 하원의장을 지명할 수 있었고, 최고위원회의 결정에 대한 최종결정권을 가졌으며, 의회에 제출된 안건에 대한 투표여부와 시기까지 정할 수 있었다.

개척선교

선거에서 패배한 뒤, 정치 전반과 인생 자체에 깊은 실망과 회의가 들

136

었다. 노스캐롤라이나주에 살던 여동생 루스 카터 스테이플턴은 잘 알려진 전도사였는데, 상심하여 우울증에 빠진 나를 돕고자 플레인스를 방문했다. 동생은 자신의 견해를 뒷받침할 성경구절을 인용하면서 모든 이들이 실패와 실망과 불안과 슬픔을 겪기 마련이며, 한동안은 자신을 잊고 신앙을 강화할 것, 정치적 실패로부터 배울 것, 더 강해지고 자신감과 활력을 되찾을 것, 인생의 다른 목표들을 깊이 생각해 보고 목표를 이룰 준비를 할 것 등을 충고해 주었다.

루스의 충고를 받아들여 침례교인들이 '개척선교pioneer missions'라고 부르곤 하는 선교사역에 자원했다. 파견된 곳은 펜실베이니아주의 로크 헤이븐으로, 텍사스 출신의 밀로 페닝턴이란 농부가 내 동역자였다. 예산은 빠듯했고 장거리전화는 밤과 주말에만 사용할 수 있었다. 펜실베이니아 주립대학교에서 온 자원봉사자들은 로크 헤이븐 전화번호부에 있는 모든 주민에게 전화를 돌렸다. 자원봉사자들은 종교는 없지만 그 주제를 두고 기꺼이 이야기하고자 하는 사람들을 찾아냈다. 약 100여 가정에 연락이 닿았다. 우리의 임무는 이들 가정을 하나씩 방문해 그들에게 우리 신앙을 설명하는 일이었다. 밀로는 이런 식의 다른 선교에도 참여해 보았다고 했지만 나에게는 생소한 경험이었다.

사실 긴장했고 좀 당황스러웠다. 밀로는 나를 안심시켜 주려고 "그 사람들이 우리를 어떻게 맞이할지, 혹은 우리의 노력이 어떤 결과를 낳을지 우리가 미리 걱정할 필요는 없습니다. 우린 그저 많이 기도하고, 최선을 다하고, 결과를 결정할 성령께 의지할 뿐이죠"라고 말했다. 이런 태도가 무척 낯설었다. 항상 추구하는 모든 목표를 성취하는 데만

익숙해져 있었기 때문이다. 밀로와 함께 하루에 3달러짜리 숙소를 찾아냈고 수렵·어로부서 직원인 한 기독교인을 만났다. 그는 집주인으로 우리의 상담자였다. 3×5인치 크기의 카드에 적힌 이름과 주소를 가지고 집집마다 다니면서 가정방문을 했는데, 늘 문을 두드리기 전 잠시 기도를 올렸다. 몇몇 예외적인 경우를 제외하면, 방문목적을 설명한 후 집 안으로 초대되어 다른 가족들을 만났다. 밀로는 단순하고 상대적으로 교육을 덜 받은 사람이었지만 높은 자기확신이란 축복을 받은 사람이었다. 나는 그가 선임 전도자라는 데 이의가 없었다. 밀로는 쉬운 단어를 사용해서 구원 계획을 설명했다. 우리 모두는 하느님의 완전과 영광에서 빗나가 버렸고 따라서 벌을 받기에 마땅하다는 점, 그러나 하느님은 우리를 사랑하여 우리의 행위가 아닌 그의 은혜와 그리스도에 대한 믿음을 통해 완전한 용서의 길을 제공하셨다는 점, 그리고 우리에 대한 징벌을 예수 자신이 대신 받았기에 우리가 회개하고 이 용서를 받아들임으로써 하느님, 그리고 우리 안에 머무는 성령과 새로운 관계를 맺고 지금으로부터 영원까지 완전한 삶을 누릴 수 있다는 점 등이 내용이었다.

어떤 가정은 우리를 집 안에 들이지 않으려 했고, 어떤 가정은 자신들은 이미 기독교인이라고 답했으며, 또 다른 사람들은 우리를 웃긴 사람이라 보았고, 또 어떤 사람은 우리가 전하는 메시지와 초대를 열렬히 기다리고 있었던 것처럼 보였다. 처음엔 밀로가 자신의 방식으로 이런 메시지를 전하는 것이 불편했다. 그가 알고 있는 사람들의 삶에서 사례를 가져오거나 본인의 종교적 체험에 관해 이야기할 때, 많은 사람들이 종종 눈물을 흘리며 감정적으로 반응하는 것이 놀라웠다. 그들이 자신의 삶을 바꾸기로 서약하고 우리가 그들에게 설명한 믿음을 받아들이면 우리는 함께 기도해 주었다. 그때 성령의 임재를 느낄 수 있었다. 그 주의 어느 날 아내에게 전화해 몇 가지 방문 사례를 이야기해 주었는데, 그때 나는 앞으로 우리가 만날 사람들에게 이제 아무런 두려움을 느끼지 않으며, 또 신기하게도 우리가 종종 서투르게 설명하더라도 그 결과에 조금도 책임감을 느끼지 않게 되었다고 이야기했다. 또 "나는 그건 모두 하느님의 손에 달려 있다고 느껴"라고도 덧붙였다. 우리가 이뤄 낸 성과, 즉 우리가 만난 사람들과 함께 나누었던 변화의 경험을 통해 처음으로 기독교 신앙의 깊은 효력을 느꼈다.

물론 우리의 모든 시도가 성공적이었던 것은 아니다. 한번은 외벽에 붙어 있는 계단을 따라 작은 아파트에 혼자 살고 있는 여자를 만나러 간 적이 있었다. 우리가 설명을 시작하자, 그녀는 의자에서 벌떡 일어나더니, "난 아냐, 나는 하느님한테 죄를 지은 적도 없고, 전혀 벌 받을 이유가 없어!"라고 버럭 소리를 질렀다. 우리가 더 설명하려 했지만, 그녀는 우리더러 집에서 나가라고 했다. 또 한번은 그 지역의 제너럴 모터스 자동차 딜러가 살던 좋은 집의 정문을 두드렸는데, 그는 집에 들어오는 것도, 또 본인이나 집에 있는 다른 가족과 이야기를 나누는 것도 막았다. 그 주엔 기억에 남을 만한 또 다른 방문이 하나 있었다. 그 지역은 그 도시에서도 가장 가난한 곳이었다. 주소를 확인하려고 구세군 직원에게 물어보니, 그 여자 직원은 우리가 찾는 집이 어떤 가게들 위에 있다고 말한 후, 거길 꼭 가고 싶은지 물었다. 복도의 문을 지나 계단을 오르는데, 윗층에서 욕지거리가 줄줄이 들리기 시작했다. 해군에 있던 시절에나 들어본 상스러운 욕설이었는데, 여자 목소리인 점이 달랐다. 밀로와 잠시 서로 마주본 뒤 계속해서 계단을 올랐다. 젊은 여자 한 명이 우리를 재밌다는 표정으로 맞이했고, 곧 자신이 다른 세 명의 동업자 여성과 함께 운영하는 작은 매춘굴의 마담이라고 소개했다.

확실히 그녀는 우리와의 대화를 즐겼고 또 몇 가지 중요한 질문을 던졌는데, 우리는 그 질문에 비교적 잘 대답해 주었다. 마침내 그 여자의 배경을 놓고 이야기하기 시작했다. 곧 그녀가 유난히 엄격했던 자신의 부모에게 서운한 감정이 있는 것을 느낄 수 있었는데, 그녀는 자신의 처지를 부모의 책임으로 돌렸다. 본인 말에 따르면 그녀의 아버지가 그녀에게 부적절한 성적 접근을 해 왔고, 당시 10대였던 그녀는 용기를 내어 이 사실을 어머니에게 알렸다고 한다. 이로 인해 가족 간에 울고불고 소리치며 싸움을 벌였는데, 그녀의 부모는 딸이 거짓말하고 있으며 성적인 환상에 사로잡혀 있다며 꾸짖었다. 가출을 선택했고, 자신의 말에 따르면 "스스로 먹고 살기 위해" 성매매를 시작했다고 한다. 또 8년간 부모와 한 번도 연락하지 않았다고 했다. 우리는 그 집에 거의 두 시간이나 머물렀는데, 그녀는 오늘은 가고 내일 다시 오라고 말했다. 다음 날이 로크 헤이븐에서의 마지막 가정방문일이었다.

그날 도움을 구하며 기도했지만, 다음 방문 때 기적이 일어나지는 않았다. 우리는 〈요한복음〉 8장 2~11절을 읽었다. 그 구절에서 예수는 간음한 여인을 용서하면서, 그녀를 기소하고 얼마 후에는 그녀의 처형을 집행할 군중들에게 말하길 "너희 가운데 죄 없는 자가 먼저 돌을 던져라"라고 했다. 모든 자들이 떠나고 예수는 그 여인에게 "나는 너를 정죄하지 않는다. 가라, 그리고 다시는 죄를 짓지 말아라"라고 말했다. 우리가 모든 노력을 다했음에도, 이 여자는 자신이 하느님의 용서를 받을 대상이라고 여기는 것 같지 않았다. "더 이상 죄를 짓지 않을" 생각이 없었기 때문이다. 하지만 대신 자신의 부모에게 전화하겠다고 말했고, 실제로 우리가 있는 동안 통화를 시도했다. 부모가 전화를 받지 않자 그녀는 나중에 다시 전화하겠다고 약속했다. 나는 종종 그녀가 하느님과, 그리고 그녀의 부모와 화해했기를 기도했다. 이런 명백한 실패 사례에도 불구하고, 로크 헤이븐에 거주하던 40명 이상의 사람들이 새 교회를 설립하기로 했고, 우리는 그들이 파이퍼 항공사의 활주로 끝자락에 있는 버려진 빌딩에 세를 얻을 수 있도록 도와주었다. 나는 사람과 하느님 사이의 교제가 가능하다는 들뜬 마음을 가지고 로크 헤이븐을 떠나 집으로 돌아왔다.

나중에 매사추세츠주 스프링필드로 유사한 선교여행을 갔는데, 이번 임무는 스페인어 가정, 특히 푸에르토리코 출신 가정을 찾아 복음을 전하는 것이었다. 그들은 극도로 가난하고 절망적인 상태로 살았으며, 폐업한 큰 방적공장 인근의 버려진 아파트에 거주하고 있었다. 그중 운이 좋은 사람은 버스를 타고 근처 채소밭이나 담배밭에 나가 일했다. 이번 동역자는 브루클린에 있는 작은 침례교회 목사이자 쿠바계 미국인인 엘로이 크루즈였다. 이 임무를 맡았을 때 나는 스페인어를 안다고 우쭐해 했는데, 해군 시절에 배운 스페인어 어휘들이 복음을 가르칠 때 사용되는 단어와는 사뭇 다르다는 것을 깨닫기까지 오래 걸리지 않았다. 복음을 전하는 일은 거의 늘 크루즈 목사가 했고, 난 그저 매일 방문에 앞서 우리가 고른 성경구절들을 읽어 주는 역할만 했다. 크루즈 목사가 얼마나 효과적으로 사람들의 마음에 다가가는지 보고 놀라지 않을 수 없었다. 그는 듣는 이의 감성을 어루만졌는데, 그가 예수의 어떤 사역에 대해 설명하면서 어떻게 예수의 삶이 그들과 관련이 있을 수 있을까를 설명할 때 사람들은 종종 눈물을 터뜨렸다.

한번은 한 여성이 문을 열었는데 주위에 5~6명의 아이들이 둘러서 있었다. 그들에게 방문목적을 설명할 때 건너편 어수선한 방에 앉아 있던 그녀의 남편이 서둘러 반쯤 빈 맥주병을 의자 뒤로 숨기려 하는 것이 보였다. 우리는 그에게 예수는 술 마시는 것을 반대하지 않았다고 이야기해 주었다. 크루즈 목사가 그 부분을 설명할 때, 나는 〈요한복음〉에서 예수의 가장 가까운 친구들이었던 나사로, 마리아, 마르타 남매에 대해 읽었다. 나사로가 죽었고 예수는 그를 부활시킬 준비를 하고 있었다. 내 어눌한 스페인어 실력으로 성경을 읽더라도 매우 극적인 장면이었다. 예수가 눈물을 흘린 뒤 나사로를 무덤에서 부르는 구절을 이 가족은 숨죽이며 들었다. 그리고 죽은 나사로가 무덤에서 살아나자 모두가 환호성을 올렸다. 그리고 나서 그들은 크루즈 목사와 나와 함께 무릎을 꿇고 그리스도를 구원자로 영접했다. 나는 이 놀라운 사람과 일하는 매일매일 여러 가지 놀라운 경험을 했다. 크루즈 목사는 우리가 방문하는 집에 사는 가난한 사람들에게 무슨 말을 할지, 어떻게 그들과 즉각적으로 친밀해질 수 있는지 늘 알고 있는 것처럼 보였다. 그는 쉬운 단어만 가지고도 그들의 상상력과 영혼을 사로잡았다.

크루즈 목사가 나를 겸손하게 대할 때면 무척이나 당황스러웠다. 한 가지 사례를 들면, 내겐 차가 있었지만 목사는 자동차 소유를 꿈꿔본 적도 없었다. 나는 주 상원의원이었고 심지어 주지사 후보이기도 했다그는 나의 선거패배는 무시하는 듯했다. 그는 자신을 그저 한 사람의 쿠바인이요 난민으로 여겼다. 그러나 나는 그렇지 않다는 것을 알고 있었다. 그는 위대한 사람이었다. 그 주를 마치면서 헤어질 채비를 할 때, 그에게 어떻게 그렇게 온화하며 성공적인 기독교 전도자가 될 수 있는지 물었다. 꽤 당황하는 것 같았는데, 마침내 스페인어로 "아, 우리의 구세주는 마음이 굳은 자들에겐 별로 해 줄 수 있는 게 없지요"라고 답했다. 그는 그리스도 본인이 비록 하느님의 아들이었지만 늘 가난하고 약한 이들에게 온유했다는 것을 나에게 상기시켰다. 그리고 나서 자신이 한 가지 단순한 원리를 따른다고 말했다. "당신의 삶 속에서 두 가지 사랑만 가지고 있으면 됩니다. 하나는 하느님에 대한 사랑, 또 다른 하나는 어떤 특정한 시간에 당신 앞에 있는 사람에 대한 사랑이죠."

크루즈의 말은 내 인생에 심오한 영향을 끼쳤고, 나는 종종 그의 말을 되새긴다. 때때로 용기가 필요할 때가 있다. 남들보다 거의 모든 면에서 유리한 기회를 누리는 사람은 진정으로 겸손해지기 쉽지 않다. 집 없는 이들, 마약중독자, 궁핍한 흑인, 혹은 외롭게 지내거나 도움이 필요한 이웃과 나 자신을 같은 지점에 놓는 일이 종종 불편할 수 있다. 그러나 그렇게 할 수 있을 때, 그들과 나 자신을 고귀한 존재로 바라보고 있음을 발견한다. 이것은 이상적인 이론이 아니다. 내 인생의 몇몇 경험 속에서 이것이 진실임을 알게 되었다.

정치적 실패와 실패로부터 회복하는 과정을 통해 심오하고 지금까지도 이어져 오는 교훈 하나를 배웠다. 이 교훈은 아마도 고등학생 때 줄리아 콜먼 교장선생님이 해 주셨던 충고로 가장 잘 정리될 수 있을 것 같다. 선생님은 "시간의 변화를 받아들여라. 그러나 변하지 않는 원칙들을 붙들어라"라고 말씀하셨다. 선생님의 이 말씀을 대통령 취임사와 노벨평화상 수상연설에서 인용했다. 높은 목표를 설정하고, 실패와 실망을 상대적으로 덤덤히 받아들이고, 잘못과 약점을 인정하고 고쳐 나가고, 그런 후에 다른 목표나 때때로 미래를 위한 더 높은 목표를 설정하려고 가능한 대부분의 경우 노력해 왔다. 많은 도움을 받고 충고에 귀 기울이며, 만약 이런 목표가 가치 있고 정당한 것이라면 나는 그저 최선을 다할 뿐, 결과가 잘못될 수 있다고 하더라도 두려워하지 않는다. 로크 헤이븐과 스프링필드에서의 경험은 기독교 신앙을 일상에 더 자주 적용시키고, 명백한 갈등을 더욱 쉽고 일관성 있게 풀어 나가는 데 도움이 되었다.

제 4 장

애틀랜타에서 워싱턴으로

1970년 선거

잠시 휴식을 가진 뒤, 계속해서 개인사업과 지역사회 일에 몰두했다. 주지사 선거를 위한 새 유세기간이 시작되었고 이번에는 지고 싶지 않았다. 거의 매일 일과가 끝날 때마다, 조지아 전역에 차를 몰고 다니면서 연설하거나 공공행사에 참석하고 밤늦게 집으로 돌아왔다. 이름 암기법 강좌도 수강했고, 내가 기억하는 모든 영향력 있는 사람들과 교류를 유지하면서 그들에게 개인적으로 서신을 보냈다. 3년이 지나자, 조지아주와 그 사람들에게 중요하다고 여겨질 만한 사안들에 완전히 통달했고, 긴 잠재적 지지자 명단을 확보할 수 있었다. 종자사업을 통해 알게 된 많은 농부들과 다른 사람들, 나를 잘 알고 있는 208명의 조지아주 라이언스 클럽 회원들도 포함되었다. 이 시기에는 게시판이나 공고문은 사용하지 않았고, 조용하게 나를 드러내지 않으면서 유세했다.

대중을 상대로 한 설문조사에 신경 썼는데, 그때까지는 전직 주지사인 칼 샌더스가 84%의 지지도로 우세를 보였다.

1970년 초여름은 파종기가 끝난 무렵이라 창고일 부담을 덜고 유세에 좀 더 많은 시간을 투입할 수 있었다. 아내와 아들들도 유세에 동참했다. 조지아주에는 방적공장과 종이펄프공장이 많았는데, 우리는 노동자들이 아침 일찍 출근할 때 공장 입구에 서서 선거 팸플릿을 나눠 주었다. 사촌 휴 카터가 재정을 담당했고 각 카운티에 한 명당 10센트씩 지출하는 것을 목표로 잡았다. 그러나 몇몇 카운티에서나 가능한 소리였다. 쌍발 엔진 경비행기를 소유한 데이비드 라반이 자원해 조지아주 전역을 비행기로 데려다 주었다. 그는 마틴 루터 킹 시니어를 비롯한 흑인 지도자들과 폭넓게 교류하고 있었고, 나를 위해 그들과의 모임을 주선하며 흑인교회에서 연설할 수 있게 해 주었다. 많은 고등학생과 대학생이 자원봉사에 참가했는데, 여기에는 공군사관학교 전 생도였고 당시 에모리 대학교의 대학원생이던 조디 파월도 있었다. 해밀턴 조던은 유세책임자를 맡았다.

선거유세 기간 중 기억에 남는 많은 사건이 있지만, 그중에서도 절대 잊지 못할 하나를 고른다면 베인브릿지에서 일어난 사건을 꼽을 수 있다. 그때 나는 베인브릿지 지역신문의 편집장인 샘 그리핀을 방문했다. 샘의 아버지인 전 주지사 마빈 그리핀이 설립한 신문사였다. 그리고 나서 상업지구로 내려가 그곳의 상점과 사무실을 방문해 일일이 사람들과 악수하고 우리 홍보물을 나눠 주었다. 길가에서 사람들을 만날 때도 똑같은 일을 했다. 한 덩치 좋은 청년에게 다가가자 그는 몸을 휙 돌리더니 벽을 보고 섰다. 그가 나를 알아봤다고 생각했고, 그 청년은 아마도 내 경쟁자를 지지하거나 혹은 그냥 나를 놀리는 것이라 여겼다. 청년의 어깨를 건드렸을 때, 그는 몸을 휙 돌리더니 온 힘을 실어 주먹으로 내 턱을 가격했다. 나는 뒤로 밀리면서 길 한가운데로 나가떨어졌다. 지나가던 차들이 멈췄고 나는 천천히 의식을 회복했다. 몇몇 사람들이 나를 부축해서 길가의 의자로 옮겨 주었다. 경찰이 청년을 구금하고 처벌을 원하는지 물었다. 그 무렵 샘 그리핀이 도착했는데, 몇 분 후 나를 공격한 청년이 정신문제로 전역한 전직 해병이라고 설명하면서, 그리핀 본인의 생각으로는 내가 그 청년을 정신병원에 처넣기 위해 여기 오게 된 것 같다고 경찰에게 말하는 것이었다. 샘에게 청년과 그의 가족에게 사과할 것을 요구했고, 아마도 나에게 책임이 있을지도 모른다고 답했다. 집으로 차를 몰고 돌아와서 다시 유세에 나갈 때까지 하루 동안 쉬었다. 말하는 데 문제가 있었지만 엑스레이상으로는 금만 가고 턱뼈가 부러지지는 않았다. 샌더스 전 주지사를 지지하고 그의 경쟁자 모두를 비방하던 《애틀랜타 컨스티튜션 *The Atlanta Constitution*》지는 **해병 대원, 카터에게 한 방 날리다**란 헤드라인으로 내가 길가로 나가떨어진 사건을 보도하면서도 그 정황은 설명하지 않았던 것을 기억한다.

대중적인 지지를 얻어 가자, 애틀랜타 신문들은 나를 인종주의자로 묘사하는 뉴스와 사설을 쓰려고 백방으로 노력했다. 이 신문들은 내가 흑인 시민과 가진 많은 모임은 누락하고, 보수적인 사람들이나 뉴스매체에서 하던 방식대로 내가 샌더스에 관한 험담이나 늘어놓는 자유주의자란 색깔을 입히려 했다. 선거유세광고에는 내가 전직 잠수함승조원이자 현직 땅콩농부라는 점을 강조하면서, 다른 사람들과 함께 밭과 창고에서 일하는 사진을 첨부했다. 샌더스는 그의 성공적인 인생과 높은 사회적·경제적 지위를 과시하면서 잘 알려진 **반드시 칼 샌더스가 다시 주지사가 되어야 합니다**란 슬로건을 내세웠다. 그가 자가용 비행기를 타고 다니는 장면과 애틀랜타의 정치·경제 지도자들이 그를 지지하는 영상을 담은 긴 텔레비전 광고를 기억한다. 우리 측 선거유세는 가족들의 지역사회 및 직장을 통한 인맥에 의존했다. 노동자 계층 배경을 강조한 나의 전략은 필연적으로 계급문제를 끌어들였다. 1962년 주지사 선거에서 패배했던 마빈 그리핀을 포함한 더 보수적인 조지아 사람들의 지지도 환영했지만, 그렇다고 해서 내가 해군 시절과 플레인스에서 지금까지 인종문제에 늘 보여 주었던 온건한 자세에서 벗어나려 한 적은 없었다.

늘 자금부족에 시달리면서도 우리 가족은 공장교대조 대기줄, 크리스마스 캐롤이 울려 퍼지는 현장, 메이저리그와 미식축구 경기장, 조지아의 600여 마을과 도시의 길거리 등 서로 다른 장소에서 사람을 만나고 팸플릿을 나눠 주는 일에 동참했다. 선거일까지 아내와 나는 60만 명의 조지아 주민들을 직접 만나 악수한 것으로 파악되었다. 첫 투표에서 민주당 내 48% 지지를 받았고, 양자 대결에서는 샌더스를 쉽게 이겼다. 본선에서는 공화당 후보로 나온 애틀랜타의 유명 방송인 핼 스윗을 압도적으로 물리쳤다.

선거유세 막바지에 데이비드 라반이 모는 경비행기의 부조종석에 앉아 브런즈윅에서 뉴넌으로 비행한 적이 있었다. 양쪽 엔진이 모두 멈

쳤을 때 라반은 졸고 있었고 내가 비행기를 조종하던 중이었다. 왼쪽 팔꿈치로 그를 치는 중에도 라반은 계속 자는 척했다. 라반은 일어나더니 경비행기의 고도가 몇백 피트 아래로 떨어질 때까지 그냥 있은 뒤에야 팔을 뻗어 대수롭지 않다는 듯이 밸브를 돌려 비상연료탱크를 연결해 엔진을 재가동시켰다. 불안해 하는 나를 보며 웃는 것을 보고는 크게 화를 냈다. 하지만 결국 분위기는 화기애애해졌고, 우리는 곧 다가올 유세 막바지에 관한 이야기를 나누었다. 유세에 도움을 아끼지 않았던 그에게 내가 어떻게 보답했으면 좋겠는지 물었다. 그는 나더러 종이와 연필을 달라고 했는데, 나는 조종사들이 보는 조지아주 항공지도 구석에 있는 여백을 발견했다. 데이비드는 "이제 조지아주에서 인종차별의 시대는 끝났다"라고 쓰더니, "취임사에 이 말을 넣어 주었으면 합니다"라고 말했다.

취임사를 열심히 준비했다. 8분이 흐르고, 나는 아마 이전의 그 어떤 후보자들보다 조지아 전역을 더 많이 다닌 후보일 것이라고 말한 뒤, "나는 여러분께 매우 솔직하게 이제 인종차별의 시대는 끝났다고 말하고자 합니다. 가난하거나, 시골에 살거나, 약한 자나 흑인이라고 해서 교육과 직업의 기회 또는 사법적 기회를 박탈당하는 멍에를 더 이상 질 필요가 없습니다"라는 문구를 읽었다. 1970년에는 여러 남부 주에서 젊고 진보적인 주지사들이 당선되었지만, 이 취임사 구절은 큰 뉴스가 되었다. 나는 **남부인이 다른 가락을 노래하다** DIXIE whiesltes a different tune란 제하에 《타임》지 표지 모델이 되었다.

주지사

주 상원의원과 주지사로서 공직을 시작한 첫해엔 기억에 남는 일이 많았다. 1963년 마틴 루터 킹 목사Martin Luther King, Jr.는 워싱턴에 모인 군중 앞에서 역사적인 "나에게는 꿈이 있습니다I have a dream"를 연설했다. 마틴 루터 킹 목사와 보비로버트 케네디와 존 F. 케네디 대통령이 암살되었고, 리처드 닉슨은 사임해야 했으며, 연방대법원은 기디언Gideon 대 웨인라이트Wainwright 재판에서 미국 수정헌법 제14조에 따라 주 법원은 형사사건에서 변호사비를 자비로 댈 수 없는 피고인에게 국선변호인을 제공해야 한다고 판결했다. 우리 형사법 체계의 중대한 결점을 지적한 이 판결이, 인종차별 시대에는 투표권도 없고 배심원조차 될 수 없었던 흑인들의 상황에서 비롯된 흑인 피고인에 대한 큰 차별문제를 해소시켜 줄 것이란 기대에 한껏 부풀었다. 킹의 연설 5주년을 기념해 워싱턴의 링컨기념관에서 한 짧은 연설에서, 나는 83만 5천 명 이상의 흑인 재소자가 감옥에 투옥되어 있음을 지적했는데, 이는 내가 1980년 백악관을 떠날 때보다 무려 다섯 배나 많은 숫자였다. 미국의 어린 흑인 소년들이 살면서 죄수가 될 확률이 3분의 1이란 점도 지적했다.

주지사 관사로 이사했을 때, 거기서 일하는 모든 일꾼이 주 교도소의 '모범수'라는 사실을 알게 되었다. 그들은 똑똑했고 감옥의 창살 안에서 시간을 보내는 대신 이 일을 맡아서 하고 있었다. 몇 주 후, 펄이란 이름의 요리사가 아내에게 와서 250달러를 빌려 달라고 말하며, 벌금 750달러를 내지 못하면 종신형을 살게 되며 현재 4년째 감옥살이를 하고 있다고 이야기했다. 처음엔 이 말을 믿을 수 없었지만, 펄은 고향 법원에 최종 납부확인서만 제출하면 감옥에서 풀려날 수 있다고 적힌 편지를 가지고 있었다. 사건을 조사해 보니 펄의 남편은 가정폭력을 휘두르는 알콜중독자였는데, 치과 보조원으로 일하는 아내가 봉급을 받는 날에만 집에 들어와서는 그녀를 구타하고 거의 모든 돈을 빼앗아 갔다는 걸 알게 되었다. 어느 날, 펄은 남편과 맞붙어 싸우다가 난투 중에 그만 고기 써는 칼로 남편을 살해하고 말았다. 재판 직후, 법정에서 배정한 변호인은 결혼 준비 중이었고 판사는 휴가를 가고 싶었기 때문에, 그녀가 750달러의 벌금을 낼 때까지 구금하라고 판결했다. 펄이 재소자였기 때문에 그녀의 어머니가 간신히 500달러까지는 벌금을 냈다. 주 법무장관에게 지시해서 며칠 내에 펄이 석방되도록 해 주었다.

심지어 조지아주 해안에 있는 컴벌랜드섬을 방문했을 때는 더 심각한 사건도 알게 되었다. 우리 친구였던 부유한 흑인 부부와 점심을 먹던 중이었는데, 남편은 에어프랑스에서 거의 20년간 일했고, 부부는 이 큰 외딴 섬에 드물게 있던 집 한 채를 소유하고 있었다. 그는 내륙에 몇 대에 걸쳐 소유하고 있던 가족의 토지 50에이커를 잃을 처지에 놓인 자신의 여자고용인 한 명에 대해 말해 주었다. 그 여성은 경범죄로 기소된 아들의 보석금을 낼 돈이 필요했는데, 일자무식인 탓에 돈을 빌리면서 자기 생각엔 재산을 담보로 한다는 각서에 서명했다는 것이다. 빌린 돈을 갚으러 왔을 때, 그녀는 자신이 서명한 문서가 각서가 아니라 양도증서였고, 사실상 자신의 땅을 에이커당 4.5달러에 팔아 버린 것을 깨달았다. 캠던 카운티 법원에 배를 타고 가서 확인해 보고서야 그

말이 사실이란 것을 알게 되었으나 계류 중인 사건이라서 주지사가 개입하기엔 부적절했다. 나중에 조지아주 대법원은 그녀에게 불리한 판결을 내렸고, 결국 그녀는 모든 재산을 잃었다.

주지사 관사에서 일하던 죄수 가운데 가장 능력 있고 매력적인 사람은 메리 프린스란 이름의 젊은 여성이었다. 그녀는 세 살짜리 우리 딸 에이미를 돌보았다. 메리는 종신형을 살고 있었는데, 우리에게 자신은 무죄라고 주장했다. 그녀의 말에 따르면, 사건 당시 메리는 조지아 남서부 콜럼버스에 살았고 인근 럼킨에 살던 사촌을 방문하던 중이었다고 한다. 하루는 어떤 남자가 언쟁 중에 총에 맞아 죽는 일이 일어났는데, 몇몇 목격자들이 그녀의 무죄를 주장했음에도 메리가 유일한 외지인이란 이유로 살인죄로 기소되었다. 재판에서는 이 목격자들을 증인으로 부르지도 않았다. 기디언 대 웨인라이트 재판의 판결에 따라 메리에게는 변호사가 선임되어야 했지만, 선고가 내려지던 날 법원에서 만날 때까지 변호사를 만나 본 적조차 없었다. 변호사는 메리가 유죄를 인정하면 형량을 가볍게 줄일 수 있다고 조언했다. 메리는 그 변호사의 말을 따랐다가 오히려 종신형을 선고받고 말았다. 담당판사는 공교롭게도 해군사관학교를 졸업한 후 해군을 떠나 법대로 진학했던 내 친구 톰 마셜이었다. 주 상원의원 선거 전날 밤 후보자 이름을 투표용지에서 삭제하란 지시를 내렸던 바로 그 판사다. 내가 대통령으로 선출된 후, 조지아주 사면-가석방위원회는 나를 메리의 가석방 감독인으로 지정해 달라는 요청을 수락해 메리를 우리와 함께 워싱턴으로 보내 주었다. 그때 톰 마셜은 조지아주 대법원장이었다. 마침내 재심이 지시되었고 메리의 무죄가 받아들여졌다. 그녀는 완전히 사면되어, 그 이후 우리 가족의 일원이 되었다.

나는 법률가도 아니면서 사면-가석방위원회에서 자신의 영향력을 이용해 감옥에 있는 재소자들을 석방시켜 주겠다는 명목으로 수임료를 댈 수 없는 많은 가난한 사람들로부터 매달 25달러씩을 뜯어내던 조지아주 상원의원 한 명을 알고 있었다. 정식절차에 따라 재소자가 석방될 때마다, 그는 한 일도 없으면서 자신이 석방시켰노라는 편지를 그의 '고객'들에게 보냈다. 매달 돈을 뜯어내던 그 상원의원처럼 애틀랜타의 몇몇 변호사들은 주 교도소에 수감된 죄수 중에 가석방이 될 만한 사람들을 알아낸 후 가석방 수속비용을 일시금으로 내라고 했다. 아내는 여자교도소에 가서 이 변호사들의 이름을 알아 왔다. 내가 이 사람들을 변호사협회에 통고했는데, 비록 감찰을 받긴 했지만 벌금을 물지도 변호사 자격이 취소되지도 않았다. 죄수들에 대한 과도한 처벌과 사형제도는 선진국 가운데 미국에서만 유일하게 시행되었으며 주로 가난하거나 정신질환이 있는 사람, 그리고 유색인종에게 그런 형벌이 내려졌다. 내 인생 최고의 연설은 바로 이 문제에 관한 것이었다.

주 헌법에 따른 주지사 임기는 4년 단임제다. 내 인생에서 이 4년이 가장 즐겁고 생산적인 해 가운데 하나였다. 조지아 주지사는 미국에서 가장 강력한 주지사로 알려져 있다. 주 의회는 격년으로 35일 또는 45일만 열릴 뿐이고, 나에겐 법안 거부권이 있지만 의회가 이를 뒤엎는 일은 거의 불가능했다. 조지아주는 다른 주가 우리를 공격할 것이라고 위협하지 않는 한 균형예산을 짜도록 되어 있었고, 나는 최종 예산안에서 어떤 내용이

154

라도 삭제할 수 있었다. 부지사의 권한은 상원에서의 몇몇 사안을 다루는 일로 제한되었다. 주 행정부의 2인자는 나의 부장관인 해밀턴 조던으로, 그를 임명하는 데 의회는 아무런 간섭도 하지 못했다. 내가 여행 중일 때 조던은 나를 대신해서 전권을 행사했다. 내각의 구성 역시 내 개인적 선택이 최종안이었다. 비록 내각이 다양한 정치적 스펙트럼을 가지긴 했지만, 주 하원과 상원의 95%는 민주당원들로 구성되어 있었다. 이 권한을 맘껏 이용해 구태의연한 주정부를 개조했다.

임기 초반 워싱턴에서 열린 전미주지사협의회에 참석했는데, 모든 주지사가 백악관 만찬에 초대받았다. 로널드 레이건Ronald Reagan, 넬슨 록펠러Nelson Rockefeller, 조지 월리스George Wallace 등 나보다 유명한 사람들이 대부분이었기에, 내가 이스트 룸에 들어가자마자 닉슨 대통령이 내 이름을 크게 불렀을 때 놀라지 않을 수 없었다. 닉슨 곁에 서 있던 빌리 그레이엄은 내게 다가와서 악수를 청했다. 그레이엄은 "조지아 아메리커스에서 나의 캠페인을 성공적으로 이끌어 준 이후로 개인적으로 늘 당신에게 감사한 마음을 전하고 싶었습니다. 내가 당신을 대통령께 소개시켜 드린다면 영광이겠습니다"라고 말했다. 닉슨은 내가 직접 만난 첫 대통령이었다.

전문가들과 저명한 시민들로 구성된 패널들이 몇 달을 연구하면서 길고 긴 법리 공방을 가진 끝에, 주지사 직을 떠나기 전까지 300개 이상의 주 기관과 부서를 감축할 수 있었고, 20곳이나 되던 채권발행처를 단 하나로 정리할 수 있었다. 그 이래로 조지아는 채권신용등급에서 항상 AAA 등급을 유지했다. 가장 큰 골칫거리는 4년 단임 주지사 조항 때문에 부지사로 선출된 레스터 매독스였다. 우리는 서로 잘 맞지 않았고, 상원에 미치는 그의 영향력 때문에 많은 법률 공방에서 승리하기 위해서는 필요 이상으로 노력해야 했다. 나는 주지사 유세와 주 상원의원을 두 번 하는 동안 강조해 온 교육, 의료, 세금, 그리고 환경문제에 관한 많은 요구들을 충족시킬 수 있었다. 특별히 국제정세에 관심을 갖게 되면서, 조지아주와 다른 나라와의 관계를 확대하여 더 많은 외국의 외교관들이 애틀랜타를 방문할 수 있도록 했고, 아시아와 유럽 회사들이 조지아에 사업투자하도록 설득하면서 주 무역사무소를 캐나다, 일본, 독일, 벨기에, 그리고 브라질에 설치했다. 우리가 방문한 나라에는 이스라엘과 웨스트뱅크 지역도 포함되며, 거기서 이츠하크 라빈 장군과 골다 메이어 수상이 개인적인 손님으로 환영해 주었다. 워싱턴 외곽에서 열린 미주기구Organization of American States 연례회동을 주관하기도 했고, 삼극위원회Trilateral Commission의 회원으로 초청받았으며, 이 활동을 통해 국제문제에 관한 사안들을 두루 배울 수 있었다.

잠재적인 대통령 후보로서 동료 주지사였던 로널드 레이건, 넬슨 록펠러, 조지 월리스, 제리 브라운, 테리 샌퍼드, 밀턴 섀프 등도 알게 되었다. 1972년 대선 유세가 진행될 때는 다른 대통령 후보감들을 미국 남동부의 상업 및 통신 중심지인 애틀랜타로 초대했다. 이때 방문한 상원의원으로 휴버트 험프리, 에드워드 케네디, 에드먼드 머스키, 헨리 스쿱 잭슨, 조지 맥거번, 유진 매카시가 있었다. 이들 민주당 소속 연방 상원의원들은 새로이 아름답게 개축된 주지사 관저에서 며칠을 묵었다. 그들은 자신의 계획을 열심히 이야기했고, 나는 그들에게 국내외 문제들에 대한 질문을 던졌다. 그들 대부분은 나보다 해외순방 경험이 적었다. 복지, 교육, 세금, 교통 관련 법안 등의 영역에서 우리 주지사들은 법을 기초하거나 투표하는 상원의원들보다 실제 집행하는 영역에서 몇 년씩 경험이 앞서 있음이 확실했다.

영광스럽게도 잭슨 상원의원은 마이애미에서 개최될 1972년도 민주당 전당대회에서 자신을 후보로 지명해 달라고 요청했다. 조지 맥거번은 뛰어난 사람이었고 민주당 후보로 선호도가 높았지만, 남부에서는 거의 지지자가 없다는 것을 우리 남부 주지사 모두가 알고 있었다. 그가 민주당 후보로 지명되었을 때, 나와 다른 주지사들은 그의 부통령 러닝메이트로 나서길 주저하지 않았고, 대선에서도 그를 지지할 것임을 약속했다. 맥거번은 테드 케네디나 다른 진보적인 민주당원에게 부통령 후보를 제안했지만 거절당했다. 혼잡했던 경선일정이 모두 끝난 후, 맥거번은 미주리주 상원의원 토머스 이글턴을 러닝메이트로 최종 승인했다. 그러나 이글턴은 우울증 병력과 향정신성 약물복용이 드러나 결국 후보직에서 사퇴해야 했다. 대신 케네디 전 대통령의 매제인 사전트 슈라이버가 선택되었다. 공화당 후보 리처드 닉슨과 스피로 애그뉴와 대결한 총 투표에서 맥거번과 슈라이버는 37%의 지지를 받았고, 조지아주에서는 25% 미만에 그쳤다.

대선 출마 계획

정치자문이자 공보관이었던 제리 라프슌과 정신과 의사로서 왕성한 작가인 동시에 조지아 시절 나의 약 처방을 총괄했던 피터 본 박사는, 나의 향후 정치 경력을 선도해서 구상한 사람들이다. 1972년 후반, 피터는 내가 민주당에서 경쟁자로 꼽히던 보수적인 조지 월리스와 진보적인 테드 케네디 사이에서 중도노선을 취한다는 가정하에 우리가 1976년 대통령 후보 경선에 나설 경우에 대한 몇 가지 세부적인 시안을 잡아 보았다. 나는 이 문건을 나의 언론담당 비서관인 조디 파월 및 해밀턴 조던과 공유했다. 아내와 찰스 커보, 랜든 버틀러, 필립 올스턴, 그리고 내 사촌 돈 카터와 함께 비공개 토론도 가졌다. 인지도도 낮고 경선자금도 크게 기대하기 어려운 상황에서, 어떻게 우리 선거 캠페인을 본 궤도에 올릴 수 있을지 토론하는 몇 번의 모임을 가졌다. 아마도 우리는 성공적이었던 1970년 주지사 선거에 나설 때와 동일한 전략을 사용해야 할 것처럼 보였다. 이 전략은 유권자들과 최대한 개인적으로 접촉하고, 참신한 정치운동가를 영입하고, 다른 가족 구성원을 적극적으로 활용하는 방식을 포함한다. 초반에 이런저런 토론을 거친 후에도 여전히 이런 모든 계획들이 당황스럽고 조심스러웠다. 내가 기억하는 한, 우리는 결코 '대통령'이란 단어를 사용하지 않았고 그저 '국가고위직 national office'이라 표현했을 뿐이었다.

　어느 날 조지아주에서 가장 저명한 인물인 딘 러스크 Dean Rusk 에게서 전화를 받았다. 그는 존 F. 케네디와 린든 존슨 행정부에서 국무장관을 역임했던 인물로서, 반쯤 은퇴하여 조지아 대학교 애선스 캠퍼스에서 국제법을 가르치고 있었다. 나를 만나 보고 싶다고 해, 그를 주지사 공관으로 초대했다. 러스크가 공개석상에서 토론하기에는 주제가 적절하지 않다고 답했기 때문에, 오후 늦게 주지사 관저로 오도록 했다. 우리는 관저 뒤 베란다에 놓인 흔들의자에 앉아 남부식으로 술을 음미했다. 러스크는 대화를 시작하면서 단도직입적으로 "주지사님, 나는 주지사님이 1976년 대통령 선거에 출마해야 한다고 생각합니다"라고 말했다. 그가 케네디 집안과 절친한 친구란 사실과 국내정치에 완벽한 식견을 가지고 있다는 점을 알고 있었기에 사실 깜짝 놀랐다. 러스크에게 나 또한 그 가능성을 타진해 보았다는 점을 알리지는 않고, 그냥 그가 주의 깊게 세운 전반적인 선거계획과 그가 생각하기에 우리가 단계적으로 밟아 가야 할 절차에 관해 주의 깊게 듣기만 했다.

그의 말에 어떤 긍정적인 답도 주지 않고 다만 고려해 보겠다고만 말했고, 조심스레 메모를 적어 아내를 포함해 몇몇 함께 일을 도모하는 사람들과 공유했다. 딘 러스크의 격려로 우리가 가졌던 불안은 사라졌다. 우리는 경선에 관한 민주당의 새 규정을 연구했고, 50개 주의 정치상황, 주요 뉴스 기자의 이름과 성향, 정치자금 모금, 예상 경쟁자에 관해 조사하기 시작했다. 내 요청에 따라 해밀턴 조던은 우리의 모든 잠정적 극비계획을 망라한 70쪽 분량의 전략노트를 만들었다. 동시에 나는 조지아주 정부를 재조직하는 데 계속 전력을 다했다.

1973년 3월, 주지사와 상·하원의원을 뽑는 1974년 선거철이 다가오고 있었다. 전미 민주당 의장인 로버트 스트라우스는 애틀랜타에 연설하러 오는 길에 나를 만날 수 있겠느냐고 요청해 왔다. 찰스 커보는 그 무렵 나의 가장 친한 친구이자 조언자로, 당시 조지아주 민주당 의장까지 맡고 있었다. 우리 셋은 주지사 관저에서 함께 만났다. 스트라우스는 내게 민주당 대통령 후보 경선에 참여할 생각이 있는지 물었다. 출마에 관한 관심을 숨긴 채, 내가 참여할 경우 선거유세 운영에 관한 모든 면을 전문가로부터 철저하게 교육받고, 가장 중요한 경쟁상대에 대한 정보를 받게 될 것이며, 내 비서관 한 명을 워싱턴에 보내 민주당 최고위전략회의에 참여시킬 것이라는 스트라우스의 설명을 듣기만 했다. 내가 개인적으로 도울 만한 후보를 선택하기 위해 내 일정을 조정할 수도 있었다. 물론 민주당 본부에서 모든 경비를 지출했다.

틈 들이지 않고 해밀턴 조던을 워싱턴의 민주당 본부로 파견하고, 조지아에서 나를 도울 행정비서로는 프랭크 무어를 지명했다. 주지사 업무가 한가할 때는 선거유세 조정자로서의 직임을 수행했다. 11월 선거 때까지 전국 37곳의 선거유세에 참석해, 각각 좋은 결과를 거두었다. 의심할 여지없이 워터게이트 스캔들과 닉슨 대통령의 사임 덕에 우리 민주당은 연방 상원의원 4명과 49명의 연방 하원의원을 당선시킬 수 있었고, 의석 3분의 2를 차지했다. 이 과정에서 정말 많은 것을 배웠고, 또 수백 명의 주요인사들과 접촉할 수 있었다. 공개적으로 대선출마를 선언하기 직전, 민주당의 경선시스템을 더 투명하고 민주적으로 개선시킬 헌장을 채택하기 위해 민주당 '소전당대회'가 개최되었다. 우리는 개당 1달러씩 하는 팸플릿을 만들어 민주당 주요인사에게 배포했다. 그 무렵 조지 갤럽은 가능성 있는 민주당 대선후보 32명에 대한 설

문조사를 발표했는데, 유감스럽게도 내 이름은 그 안에 없었다. 우리
는 정말 열심히 해야 했다.

잠재적인 대통령 후보였던 테드 케네디 Edward Moore 'Ted' Kennedy 는
1974년 5월 법의 날 전야에 주지사 관저에서 하룻밤을 보냈다. 케네디
는 다음 날 아침 조지아 대학교 학생회를 상대로 연설이 예정되어 있었
다. 주지사로서 나도 정오에 법대 졸업생들의 작은 모임에서 연설해 달
라는 요청을 받았다. 열심히 연설문을 작성해 갔는데, 테드 케네디의
연설을 듣던 중 그가 나와 거의 같은 내용을 이야기하고 있다는 점을
깨달았다. 책상을 하나 빌려서 봉투 위에 서둘러 몇 가지를 적기 시작
했다. 불공정한 사법체계에 대한 깊은 우려를 표명하는 몇 가지 내용과
해당 사례였다.

케네디와 함께 다니던 헌터 S. 톰슨은 내가 연설하는 동안 식당 뒷
자리에 앉아 있었다. 그는 《1972년 선거유세 여정의 공포와 혐오 *Fear
and Loathing on the Campaign Trail '72*》란 책을 써서 유명해졌고, 또 "마약, 알콜,
폭력, 혹은 광기를 옹호하길 싫어하지만, 적어도 내겐 그것들이 잘 맞
았다"라는 식의 튀는 발언으로 유명세를 탔던 인물이다. 그와 가까이
앉았던 사람이 나중에 전한 말에 따르면, 그는 연설을 들으러 와서 와
일드 터키 위스키를 탄 아이스티를 연신 홀짝였는데 내가 연설을 시작
하자 연설에만 집중하는 것처럼 보였다고 한다. 나중에 톰슨은 내 연설
의 녹음을 구해 갔고, 《롤링 스톤 *Rolling stone*》에 쓴 기사와 인터뷰에서 그
연설에 찬사를 보냈다. 훗날 헌터는 내게 콜로라도에 있는 자신의 집에
사람들을 불러서 그 녹음테이프를 함께 들었다고 말했다. 헌터가 2005

년 세상을 떠나면서 그 연설을 유튜브에 올려 놓았고, 그것이 헌터의 인터넷 전기의 일부분이 되었다.

주지사를 하면서 특히 즐거웠던 사업 가운데 하나는 영화제작자들을 조지아로 끌어들이기 위한 특별한 노력이었다. 이것은 매우 성공적인 프로젝트였다. 조지아에서 찍은 영화 중 가장 잘 알려진 작품들로는 〈서바이벌 게임 Deliverance〉, 〈롱기스트 야드 The Longest Yard〉, 〈스모키 앤드 밴딧 Smokey and the Bandit〉 등이 있다. 할리우드와 뉴욕에 가서 영화제작자들에게 우리 주를 홍보했다. 한번은 방송 프로그램인 〈왓츠 마이 라인? What's My Line?〉을 통해 전국 시청자들 앞에 내가 처음 모습을 드러낸 적이 있었다. 패널 가운데 아무도 나를 알아보지 못했지만, 몇 번 농담 같은 질문을 주고받은 후 알린 프랜시스와 다른 패널리스트가 마침내 나를 알아봤다. 또 다른 일화도 있다. 라디오시티 뮤직홀을 방문해 〈로켓 쇼 The Rockettes〉 가운데 잠수함 장면을 연습하는 걸 보고 있었는데, 그때 배우들이 나를 코러스석으로 초대했다. 사진사는 내가 외발로 서서 다른 발은 내가 할 수 있는 한 높이 치켜들고 있는 사진을 찍었다. 그날 밤 애틀랜타로 돌아왔는데, 다음 날 아침 아내가 뉴욕에서 도대체 뭘 했느냐고 물었다. 조지아에 영화 찍으러 오라고 하루 종일 열심히 홍보하러 다녔다고 대답했더니 로잘린은 "일만 한 것 같진 않은데?"라고 말하며 조간신문에 실린 내 사진을 보여 줬다. 〈로켓 쇼〉 단원과 나란히 서서 한 발을 들어 올린 채 거의 뒤로 자빠질 것 같은 자세를 취한 사진이 실려 있었다.

국가고위직

주지사 임기가 1975년 1월에 끝나는 것과 거의 동시에 나는 조디 파월과 전국 몇 군데를 다니면서 민주당 주 전당대회를 활용하여 연설할 기회를 잡았다. 우리는 돈이 거의 없었기 때문에 가끔씩 숙소를 제공해 주는 지지자를 만나지 못하면 작은 호텔 방에서 함께 잠을 자야 했다. 누군지 알아보는 사람이 아무도 없고, 또 18개월 후에나 있을 대통령 선거를 미리 생각하는 사람도 거의 없었기 때문에 처음엔 매우 실망스러웠다. 뉴멕시코 출신 청년 팀 크래프트를 아이오와주 선거유세 책임자로 채용했는데 거기서 몇 주 지낸 후 우리는 마침내 디모인 호텔에서 기자회견과 간담회를 갖기로 결정했다. 큰 연회장을 예약하고 음료와 샌드위치와 쿠키를 준비했지만 달랑 기자 1명과 호기심 많은 잠재지지자 3명이 왔을 뿐이었다. 그들과 짧은 대화를 나누고, 조디와 함께 시청과 카운티 법원으로 가서 사무실마다 찾아다니며 내 선거홍보물을 돌렸다.

우리는 120군데가 넘는 아이오와 지역사회를 찾아갔고, 가정을 방문하고, 대학 강의실에서 사람들을 만났는데, 20명 정도라도 참석하면 흥분하곤 했다. 늘 마이크나 기자수첩을 들고 다니는 사람들을 물색하면서 그들이 혹시 기사를 써 주진 않을지 기대했다. 조디는 코를 심하게 골아서 조디가 자리 들어오기 전까지 억지로라도 잠이 들어야 했다. 한번은 조디가 흥분해서 나를 깨우며 다음 날 아침 일찍 텔레비전방송에 출연해야 한다고 말했다. 조디는 내 질문엔 답하지 않으면서 그냥 나중에 설명하겠다고 말하고 잠이 들었다. 우리는 5시에 일어났다. 조디는 방송국으로 가는 길에 내가 잘할 수 있는 음식 레시피를 물은 후, 요리쇼 방송에 나갈 것이며 요리사 복장을 입고 인터뷰하게 된다고 털어놓았다. 나는 앞치마를 두르고 펑퍼짐한 흰 요리사 모자를 쓰고 나서 시청자 앞에서 생선 살을 발라내는 나만의 방식을 시연한 후, 생선 살을 감자튀김 크기로 가지런히 썰어 스테이크 소스 같은 것으로 밤새 간을 들였다가 밀가루를 묻혀 튀긴 후 식히거나 뜨거운 채로 상에 올리는 요리법을 선보였다. 민주당 경선에서 승리한 후, 이 장면은 다시 유명세를 타 예전의 〈왓츠 마이 라인?〉처럼 사람들이 계속해서 찾아보는 동영상이 되었다.

캠페인 초기에는 적은 예산으로 활동했고, 그때까지는 경쟁이 과열되던 때도 아니었기 때문에 대중이 나를 주목하지 않아도 크게 실망하지 않았다. 우리 전략은 선명했다. 선거운동 기간 중 일어난 유일한 큰 변화라면, 채퍼퀴딕에서 발생한 젊은 여성의 의문스런 익사사건에 연루된 테드 케네디가 사람들의 인식이 여전히 부정적이라는 여론조사 결과에 따라 대선에 출마하지 않기로 결정한 사건일 것이다. 아이오와주에 이어, 뉴멕시코 출신 크리스와 조지아 브라운을 뉴햄프셔 책임자로, 플레인스 토박이인 필 와이즈를 플로리다주 책임자로 삼아 선거 유세에 집중했다. 연설요청은 가능한 한 모두 받아들이면서 조디와 나는 경선기간 중 50개 주 모두를 방문했다. 다른 대부분의 후보자는 대중에게 더 잘 알려져 있었고, 그들을 지지하는 열성적인 민주당원이 줄지어 있었다. 우리 캠프는 젊은 층과 상대적으로 정치에 최근에 뛰어든 사람들을 우리 지지자로 광범위하게 끌어들였다. 선거운동을 위해 함께 뛰던 사람들 중에 아주 소수만 정규직이었고 급여도 아주 적었다. 그들은 숙소까지 알아서 구했는데, 자기 차에서 자거나, 다른 사람 집에서 묵거나, 혹은 자비로 싼 모텔에서 지냈다.

대선 캠페인을 시작한 초창기에 사람들이 끊임없이 묻던 질문 가운데 하나는 "만약 대통령으로 당선되면, 진실만을 말할 것인가?"였다. 주 상원의원과 주지사로 일했던 경험으로 볼 때, 이 약속이 얼마나 지키기 힘든 것인지 알고 있었다. 특히 그들에게 중요한 사안에 관해 그와 반대 의견을 가진 영향력 있는 유권자들을 상대해야 할 경우엔 더 어려웠다. 그럼에도 불구하고 그러겠다고 약속했고, 그 자리에 있던 소규모 청중뿐 아니라 다른 모든 사람에게도 똑같이 약속하겠다고 선언했다. 종종 "내가 거짓말하거나 오해를 살 만한 다른 말을 할 경우, 나를 찍지 마세요"라는 말로 연설을 마쳤다. 내 연설은 청중의 관심에 맞춰졌고, 주지사로서의 경험, 다양한 교육배경, 해군 복무, 농업지식, '제로-베이스 예산'으로 알려진 기술을 이용해 연방 공무원사회를 관리하겠다는 각오 등에 대해 이야기했다. 언제나 청중에게 질문할 수 있는 충분한 기회를 주었는데, 이렇게 하는 것이 다음 모임에서 할 연설에 어떤 내용을 추가할 것인지 결정하는 데 도움이 되었다.

청중에게 나는 법조인이 아니라 전직 잠수함 장교이자 현직 농부라는 말을 꺼낼 때마다 많은 박수갈채를 받았다. 아이오와주 및 다른 농업 기반 주를 방문할 때는 가축경매창고를 찾았고, 종종 경매인들은 소나 돼지 거래를 위해 경매장에 모인 사람들 앞에서 내가 몇 마디 말할 기회를 주곤 했다. 그들을 상대로 연설할 때나 신문 혹은 다른 매체와 인터뷰할 때, 나는 농업 관련 사안들, 가령 비료나 종자의 세세한 가격 문제, 옥수수나 콩 그리고 돼지고기 현황가격에 관한 문제 등에 대한 답을 줄 수 있었다. 대부분 연방 상원의원이었던 경쟁자들은 복지·보건·교육·교통 등에 관한 질문이나 그 여파를 설명하면서 상원에서 발의한 643호 법안이나 유사한 법안을 언급한다는 것을 곧 알게 되었다. 그들과 달리, 나는 이 동일한 법안들이 어떻게 조지아주에 사는 사람들 본인에게 도움을 줄지, 혹은 어떤 문제를 일으킬지에 대해 설명해 줄 수 있었다.

주지사 선거유세에서 제기되었던 몇 가지 문제점에 관해 나를 돕던 젊은 변호사들에게 진척되는 상황을 정기적으로 알려 주고 그들과 함께 토론했는데, 스튜어트 아이전스탯과 잭 왓슨이 모임을 주도했다. 함께 사회보장·농업·보건 관련 법안들을 연구했고, 특히 논란이 많은 주제였던 낙태 관련 사안을 공부했다. 보수적인 아이오와주나 그보다 진보적인 북서부 주들에서 관련 사안에 대한 동일한 관점을 신중하게 유지해야 했다. 해밀턴과 다른 참모들은 내가 제시하는 내용을 경청한 후 그 주에 다음 방문지를 잡았다. 4월 어느 때인가, 아내는 플로리다 방문에 동의하면서 주지사 선거 때 했던 방식으로 선거 캠페인에 동참했다. 자동차를 이용해 그곳 지역사회를 여기저기 방문하고, 법원·신문사·가축거래시장을 들렀고, 무엇보다 라디오방송국들을 찾아갔다. 아내는 방송국 보도국과 방송실에 찾아가 기자나 디스크자키들을 만나, 남편이 대통령 선거유세를 하고 있으며 남편에 관해 이야기하고 싶다고 전했다. 종종 있던 일이지만, 그들이 정치에 대해 잘 모르면 로잘린은 자신에게 던질 질문목록을 건네 주고 잘 준비한 답을 말해 주곤했다. 아내는 플로리다에서 총 75일을 머물렀다. 아이오와에서는 105곳의 지역사회를 방문했고, 다른 주까지 유세활동을 확장했다.

선거유세 기술

선거유세를 시작할 무렵, 대중들이 워싱턴의 고위정치인을 심각하게 불신하고 있다는 사실이 금방 드러났다. 큰아들 잭은 조지아공과대학에서 핵물리학을 공부하던 중 베트남전에 자원해 참전하려고 휴학했다. 아들이 입영통지서를 받고 고향에 돌아왔을 때, 아들 친구들과 대학 급우들은 바보같이 순진한 선택을 했다고 조롱하면서 참전하지 말 것을 권유했다. 베트남전 개입, 융단폭격, 대베트콩 작전의 상대적 성공 같은 사안과 관련해 대중들에게 잘못 알려진 여러 내용은 바로 백악관과 국방부에서 퍼트린 것이란 생각이 널리 퍼져 있었다. 이런 식으로 퍼져 나간 불신은 워터게이트 사건의 전모가 드러나고 포드 대통령이 닉슨을 완전사면하면서 두말할 필요 없이 더욱 악화되었다.

몇 달 후, 우리 가족은 일곱 팀으로 나뉘어 선거유세를 다녔다. 나와 아내, 세 명의 아들과 며느리들, 어머니 릴리안 카터, 그리고 에밀리 이모가 미국 각처에서 활동했다. 우리 부부는 늘 플레인스에서 만났는데, 토요일에는 집에서 경험을 함께 나누고 일요일에는 교회에 갔다가 다시 애틀랜타로 가서 점점 규모를 키워 나가던 전략모임을 가졌다. 수백 명의 조지아 사람들이 '땅콩여단'이라 불리는 조직을 결성해서 자비를 들여 가며 주요 주를 방문하고 집집마다 찾아가 내가 왜 대통령이 되어야 하는지 설명했다. 선거유세를 시작한 다른 민주당 후보들 거의 모두는 의회 업무나 주지사로서 관할 주를 관리하느라 발목이 잡혀 있어서 파트타임으로나 참여할 수 있었고, 따라서 자신들이 이길 수 있을 것이라고 생각되는 몇몇 중요한 주의 예비경선에만 집중했다. 선두주자가 되길 바라며 전당대회에서 몇 표라도 건지려고 방방곡곡 모든 주를 다니며 대의원 지지자들을 찾아다니는 후보는 내가 유일했다.

몇몇 북부 출신 민주당 경쟁자들이 인종문제를 부각시키면서 내가 여전히 인종분리를 고집하고 있는 남부 중심지 출신이라는 점을 강조했다. 매사추세츠주에서 가진 첫 번째 선거유세 중 독립전쟁 유적지를 방문했는데, 그때 뉴스기자들로부터 몇 가지 질문을 받았다. 첫 질문은 "왜 매사추세츠주의 유권자가 조지아주 주지사 출신 후보에게 표를 던져야 하는가?"였다. 나는 "음, 존 F. 케네디가 대통령에 출마했을 때, 케네디는 여러분들의 주보다 조지아주에서 득표율이 더 높았습니다. 나도 동일한 대접을 받길 기대합니다"라고 답했다. 선거유세를 지휘하는 담당자들이 워싱턴에서 가진 모임에서는, 우리 선거캠프의 스태프 가운데 얼마나 많은 흑인을 정규직으로 참여시키고 있는가를 묻는 질문이 나왔다. 대부분 후보는 한두 명의 흑인을 고용하고 있거나 혹은 자질 있는 사람을 현재 구하는 중이라고 답했다. 앤드류 영Andrew Young에게 우리 선거유세단에 관해 물었을 때, 영은 "카터 주지사께서 지금 몇 명을 고용하고 있는지 나는 모릅니다만, 지난달엔 22명이었습니다"라고 답했다. 종종 인종문제에 관한 질문을 받았는데, 이탈리아, 그리스, 아일랜드 또는 다른 유럽국가 출신들이 대도시에서 이루고 사는 밀집촌을 설명하는 과정에서 한 가지 심각한 실수를 했다. 나는 같은 언어·종교·문화를 공유하는 사람들이 함께 모여 사는 것도 괜찮다고 답했다. 그랬더니 뉴스매체에서는 내가 인종이 분리된 거주형식을 지지하는 것이라며 난리가 났다. 그러나 대디 킹, 앤디 영, 벤자민 메이즈와 다른 사람들이 나를 변호해 준 덕에 이 오해는 금세 사그라들었다.

우리만 빼고 다른 사람들은 다 놀랐지만, 우리는 아이오와와 뉴햄프셔주에서 1등을 했다. 이어서 우리는 인종분리주의자인 조지 월리스가 1972년 승리를 재현할 가능성이 높고, 또 더 보수적인 유권자와 유대인 유권자들 사이에서는 스쿱 잭슨이 우세할 것이라 확실히 예상됐던 플로리다주에서의 선거유세에 집중했다. 우선 월리스를 누르기 위해, 마틴 루터 킹 집안 출신의 앤디 영과 훨씬 진보적인 몇몇 노동조합들이 나를 공개적으로 지지했고, 결국 플로리아주에서도 이길 수 있었다. 이어서 로이드 벤츤 상원의원, 프레드 해리스, 아들라이 스티븐슨 3세를 그들의 출신 주인 텍사스, 오클라호마, 일리노이주에서 각각 눌렀고, 민주당 전당대회에서 다른 후보들보다 확실한 우세를 입증하기에 충분한 수의 지지자를 얻는 데 성공했다.

부통령

워싱턴과 의회를 잘 아는 부통령 후보가 필요했기에, 다른 주지사나 지역관리 출신들은 부통령감에서 배제했다. 민주당 전당대회 전에 가능성 있는 몇몇 러닝메이트 후보들을 만나 보았는데, 그들 대부분은 우리 집을 방문해서 나와 함께 플레인스를 돌아보았다. 에드 머스키, 프랭크 처치, 존 글렌, 월터 먼데일Walter Mondale, 스쿱 잭슨 등이 있었다. 길에서 만나는 이웃이나 창고사무실에 모여 있던 고객들을 그들이 어떻게 대하는지 유심히 관찰했다. **프리츠** 먼데일은 이 가운데 가장 덜 알려진 인물이었지만, 후보감들 가운데서는 나와 꽤 잘 맞았고 또 부통령의 역할에 가장 철저하고 야심 찬 생각들을 가지고 있었다. 그를 선택했고, 그가 제시한 제안들을 모두 수용했다. 이 제안들은 먼데일이 전임 부통령인 넬슨 록펠러 주지사와 휴버트 험프리 상원의원을 방문하고 나서 더욱 구체화되었다.

두 달간의 정신 없는 선거전에 돌입하기 직전인 노동절에 프리츠와 함께 당시 가장 중요했던 사안을 놓고 하루 종일 이어지는 회동을 주관했다. 우리가 아는 최고 전문가 그룹이 애틀랜타에 모인 후 전세버스를 타고 플레인스로 왔고, 우리는 어머니의 외딴 집에서 세금, 복지, 교육, 교통, 군사, 소련·이스라엘·중국 그리고 기타 다른 나라와의 외교문제에 대해 토론했다. 최대한 많은 정보를 얻어 낸 후 우리는 그곳에 모인 전문가들을 잘 알 수 있게 되었고, 나중에 그들 가운데서 우리와 함께할 각료를 뽑았다. 그들 중 많은 이들이 나와 먼데일의 이중역할에

1978년 4월 13일 프리츠 먼데일 부통령과 백악관 로즈가든에서.
프리츠 먼데일은 나와 꽤 잘 맞았고 부통령의 역할에
가장 철저하고 야심 찬 생각을 가지고 있었다.

대해 알고 있었고, 모두 이에 걸맞게 처신했다.

삼극위원회 운영자인 즈비그뉴 브레진스키Zbigniew Brzezinsk는 내가 회원이던 시절부터 알고 지냈는데, 국제문제를 주제로 한 대통령 후보 토론회 직전에 짤막하게 자문해 주었다. 브레진스키는 내가 대통령으로 취임한 후 몇 달간 국제문제에 관한 나의 야심 찬 어젠다를 준비하는 일을 도왔다. 이 어젠다 중에는 당면한 과제임에도 선거유세 때는 전면에 등장하지 않았거나 뉴스매체에서 다뤄지지 않았던 의제들이 포함되었다. 나는 특별히 중동평화, 남아프리카에서의 인종차별 종식, 여러 독재국가에서 다수결 원칙 보호, 핵무기 감축, 중화인민공화국과의 외교관계 정상화, 쿠바와의 대화 재개, 파나마운하 분쟁 해결 등에 노력을 기울이기로 결심했다. 파나마운하 분쟁 건은 나중에 크게 공론화되었는데, 공화당 예비경선에서 로널드 레이건이 미국은 "우리의 운하를 포기할 수 없다"라고 강력하게 주장했기 때문이다. 나는 또한 인권문제를 우리 외교정책의 기조로 삼기로 결정했다.

대통령 선거

제럴드 포드Gerald Ford 대통령이 로널드 레이건이 주도하는 공화당 우파의 도전을 간신히 막고 공화당 후보로 지명된 후, 포드 대통령과 나는 격렬하지만 서로 존중하며 선거전에 뛰어들었고, 우리는 총 세 번의 텔레비전 토론회를 마치고 살아남았다. 포드는 레이건의 정치적 공격과 닉슨을 사면한 일로 이미 타격을 받았지만 내겐 그런 문제가 없었다. 국제문제에 관한 토론회에서 포드는 소련은 소련군이 점령하지 않은 동유럽국가 어떤 곳에서도 군림하지 않는다는 이해하기 힘든 주장을 펼치기도 했다. 한편, 나는 《플레이보이*Playboy*》지와 가졌던 신중하지 못했던 인터뷰 탓에 상당히 고생하고 있었는데, 그때 예수의 산상수훈 설교를 설명하는 과정에서 나 역시 다른 사람들과 마찬가지로 여성에게 '욕정'을 품은 적 있다는 말을 했었다. 이 말실수를 변명할 효과적인 방법이 떠오르지 않아서 그냥 묻고 가려고 했는데, 결국 며칠 동안 설문조사에서 지지율이 거의 15%나 떨어졌다.

포드와 나는 기업체나 개인으로부터 선거자금을 모금하지 않기로 결정했지만, 대통령 선거유세의 경우엔 이미 이 목적으로 지정되어 있는 기부금은 납세자들로부터 받기로 했다. 기부액은 3달러까지 인상되었지만, 2004년 이후론 대통령 후보 지명자들이 이 기금을 사용하지 않았다. 우리는 둘 다 거액의 선거자금도 없었고, 또 최근 들어 선거의 필승전략으로 즐겨 사용되는 네거티브 광고에 돈 쓸 생각도 없었다. 사실 나는 정책적 일관성과 연방정부 및 연방기관에 관한 해박한 지식을 가진 포드 대통령을 매우 존경하고 있었다.

우리 가족과 정치팀 중 가까운 사람들은 투표 당일 밤 애틀랜타에 모여, 시간대에 따라 동부 해안에서 서부로 움직여 가면서 진행되는 선거결과 발표를 함께 시청했다. 전체적으로 나는 대부분의 동부 주에서 이겼고, 포드는 서부 주를 싹쓸이했다. 늦게 발표된 미시시피주의 결과가 나올 때까지 포드와 나는 거의 막상막하였다가, 미시시피주의 투표결과가 나오자 전체투표에서 내가 근소하게 이겼고 선거인단은 55%까지 확보했다. 이 대통령 선거전 전체 과정에 대해서는 그동안 30권 이상의 책이 나왔다. 그 가운데 가장 철저하고 정확한 내용을 담은 책은 줄스 윗커버 Jules Witcover가 쓴 《마라톤 Marathon》과 마틴 슈람 Martin Schram이 쓴 《1976년 대통령 선거: 카터 측 캠페인 Running for Presidnet, 1976: The Carter Campaign》두 권이다.

제 5 장

백악관 생활

대통령 가족으로서의 생활

취임사는 초선 대통령으로는 역사상 가장 짧은 연설이었다. 제럴드 포드 대통령이 "미국을 치유한" 데에 대한 감사 인사로 시작했고, 나의 행정부가 다룰 두 가지 주제, 즉 평화유지와 인권강화를 표명했다. 그 동안 대통령이 될 준비를 해 오긴 했지만, 미네소타에서 온 성공회 주교가 "카터 대통령에게 축복을"이란 말을 할 때는 정말로 깜짝 놀랐다. 비록 '카터 대통령'이란 표현에 놀라긴 했지만 나는 대통령으로서의 책무를 감당할 준비가 되어 있었고, 또 진심으로 그러길 원했다. 우리 가족은 백악관에서의 생활을 한껏 기대하고 있었다. 대통령으로서 첫 번째 공식명령은 베트남전 징집기피자들에 대한 사면령이었다.

일기장에는 "백악관 관내는 우리 가족이 주지사 가족으로서 행복하게 살았던 조지아 주지사 관사와 비슷하긴 하지만, 미국의 두 번째 대통령인 존 애덤스가 백악관의 첫 번째 주인이었다는 역사적 사실에 계속 깊은 인상을 받았다. 사실 그 역사성에 압도되었다고 말할 수 있겠다. 토머스 제퍼슨, 에이브러햄 링컨, 프랭클린 루스벨트, 트루먼, 케네디가 사용하던 집무 테이블, 캐비닛 책상, 찬장, 그리고 침대를 볼 때마다 내가 대통령이 되었다는 사실이 믿기지 않았지만, 동시에 내 선임자들이 확립한 역사적 전례들을 잘 따라갈 수 있다는 자신감과 결기가 느껴지기도 한다"라고 썼다.

백악관에서의 첫 밤에는 우리 가족들과 여유롭고 편안한 저녁식사를 가졌다. 예전에 아내가 백악관을 방문했을 때, 우리 참모들 가운데 몇 명이 요리장과 요리사들에게 우리가 플레인스에서 즐기던 종류의 식사를 제공받을 수 있을지 물은 적이 있었는데, 그때 요리사는 "아, 우리는 오랫동안 머슴들을 위한 그런 음식들만 만들어 왔는데요"라고 답했다. 백악관 음식들은 대체로 훌륭했지만, 처음 며칠간 우리가 백악관에서 먹은 음식비가 600달러에 이른다는 점과, 가족들의 식사와 개인적 손님에게 대접하는 식사비용 모두를 대통령이 직접 지불해야 한다는 사실을 알고는 깜짝 놀랐다.

취임식 날 밤에 우리 부부는 11개 파티에 참석해야 했다. 우리는 재빠르게 움직였고, 수만 명의 파티 참석자들에게 여흥을 제공하고자 몇 차례 춤을 추고 모든 성의를 보인 후 백악관으로 돌아와 잠자리에 들었을 때는 자정을 넘긴 1시 30분이었다. 아내는 파티에서 주지사 취임식 무도회에서 입었던 이브닝 가운을 입었는데, 미디어에서는 유명 디자이너가 제작한 새로운 디자인의 야회복을 입지 않았다며 아내를 비판했다. 그러나 나는 아내의 선택이 옳다고 판단했고, 우아한 자태가 매우 자랑스러웠다.

이어지는 며칠 동안은 선거기간에 우리를 도운 사람들에게 감사를 전하고, 의회, 외교사절, 군 인사들과 긴밀한 관계를 맺기 위해 수천 명과 악수를 했다. 우리를 방문한 많은 장성과 연로한 참전용사들이 평화에 관해 언급할 때, 우리를 위해 기도하고 있다고 말해 줄 때, 혹은 "하느님이 당신과 함께 하시길"이라는 짧은 말을 건넬 때 특별한 감명을 받았다.

첫 번째 피로연은 선거기간 동안 우리 가족에게 잠자리를 제공해 주었던 750명이 넘는 지지자들을 백악관으로 초대한 파티였다. 매우 감동적인 자리이기도 했는데, 내가 거의 알려져 있지 않고 누구도 관심을 갖지 않았던 때, 나를 지지해 준 몇몇 가정만이 우리에게 숙박을 제공했기 때문이었다. 그들에게는 우리 가족이 그들 집에 머물렀다는 내용을 담은 작은 동판을 증정했다.

우리 가족은 백악관을 가급적 편안한 안식처로 만들고, 백악관에서의 사생활도 흥미롭고 재미있게 즐기기로 결심했다. 백악관 건물들은 해리 트루먼 대통령 시절에 완전히 개조되었고 페인트도 새로 칠해졌다. 백악관을 리모델링하는 동안 트루먼 가족은 길 건너 블레어 하우스Blair House에 거주했다. 운동을 별로 좋아하지 않았던 트루먼에겐 운동이라야 열심히 걷는 게 전부였는데, 그의 친구들이 생일선물로 레인 하나짜리 볼링연습장을 백악관 지하실에 설치해 주었다. 1969년 닉슨 대통령이 취임하자 닉슨 본인이 볼링을 매우 즐겼기에 이 연습장을

이스라엘과 이집트의 중동 평화협정 체결을 기념하는 국빈만찬에서
카터 대통령 가족(1979. 3. 26)

더욱 현대적으로 개조했다. 실외수영장과 오두막은 제럴드 포드 대통령 시절이던 1975년 추가되었는데, 린든 존슨 대통령이 사용하던 대통령 집무실 옆 수영장을 없애고 백악관 출입기자단을 위한 공간을 만들면서 새로 만든 수영장이었다. 테니스 코트는 긴 역사를 가졌다. 1900년대 초반에 만들어져 시어도어 루스벨트Theodore Roosevelt, 우드로 윌슨Woodrow Wilson, 워런 하딩Warren Harding, 캘빈 쿨리지Calvin Coolidge 대통령이 사용했다. 테니스 코트는 1975년에 현 위치로 옮겼다. 우리 가족과 백악관에 초대받은 손님 모두는 이 시설들을 즐겨 사용했다.

작지만 고급스런 가족극장은 1942년에 만들어졌다. 모든 대통령은 이 시설에서 연설을 연습하거나, 사적인 그룹미팅을 갖거나, 혹은 영화를 봤다. 이 극장에서 우리가 처음 관람한 영화는 〈뻐꾸기 둥지 위로 날아간 새 One Flew over the Cuckoo's Nest〉와 내 선거유세에서 유리하게 작용했던 워터게이트 사건의 전말을 다룬 〈모두가 대통령의 사람들 All the President's Men〉이었다. 우리는 어떤 영화든지 신청할 수 있었고, 종종 영화가 상영관에 걸리기 전에 미리 새 영화를 보는 경우도 있었다. 영사기사의 기록에 따르면 우리 가족은 주당 약 2편씩 총 480편의 영화를 보았고, 주로 막내딸 에이미가 신청해 학교 반 친구들과 함께 보았다. 금요일 밤에는 에이미의 친구들이 새벽까지 잠도 안 자고 계속 영화를 보다가 가까스로 잠이 들어 정오까지 늦잠을 잤고, 깨어나면 수영장에서 물놀이를 하거나 볼링을 쳤다.

아홉 살이던 에이미는 미디어의 주목을 받았는데, 그 때문에 우리 부부에겐 에이미보다 훨씬 나이 많은 세 아들이 있고, 그중 두 아들이 우리와 함께 살고 있다는 사실은 별로 알려지지 않았다. 두 살짜리 아들 제이슨을 둔 장남 잭의 가족은 조지아에 남았다. 막내아들인 제프는 우리와 함께 살면서 조지 워싱턴 대학교를 다녔다. 차남인 칩은 정치적 사안과 관련해 나와 민주당을 도왔다. 어머니와 장모님은 자주 방문했고, 늘 링컨 침실 밖 거실 건너편에 있는 퀸즈 침실에 머물렀다.

백악관에서의 공식일정이 없을 때는 우리 가족끼리 위층 부엌 옆에 있는 작은 식당에서 조촐한 저녁을 먹었다. 플레인스에서와 마찬가지로 우리는 식사 중에 솔직한 대화를 나누고 종종 격한 토론을 벌였다. 우리 가족은 내가 모르던 각자의 독특한 경험들을 가지고 있었는데, 사람들이 나보다는 내 가족들에게 자신들의 생각을 더 자유롭게 표현하는 것이 분명해 보였다. 아내와 아들들은 여행을 많이 다녔고 많은 행사에 참석했다. 에이미는 백악관에서 1마일 정도 떨어진 포기 보텀 Foggy Bottom 지구에 있는 초등학교에 다녔는데, 하루는 학교생활에 대한 글을 써서 가져왔다. 에이미는 자기 생각을 함께 나누는 데 망설임이 없었고, 공립학교 학생들의 생활을 공정하게 평가한 내용을 우리 가족에게 전해 주었다. 에이미는 학교 친구들 외에도 주지사 시절 나와 함께 일했고 백악관 직원으로도 들어온 사람들의 자녀들과도 가깝게 지냈다.

매일 이른 아침 집무실에 출근해 조간신문을 훑어본 후 내 앞으로 온 개인적인 메모를 읽고, 8시경에는 국가안보보좌관으로 임명된 브레진스키 박사로부터 보고를 받았다. 때때로 CIA 국장이나 다른 전문가들이 그 자리에 배석했다. 대개 집무실이나 그 옆의 작은 사무실에서 점심식사를 했는데, 부통령, 장관, 참모진, 또는 의회 지도자들과 자주 함께 식사했다. 아내와는 매주 수요일마다 점심을 먹으며 사적인 이야기를 나눴고, 공적인 사안에 관해 아내가 끝없이 던지는 질문에 답을 해 줬다.

국가예산을 엄격하게 지출해야겠다는 생각이 들었고, 사생활에서부터 본보기를 보이기로 결심했다. 대통령 전용요트인 세쿼이아를 매각했고, 공공행사에 도착할 때 대통령 공식 팡파르인〈러플스 앤 플로리시스 Ruffles and Flourishes〉연주를 최대한 자제했다. 이런 조치 중 몇 가지는 대중들에게 별로 인기가 없었는데, 사람들이 화려한 대통령 의전을 얼마나 좋아하는지 알고는 깜짝 놀랐다. 대통령이 캠프 데이비드 Camp David에서 휴가를 보내는 전통은 프랭클린 루스벨트 대통령 때 확립되었는데, 이 휴가 비용도 줄여 보려고 했다. 캠프 데이비드는 워싱턴 북쪽으로 60마일 떨어져 있는 커톡틴 Catoctin 산악공원에 있는 120에이커의 제한구역이다. 2월 말 즈음에 둘째 며느리 캐론이 산통을 느끼기 시작하자 우리는 캐론을 베데스다 병원에 데려갔고 거기서 손자를 보았다. 손자에게는 '제임스 4세'란 이름을 붙여 주었다. 한동안 손자를 안고 있다가, 처음으로 캠프 데이비드를 방문했다. 다른 대부분의 대통령들처럼 우리도 그곳에 푹 빠져서 예산담당관에게 캠프 방문에 관련된 예산은 손대지 말고 운영비에 대해서도 일절 언급하지 말라고 일러두었다. 우리 가족과 가끔씩 찾아오는 특별한 손님들은 별다른 일정이 없는 주말엔 거의 매주 캠프 데이비드를 찾았다.

다른 한가한 시간에는 플레인스를 방문하거나, 해변의 섬이나 조지아에 있는 다른 휴양지를 찾거나, 동부 해안에 가서 줄무늬배스나 블루피시를 잡거나, 혹은 국립공원을 찾곤 했다. 우리 부부는 아들들과 아이다호주에 있는 새먼강이나 그랜드 티톤의 스네이크강에서 낚시를 했다. 아내는 이때 제물낚시fly-fish를 처음 배웠다.

우리 가족은 어린 시절 내 취미 가운데 하나였던 북미 원주민 유물 수집을 함께 즐겼다. 주지사나 대통령 시절 겨울에 플레인스를 방문할 때면, 아내와 세 아들은 즉시 옷을 갈아입고 우리가 즐겨찾던 원주민 마을 유적지를 찾았다. 유물을 찾기 좋은 곳으로 예전부터 알고 있던 장소가 여섯 군데가량 있었다. 추수한 뒤나 새로 파종하려고 밭을 가는 계절에는 비 온 후 표층이 씻겨 나가면서 부싯돌 조각이 드러나곤 했다. 밭을 따라 15피트씩 떨어져 천천히 왔다 갔다 하면서 주의 깊게 땅을 살피곤 했는데, 운이 좋은 날은 온전한 형태의 유물을 26점이나 건지기도 했다. 내가 소장한 유물은 1,500점의 화살촉을 포함한 석기와 점토 도자기 등으로, 조지아 대학교 교수들이 원주민 부족, 사용된 돌의 종류, 추정 생산지, 추정 연대들을 확인하기 위해 유물을 분석했다. 많은 화살촉들은 형태가 거의 동일했는데, 아마도 생산 중심지가 어딘가 있었고 먼 곳까지 거래되었던 것으로 추정된다. 유물의 연대는 200년 전에서부터 6000년 전까지로 다양했다. 로어 크릭 원주민에 속하는 유치Yuchi 부족은 이 지역에서 1828년에 쫓겨났고, 나의 선조는 5년 후 이 지역으로 이주했다. 동쪽으로 200마일 떨어진 조지아주 해안가에 영국에서 온 정착민들이 자리를 잡은 지 정확히 100년이 지난 뒤였다.

평생 낚시를 즐겼지만, 송어 제물낚시는 주지사 때 애틀랜타를 가로지르는 차가운 채터후치강 근처에 살기 전까진 배우지 못했다. 캠프 데이비드에서 주말을 보내면서, 아내가 우리 오두막 뒤에 있는 수영장에서 찌 던지는 연습을 하는 동안 나는 산자락 아래 있는 헌팅 크리크에서 종종 낚시를 했다. 우리가 가장 즐긴 여가생활은 펜실베이니아로 가던 낚시여행이었는데, 거기서 주말에 제물낚시를 즐길 편안한 장소를 찾아냈다. 사설 사냥·낚시클럽의 고객이 되어 헬리콥터를 타고 한 낙농업자의 농장에 착륙했다. 주인은 웨인 합스터로, 펜실베이니아 주립대학 남쪽 25마일 정도 떨어진 스프루스 크리크의 좋은 터를 소유하고 임대하는 사람이었다. 웨인 가족과 금세 친해져 꽤 정기적으로 그곳을 방문했다.

한번은 헬리콥터를 타고 캠프 데이비드로 날아가서 한 무리의 뉴스 기자들을 만났는데, 기자들이 인근 모텔로 가서 우리가 워싱턴으로 복귀할 때까지 기다리는 동안 캠프에 있는 오두막으로 갔다. 옷을 갈아입고, 낚시도구를 정리하고, 다시 헬리콥터로 약 25분을 날아 합스터 농장에서 우리가 머물 오두막 근처의 한적한 풀밭에 착륙했다. 백악관에서의 마지막 두 해 동안 이런 여가생활을 즐겼는데, 이 낚시여행이 뉴스매체에서 다뤄진 적은 한번도 없었다. 이 여행은 우리의 연례행사가 되었고, 웨인은 아내와 내가 세계 이곳저곳의 이색적인 강으로 낚시여행을 갈 때면 늘 우리와 동행했다. 최근 우리 부부는 연어류에서 가장 큰 종인 타이멘을 낚기 위해 몽골을 방문했고, 러시아 무르만스크 동부 콜라반도에 가서 대서양 연어를, 그리고 송어와 기타 물고기를 낚기 위해 네 번이나 아르헨티나를 찾았다.

가족 덕분에 워싱턴에 살면서도 공식일정이 없는 날을 매우 재밌게 보낼 수 있었다. 박물관이나 극장, 그 외의 많은 역사유적을 찾아다녔고, 또 백악관에서 테니스나 수영, 볼링을 하거나 함께 영화를 보면서 빈둥거리기도 했다. 또 송어 낚시에 쓸 미끼를 엮으며 좋은 음악을 듣고 편안한 시간을 보냈다. 가족들 모두가 다독하는 편이었는데, 주말이 되면 나는 밀린 책을 따라잡으면서 다음 주를 준비했다. 종종 참모가 작성해서 건네준 많은 분량의 자료집을 공부했다. 처음 몇 달간 매주 금요일 밤마다 우리 가족과 여러 참모들은 속독훈련을 받았다. 이 훈련은 매일 비서가 보고하는 평균 300장의 공문서를 훨씬 빠르고 쉽게 읽는 데 큰 도움을 주었다.

우리 부부는 에이미를 근처 공립초등학교에 보내기로 결정했다. 사람들은 에이미가 고급 사립학교로 진학할 것이라고 여겼기 때문에 이 결정은 미디어의 주목을 받았다. 나는 카운티 교육위원회와 주 상원의원, 주지사 시절에 교육문제에 깊이 관여했고, 공립학교 시스템에 각별히 신경을 썼다. 아내와 나는 에이미가 워싱턴 지역사회에 뿌리내리고 다양한 배경을 가진 아이들과 어울리길 바랐다. 에이미가 다니던 새 디어스 스티븐스 초등학교에는 다양한 배경의 흑인, 히스패닉, 그리고 대사관 직원의 자녀들이 많이 있었다.

대통령일 때도 나는 여전히 아빠였다. 1977년 7월, 내 아들 칩에게 집을 빌려 주고 있는 사람의 친한 친구가 어선을 이용해 멕시코만에서 다량의 마리화나를 밀수할 것이란 첩보를 입수했다. 칩에게 자초지종을 설명하지 않고 즉시 집으로 오라는 전화를 걸었다. 칩이 마리화나를 인수하게 될 그 배를 타고 바다낚시를 가자는 초대를 받은 사실도 알게 되었다. 마리화나가 배로 옮겨졌을 때 즉시 단속이 이뤄져 총 3톤의 마리화나가 압수되었다. 칩과 접촉한 사람은 연방정부 정보원으로 밝혀졌다.

매일 오후 5~7마일 정도를 달렸다. 주말에는 10마일로 거리를 늘렸다. 한창때는 한 주에 보통 40마일 정도를 달렸다. 그때는 달린 거리와 소요 시간을 주의 깊게 기록했지만, 이 취미는 플레인스로 돌아간 뒤 하지 못하게 된 세 가지 취미 중 하나가 되었다. 두 개의 최상급 대나무 낚싯대는 도둑맞았다. 공무 중 이렇게 매일 쉴 수 있는 자투리 시간들을 진심으로 즐겼다. 어쨌거나 달리기를 할 때 비밀경호요원과 함께 달린 적은 없고, 대신 군사보좌관과 늘 같이 달렸는데 그가 나와 정부기관 및 외부와의 통신을 담당했다. 백악관 주치의인 윌리엄 루카시 박사와 우리 가족들, 그리고 몇몇 손님들이 가끔씩 달리기에 동참했다. 윌리 넬슨 Willie Nelson이 백악관에서 하루를 보낼 때도 함께 5마일을 달렸다. 체중이 좀 빠졌는데 아내는 내가 너무 말랐다며 불평했다. 첫 연례 정기검진 때 루카시 박사가 내 심장 박동수가 분당 41회라고 말했던 것을 지금도 기억한다. 몇몇 신문기자들이 루카시 박사에게 되묻고 나서 두 번째로 박동수를 쟀을 때도 분당 40회였다.

1979년 9월, 캠프 데이비드 인근 커톡틴산에서 1만 미터 달리기에 참가하기로 결심했다. 힘든 지형을 익히고 코스의 몇몇 지형지물에 맞춰 계획을 짜기 위해 경주코스를 사전에 두 번 달려 보았다. 경주 당일에는 예전 최고기록에서 4분을 단축하기로 마음먹었는데, 이 결정이 큰 실수였다. 그날은 날씨가 평소와 달리 따뜻하고 습해서, 달리다가 더위로 탈진하여 경주를 중도포기하고 잠시 회복 시간을 가져야 했다. 몸은 빨리 회복되었고 시상식에서 상도 받았다. 비록 힘이 없었지만 후유증은 없었다. 완주하기 위해선 주의하는 게 좋을 뻔했다. 많은 미디어에서 내가 축 늘어져 있는 사진을 싣고는 나의 실패현장을 보도했기 때문이다.

가족 중에는 스키를 타 본 사람이 한 명도 없었지만, 캠프 데이비드에서 주말을 보내면서 크로스컨트리 스키를 시도하기로 했다. 제한구역 안에는 스키 타기 좋은 장소가 몇 군데 있었고, 그 주변의 산길이나 공원은 최상의 크로스컨트리 경주구간을 제공했다. 커톡틴산 공원관리자인 톰 맥패든이 우리 가족을 지도했다. 나는 이때 두 번 낙상했다. 1979년 2월 늦은 일요일 오후, 우리는 새로 건설된 고속도로 구간의 가파른 경사면을 따라 내려가고 있었다. 다듬어진 경주로는 매우 좁았고, 길 양쪽으로는 1인치 정도 두께로 얼음이 얼어 있었다. 오른쪽 스키가 얼음판 아래로 밀려 들어가는 바람에 쓰러지면서 땅바닥에 얼굴을 박았다. 이마, 뺨, 입술, 턱에 깊은 상처가 났다. 루카시 박사에게 무선으로 연락했을 때 그는 맥패든을 치료하던 중이었다. 맥패든도 낙상으로 얼굴에 더 심한 상처를 입었다. 나는 피를 철철 흘리며 스노모빌을 타고 캠프 데이비드로 돌아갔다. 루카시 박사가 내 얼굴에 생긴 가벼운 상처들을 치료했고, 다음 날 우리는 다시 스키를 탔다. 한 가지 큰 문제가 있었는데, 화요일에 조지아공과대학에서 연설이 예정되어 있었단 점이다. 우리는 뛰어난 분장사인 릴리언 브라운을 불렀고, 릴리언은 화장용 기름과 분을 얼굴에 여러 층 입혀 화장시킨 후 애틀랜타까지 나를 수행했다. 큰 문제없이 연설을 마칠 수는 있었지만, 두꺼운 분장이 갈라질까 봐 크게 웃을 수 없었다.

다른 사고는 1980년 크리스마스 이틀 후에 일어났다. 땅에 2인치 정도의 눈이 쌓였는데, 캠프 데이비드의 오두막 뒤에 있는 다듬지 않은 가파른 길로 스키를 타고 나갔다가 스키가 바위를 치는 사고가 일어났다. 넘어지면서 왼쪽 팔꿈치가 몸 아래 깔렸고 그만 쇄골이 부러졌다. 베데스다 병원에서 엑스레이를 촬영한 후, 부목을 대는 조치를 받고 캠프 데이비드로 돌아갔다. 이 사고로 임기의 마지막 며칠간 부분적으로 장애인 신세가 되었다. 처음엔 그리 아프지 않았지만, 격렬하게 악수할 때는 매우 불편했다. 백악관 안팎에서 우리와 일했던 직원 1,400명과 함께 피로연을 가질 때, 뉴올리언스에 슈거볼 경기를 관람하러 갔을 때, 또 조지아 스타 선수였던 허셜 워커가 내 손을 꽉 쥐고 나를 거의 들었다 놓는 수준으로 세게 악수할 때 특히 고통스러웠다. 6년이 지나 내가 예순두 살이 되었을 무렵엔 우리 부부는 다운힐 스키에 푹 빠졌다.

에이미와는 수영, 볼링, 테니스 등을 하면서 많은 시간을 함께 보냈다. 에이미는 나무 위에 트리하우스를 가지고 싶어 했고, 우리는 남쪽 잔디밭South Lawn에 적당한 장소를 물색했다. 유구한 역사를 가진 나무를 상하게 하고 싶지는 않았기에, 나무 안에 잠잘 수 있는 공간을 만들되 나무가 아니라 땅에다 지지대를 세우기로 했다. 에이미가 원하는 형태를 대충 그리고 구체적으로 설계를 마무리해서 필요한 목재를 주문했다. 에이미와 친구들은 밤 동안 나무 속에서 잠잘 수 있었고, 비밀경호요원이 그들을 주의 깊게 감시했다. 나중에 밥 호프Bob Hope가 우리를 방문했을 때, 그는 '공화당원이 된다는 것'에 대한 재치 있는 농담을 했는데, 그때 나는 그가 링컨 침실에서 쫓겨나 에이미의 트리하우스로 가게 될 것이라고 선언했다.

막내아들 제프리는 아마추어 천문가로, 천체 추적이 되는 좋은 망원경을 빌려서 백악관 옥상에 설치했다. 제프는 다양한 별자리와 은하를 관찰했고 우리가 무얼 보고 있는지 설명해 주었다. 제프는 칼 세이건Carl Sagan 박사와 친구가 되었고, 1977년 12월 세이건 박사는 우리를 부통령 관사 근처에 있는 해군 천문대로 초대했다. 먼데일 부통령의 가족도 동석했는데, 세이건 박사는 외계우주에 관한 슬라이드 발표를 하면서 먼 행성에 아마도 생명체가 있을 것이란 추론도 내용에 포함시켰다. 우리는 천체관측을 즐겼다. 워싱턴 상공을 날던 거위의 가슴털이 도시의 불빛에 반사되던 아름다운 장면에 나는 이런 시를 한 편 썼다.

아름다운 워싱턴의 반사광

A Reflection of Beauty in Washington

나는 어느 겨울밤을 기억한다.
오리온성운을 보러
백악관 지붕으로 올라갔지만
강한 도시의 빛에

흐려진 별빛을 볼 수 없었다.
갑자기 우린
북녘하늘에서 다가오는
원시적인 소리와 리듬을 들었다.
정적 가운데 고개를 돌려보니
길고 울렁거리는 V 자가 하늘에 나타났다.
눈을 침침하게 만들었던 빛을
그 새들이 환하게 반사하고 있었다.
거위들이 머리 위로 날아간 후
말없이 내려와 편안히 잠자리에 들었다.
우리가 보고 들은 장면에 경이로워 하며.

우리 가족은 백악관 생활을 즐겼지만 애틀랜타 주지사 관사를 둘러 싸였던 큰 베란다를 그리워하기도 했다. 트루먼 발코니Truman Balcony에서 는 남쪽 잔디밭, 제퍼슨 기념관Jefferson Memorial, 멀리는 워싱턴 공항이 내려다보였고, 작은 유리 탁자 하나와 음료수 파는 가게에 있는 일자 등받이가 붙은 의자가 비치되어 있었다. 이보다는 편안한 흔들의자를 구입해 들여오기로 결정하고, 조지아에서 의자 6개를 주문했다. 이후, 우리 가족은 워싱턴이 내려다보이는 좋은 지점을 찾아 늦은 오후나 밤 에는 그리로 갔다. 중요한 외국손님들과 편안하게 완전히 사적인 대화 를 하고 싶을 때도 바로 그리로 갔다.

영국 총리 제임스 캘러헌James Callaghan과 가졌던 회동을 기억하는데, 그는 완전한 비공개 대화를 요청해 왔다. 우리는 새로 주문한 흔들의자 에 앉아 함께 칵테일을 마셨다. 캘러헌 총리는 영국의 경제난에 대해 이야기하면서 국제통화기금IMF이 엄격한 조치를 통해 영국의 재정적 자를 줄이도록 자신에게 압력을 가하고 있다고 말했다. 국제통화기금의 요구조건을 경감하기 위해 도움을 주겠다고 말하려던 찰나, 갑자기 캘러헌 총리는 "아뇨, 아닙니다. 대통령께서 국제통화기금의 긴축안을 지지해 주길 바랍니다. 사실 나는 국제통화기금이 우리 정부를 압박해서, 나 개인적으론 옳다고 보지만 정치적으론 인기 없는 이 조치를 강제로나마 집행할 수 있게 해 주길 바라고 있습니다"라고 답했다.

몇 년 동안 많은 친구들을 백악관에 초대하여 남쪽 잔디밭에서 열리는 행사, 연주회, 외국사절의 여흥을 돕기 위한 공식모임 등에서 같이 밤을 보내곤 했다. 아내와 그의 비서들, 그리고 국무부가 함께 작업하여 초대손님 명단을 작성했는데 정말 훌륭하게 일을 처리했다. 우리는 전직 대통령의 자녀들과 손주들을 초대하길 즐겼는데, 어떤 이유에선지 내가 가장 존경했던 트루먼 대통령의 딸인 마거릿 트루먼이 그만 손님 명단에서 빠지고 말았다. 나중에 마거릿에게 사과하긴 했지만, 이 실수를 늘 유감스럽게 생각하고 있다.

가족의 도움

대통령에 취임하고 몇 주 만에 인도 대통령이 사망했다. 어머니에게 전화를 걸어 미국을 대표해 장례식에 가 주실 수 있을지 여쭈었다. 어머니는 칠순 때 인도 봄베이Bombay 오늘날의 뭄바이 인근의 한 마을에 평화봉사단 자원봉사를 다녀오셨기 때문에 인도에 잘 알려져 있었다. 전화상으로 지금 무얼 하고 계시냐고 물었더니, 집 근처에 앉아서 뭔가 할 일를 찾는 중이라고 답하셨다. 그래서 "인도에 다녀오실 생각 있으세요?"라고 물었다. "언젠가는 다시 가 보고 싶긴 한데, 왜?"라고 물으셨다. "오늘 오후는 어떠세요"라고 물으니, 어머니는 "좋다, 준비하마"라고 답하셨다. 여행목적을 설명드리자마자 어머니는 당신이 워싱턴에 도착할 때까지 적절한 검은 드레스를 준비해 달라고 말씀하셨고 나는 그러겠다고 답했다. 어머니는 내 아들 칩과 함께 인도로 향했고, 인도에 특별한 관심을 가진 의원들 몇몇도 동행했다. 나는 일행이 비행기로 장례식에 갔다가 장례식 후 봄베이로 날아가서 어머니가 일하셨던 봄베이 인근의 평화봉사단 지부를 방문할 수 있도록 허가했다. 비크롤리란 이름의 마을에는 약 2만 명이 살고 있었는데, 일행이 마을 입구에 도착했을 때 그저 몇 명의 사람들만 어머니를 맞이했다. 어머니는 실망하며 예전에 묵었던 작은 방을 한번 돌아볼 수 있을지 물어보았다. 어머니가 건물 모퉁이를 돌 때까지 수천 명의 마을 사람들이 숨소리도 내지 않고 거기서 그들이 '릴리'라 불렀던 어머니를 조용히 기다리고 있었다. 마침내 어머니가 모습을 드러내자마자 큰 박수를 치기 시작했다.

가족들은 나를 대신해 많은 해외순방을 다녔다. 아내와 아들들과 어머니는 조모 케냐타Jomo Kenyatta 케냐 대통령의 장례식, 골다 메이어 Golda Meir 이스라엘 총리의 장례식, 그리고 한국·인도·알제리 대통령의 장례식에도 참석했다. 아울러 영국·호주·캐나다 및 라틴아메리카 여러 나라의 역사적인 건국기념행사에 다녀왔다. 한번은 내가 남미 국가들과 어려운 외교문제에 봉착한 탓에 방문할 수 없어서 아내가 대신해서 남미 7개국을 돌면서 각 나라의 대통령과 주요 정부인사들을 만나고 온 적이 있었다. 아내는 국무부와 중앙정보국CIA의 간략한 보고를 들은 후, 브라질의 에르네스토 가이젤Ernesto Geisel 대통령 앞으로 보낸 무기로 전환하기 위해 사용한 핵연료를 재처리하려는 계획을 중단하라는 내용의 친서, 페루와 칠레의 지도자들에게 무기 구입 감축을 요구한 친서, 콜롬비아 대통령에게는 그의 각료 중 한 명이 마약왕에게 뇌물을 수수했다는 내용을 담은 친서를 가지고 해당 국가들을 방문했다. 아내는 사이러스 밴스Cyrus Vance 국무장관이나 나보다 훨씬 솔직하게 메시지를 전달했고 또 효과적이었다.

행사

아내는 외국사절에게 여흥을 제공하기 위해 마련되는 행사들을 스스로의 방식으로 준비했다. 미리 중앙정보국, 국무부, 워싱턴에 있는 방문사절 국가의 대사관, 그리고 해당 국가에 소재한 미국 대사관에 정보를 확인했고, 방문자의 취향에 맞춰 국가가 주관하는 연회에서 펼칠 공연들을 결정했다. 호세 로페스 포르티요José López Portillo 멕시코 대통령의 영부인인 카르멘 로마노Carmen Romano는 피아니스트였는데, 만찬장소에서 루돌프 세르킨Rudolf Serkin이 몇 곡을 선정해 연주한 후, 이어서 카르멘이 깜짝공연을 해 손님들을 놀라게 했다. 오히라 마사요시Ohira

Masayoshi 일본 총리는 격의가 없고 팝음악을 좋아했기 때문에, 우리가 로즈 가든Rose Garden을 내려다보며 백악관 웨스트 윙West Wing 옥상에서 바베큐를 구울 동안 보비 쇼트Bobby Short가 노래를 불렀다. 매일 서구영화를 본다고 말하던 안와르 사다트Anwar Sadat 이집트 대통령은 스타틀러 브라더스The Statler Brothers의 공연을 요청했다. 벨기에 보두앵Baudouin 국왕과 파비올라 왕비가 우리와 만찬을 가질 동안, 뉴욕 하프앙상블과 에이미가 포함된 어린이 스즈키 바이올린반 학생들이 연주한 뒤, 즉흥 피날레는 더 높은 기량의 바이올린 연주자들이 몇몇은 7세 정도 해군현악밴드와 함께 연주했다. 아내는 모든 미국시민들을 위한 일요일 오후 공연을 기획했고, 공연을 녹화해 PBS방송으로 내보냈다.

내 임기 중 베벌리 실즈Beverly Sills, 아이작 스턴Isaac Stern, 앙드레 프레빈André Previn, 세라 본Sarah Vaughan, 디지 길레스피Dizzy Gillespie, 조지 시어링George Shearing, 셜리 버렛Shirley Verrett, 이츠하크 펄먼Itzhak Perlman, 핀커스 주커만Pinchas Zukerman, 프랭크 시나트라Frank Sinatra, 레온타인 프라이스Leontyne Price, 톰 H. 홀Tom T. Hall, 세라 콜드웰Sarah Caldwell, 로메로 가족the Romeros, 앙드레 와츠André Watts, 과르네리 현악 4중주단Guarneri String Quartet, 앨빈 에일리 아메리칸 댄스 시어터the Alvin Ailey American Dance Theater, 안드레스 세고비아Andrés Segovia, 보스턴 팝스 오케스트라the Boston Pops, 윌리 넬슨Willie Nelson, 존 덴버John Denver, 므스티슬라프 로스트로포비치 Mstislav Rostropovich, 빌 먼로Bill Monroe, 미하일 바리시니코프Mikhail Baryshnikov, 블라디미르 호로비츠Vladimir Horowitz, 돌리 파튼Dolly Parton, 유비 블레이크Eubie Blake 외에도 많은 이들이 백악관에서 공연했다. 우리는 또

백악관 남쪽 잔디밭에서 연주회를 갖고, 실내에서는 특별공연을 가졌다. 전미 최고의 시인 21명이 가진 시 낭송회는 내가 각별히 즐긴 공연이었다. 안드레 코스텔라네츠Andre Kostelanetz는 독립기념일인 7월 4일 교향악단을 지휘해 차이코프스키의 〈1812년 서곡〉을 연주했고, 피날레에선 대포와 불꽃놀이가 곁들여졌다.

적절하다고 판단된 공연은 늘 관람했고, 종종 공식행사 전의 연습시간을 즐겨 찾았다. 디지 길레스피와 〈솔트 피너츠Salt Penuts〉를 함께 불렀고, 윌리 넬슨과는 〈조지아 온 마이 마인드Georgia on My Mind〉와 〈어메이징 그레이스Amazing Grace〉를 불렀는데 윌리는 마이크를 최대한 자기 쪽으로 두려고 했다. 바리시니코프가 연습 중에 너무 높이 뛰어 이스트 룸East Room의 샹들리에 하나를 머리로 받았던 일이 기억난다. 우리는 급히 낮은 무대를 준비하고 그걸 또 다른 장소로 옮겨 설치해야 했다. 가장 기억에 남는 공연은 호로비츠가 허버트 후버Herbert Hoover를 위해 공연한 지 50년 만에 백악관에서 가진 공연이었다. 호로비츠는 소리울림 현상이 좋지 않다고 우려했는데, 우리가 모든 커튼을 치고 나무 바닥을 덮기 위해 근처에 깔린 모든 카펫을 다 끌어왔다고 말해 줘도 요지부동이었다. 여전히 음향에 불만족스러워 했는데, 내 두 아들이 3층에 올라가서 거기 있던 동양산 카펫을 세 개 끌고 내려와서 이스트 룸에 깔고 나서야 흡족해 했다. 아내는 내가 호로비츠와 함께 무릎을 꿇고 앉아 카펫을 피아노 주변에 깔면서 이리저리 위치를 맞추는 것을 목격했지만, 백악관 전속사진사는 이 좋은 장면을 놓쳤다.

우리는 1978년 케네디 센터 공로상Kennedy Center Honors이 시작될 때 처음 참여할 수 있었던 점을 기쁘게 여긴다. 이 프로그램은 그 이래로 계속 이어지고 있다. 나는 공로상을 수상할 5인을 소개하면서, 특별히 "우리와 세상의 모든 사람들에게 영광"이라고 언급했다. 메리언 앤더슨Marian Anderson, 프레드 애스타이어Fred Astire, 조지 발란신George Balanchine, 리처드 로저스Richard Rodgers, 아르투르 루빈스타인Arther Rubinstein이 1978년에 수상했고, 에런 코플런드Aaron Copland, 엘라 피츠제럴드Ella Fitzgerald, 헨리 폰다Henry Fonda, 마사 그레이엄Martha Graham, 테네시 윌리엄스Tennessee Williams는 1979년에, 그리고 레너드 번스타인Leonard Bernstein, 제임스 캐그니James Cagney, 아네스 드 밀Agnes de Mille, 린 폰테인Lynn Fontanne, 레온타인 프라이스Leontyne Price가 1980년에 수상했다. 안드레스 세고비아는 우리 가족과 특별한 친구가 되었는데, 우리가 나중에 스페인의 나이트클럽에 놀러 갔을 때, 깜짝 등장해서는 우리와 다른 후원자를 위해 기타를 연주해 주었다. 그 후 클래식기타를 연주하는 그의 두 손을 담은 특별주물작품을 우리에게 선사하기도 했다.

아내는 행사기획에 많은 시간을 쏟았고, 이런 재능 있는 사람들을 우리 가족과 다른 사람들이 알게 된 것과 또 그들의 공연을 볼 수 있었던 것을 기쁘게 여겼다.

신앙과 외국 지도자들

선거유세 기간 중에 한 기자가 "거듭난 기독교인인가요?"라고 묻고 내가 "예"라고 답했을 때만 해도 신앙문제는 크게 다뤄지지 않았다. 내 대답을 두고 어떤 기자들은 내가 종교적 비전을 가지고 있다고 여기기도 했고, 또 다른 사람들은 하늘에서 매일매일 어떤 지침이라도 받는다고 생각하기도 했다. 전통적인 침례교 신앙에 따르면, 교회와 국가는 엄격하게 분리되어야 한다. 그래서 나는 백악관 예배에 빌리 그레이엄이나 다른 저명한 목사들을 초청하는 오랜 전통을 폐지했고, 우리가 등록하여 출석하는 교회에서 예배하는 신자들과 우리 가족이 전혀 다를 바 없다는 입장을 견지했다. 조지아 주지사가 되었을 때, 우리 부부는 공관에서 가장 가까운 침례교회에 등록했고, 대통령이 된 후에도 같은 원칙에 따라 백악관에서 겨우 몇 구역 떨어진 제1침례교회에 등록하기로 결정했다. 우리 교회의 주일학교 교사였던 프레드 그레그는 내게 가끔씩 성경공부반에서 가르칠 수 있을지 물었는데, 나는 이 사실을 공지하지도, 공개하지도 않는다는 조건하에 일 년에 몇 번 정도 가르치기로 결정했다. 1977년 3월 20일에 쓴 일기에는 이렇게 적혀 있다.

"나는 주일학교에서 가르쳤고, 우리 침례교인들과 다른 복음주의자들이 모르몬교가 채택한 것과 유사한 정책을 주일학교에 도입해야 한다고 제안했다. 즉, 많은 남녀 청년자원자들을 1년 혹은 2년간 세계 곳곳에 파송해서 교회에 봉사하고 선교사들과 함께 사역시키는 일이다. 언젠가 생각을 좀 더 추스려 더욱 깊이 추진할 계획을 갖고 있다."

나중에 남침례교단 총회장인 지미 알렌에게 이 생각을 제안하기도 했는데, 이 아이디어는 '볼드 미션 스러스트'란 이름으로 1978년에 교단에서 채택되기도 했다. 불행하게도 이 제안은 남침례교단이 전통주

의자 진영과 좀 더 보수적인 진영 사이에서 교단 권력과 통제권을 두고 분열된 탓에 완전히 구체화되지는 못했다.

당시 캠프 데이비드엔 예배실이 없어서 예배모임은 보통 영화를 상영하던 작은 방에서 가졌다. 근처 육군기지의 군목들을 초청해 일요일 예배를 주관하도록 했고, 군목들은 종종 우리의 찬송가 소리를 보강하기 위해 자신들이 담임하는 교회의 성가대 찬양을 녹음해 와서 같이 틀어 놓기도 했다. 우리는 같은 방을 재빨리 개조해서 중동평화회담에 참석하기 위해 모인 이슬람교인, 유대교인, 기독교인이 각각 금요일, 토요일, 일요일에 그 방을 예배장소로 사용할 수 있도록 용도변경했다. 이후 조지 H. W. 부시가 대통령 시절에 기부받은 기금으로 작은 예배당이 건립되었다.

대통령일 때 만났던 몇몇 외국 지도자들은 나의 기독교 신앙에 관심을 보였다. 런던 정상회담을 제외하면, 내 첫 해외순방지는 1977년에 방문한 폴란드 수도 바르샤바였다. 당시 폴란드는 소련의 영향력 아래에 있었다. 우리는 제1당서기인 에드바르트 기에레크Edrard Gierek의 환대를 받았다. 당시 그는 모스크바의 통제하에 있던 폴란드 국가지도자였다. 우리 참모들과 함께 공식적인 현안을 여러 시간 동안 토론한 후, 그는 내게 집무실로 가서 개인적인 대화를 할 수 있겠는지 물었다. 본인은 공산주의자로서 무신론을 받아들이지만, 어머니는 기독교천주교 신자이며 최근에 바티칸을 방문하고 왔다고 말했다. 그러더니 좀 어려워하면서 나의 기독교 신앙에 관해 기본적인 내용들을 자신에게 설명해 줄 수 있겠는지 물었다. 답하는 내내 그는 잠자코 듣고만 있었는데, 그후 나는 그에게 예수 그리스도를 그의 구원자로 기꺼이 받아들일 생각이 있는지 물었다. 이런 일을 교회 집사로서, 그리고 평신도 선교사역을 하면서 수백 번도 더 했었다. 기에레크 서기장은 어머니와 자신 간에 종교적 간극을 없앨 수 있으면 좋겠다고는 말했지만, 그 자신은 신앙에 관해 어떤 종류의 공식견해도 밝히는 일이 금지되어 있었다. 1978년 폴란드의 카롤 유제프 보이티와Karol Józef Wojtyła 추기경이 교황 요한 바오로 2세로 선출되었고, 그 다음 해 교황은 모국을 방문하고 싶다고 정부에 요청했다. 기에레크 서기장은 소련의 브레즈네프 서기장으로부터 "후회할 만한 어떤 일도 하지 말라"는 경고를 받았다. 교황의 방문요청은 1979년 6월 승인되었고, 기에레크는 권력을 잃었다. 나는 2001년 기에레크가 사망할 때까지도 그가 기독교인이 되기로 결심했는지에 대한 어떤 것도 알지 못했다.

나중에 한국South Korea을 방문했다. 우선 미군기지로 가서 미군 장성들과 토론을 갖고 다음 날 아침 일찍 병사들과 달리기를 했다. 서울에 가서는 명망 있는 몇몇 인권운동가를 만났고, 세계에서 가장 큰 침례교회 가운데 한 곳여의도침례교회를 말한다.-편집인에 가서 예배에 참석했다. 이어지는 이틀은 국가원수였던 박정희 장군카터는 일관되게 General Park Chung-hee라고 서술하였다.-편집인을 만났는데, 나는 우선 한국이 경제성장을 실현한 점을 축하했다. 그러고 나서 우리는 몇 시간 동안 쟁점사안을 놓고 논쟁을 벌였다. 이 사안들 가운데는 그가 자주국방에 대한 책임을 회피하고 있다는 점, 그리고 그가 벌인 중대한 인권유린 사례들이 포함되었다. 이 회담은 그동안 내가 우리 동맹국 지도자들과 가진 토론 가운데 아마도 가장 불쾌한 토론the most unpleasant discussions이었을 것이다. 박정희의 젊은 딸이자 북한 암살범에 의해 살해된 어머니를 대신해 당시 퍼스트레이디 역할을 맡고 있던 박근혜 덕에 분위기가 어느 정도 누그러지긴 했다.

우리가 공식회담을 마무리 지을 무렵, 박정희 장군은 폴란드 제1당서기 기에레크가 그랬던 것처럼 나와 사적인 대화를 가질 수 있을지 물었다. 그는 나의 기독교 신앙에 대해 알고 싶어 했다. 박정희 장군은 작고한 아내와 그의 자녀 몇몇이 모두 기독교 신자였던 것은 아니지만 종교를 가지고 있으며, 그들이 자신에게 나와 종교에 관한 이야기를 나누어 보길 권했다고 말했다. 나의 신앙을 짧게 설명해 주고 그가 던지는 질문에 답했다. 박정희 장군은 내가 침례교인 지인을 청와대로 보내 주면 자신이 기독교인이 될 가능성을 모색해 볼 수 있을 것이라 요청했다. 한국을 떠나기 전 그와의 약속대로 이 일을 처리했고, 나중에 그 만남이 실제로 있었다는 보고를 받았다. 박정희 장군은 그 다음 해에 암살당했다. 그리고 2013년 2월, 그의 딸 박근혜가 남한의 대통령으로 취임했다. 이후 박근혜 전 대통령은 탄핵으로 자리에서 내려 왔다. 카터가 이 책을 집필한 후의 일이다. - 편집인

한 외국 지도자와는 기독교에 관한 매우 중요한 거래를 시작했다. 중국과의 외교를 정상화하면서 중국 공산당 부주석 덩샤오핑Deng Xiao-ping을 1979년 1월에 미국으로 초청했다. 우리 측은 덩샤오핑과 다수의 논쟁적인 국가적 현안을 놓고 격렬한 협상을 벌였고, 많은 합의내용이 그와 나를 통해 개인적으로 승인되었다. 우리가 베푼 공식연회가 끝나갈 무렵, 덩샤오핑은 "그동안 카터 대통령께서 중국인민들에게 통 크

게 협조해 주셨는데, 당신을 위해 우리가 해 드릴 수 있는 게 있을지 궁금하군요"라고 물었다. 한동안 생각한 뒤에 "예, 어린 시절 나의 최고 영웅들은 중국에서 선교했던 침례교단 선교사들이었습니다. 그때 나는 중국 어린이들을 위한 병원설립과 학교건립에 보태기 위해 종종 5센트씩 헌금을 했습니다. 1949년 이후 선교사, 성경, 그리고 예배가 중국에서 모두 금지되었는데, 이 세 가지를 다시 허용해 주십사 하는 것이 나의 바람입니다" 하고 답했다. 다음 날, 덩샤오핑 부주석은 서방 선교사들은 중국의 전통을 무시했고 특권을 누렸기 때문에 선교사들이 다시 중국에 돌아오는 일은 결코 승인할 수 없으나, 다른 두 가지 요청은 허용하겠다고 답했다.

아내와 내가 퇴임 후 6개월이 지나 중국을 방문했을 때, 우리는 기독교가 중국에서 다시 살아나고 있는 것을 목격하고 기쁘기 그지없었다. 우리는 상하이에 있는 한 교회에서 예배에 참석했다. 그 교회는 5명의 성공회 사제들이 담당하고 있었다. 사제들은 이제 성경이 중국에서 자유롭게 배포되고 있다고 알려 주었다. 성경을 인쇄할 때 보통 사용하는 아주 얇은 종이의 공급부족 사태가 발생하자, 중국정부가 공급량을 확보해 주었던 사례도 전했다. 중국에는 자치自治, 자양自養, 자전自傳이란 삼자三自 원칙을 따르는 중국 교회들이 설립되어 있었다. 중국 전국인민대표대회는 공식적으로 신앙의 자유를 보장하며, 교회의 위치나 교인의 수에 제한을 두지 않지만, 새 교회는 반드시 정부에 등록해야 했다. 수년 동안 수백 개의 교회가 정부의 통제에 따르길 거부했지만, 목사나 신도들이 공개적으로 도발하지 않는 한 정부관리들은 이들 교회 대부분을 그냥 묵인해 왔다. 중국 방문 중 '삼자'교회와 비등록 '가정'교회 모두를 찾아 예배에 참석했다. 중국 지도자들에게 등록제 폐지를 여러 차례 요청했지만 받아들여지지 않았다. 덩샤오핑의 결정으로 중국은 현재 기독교가 가장 빠르게 성장하는 나라가 되었고, 비공식적인 집계로는 500만 명 이상의 신자가 있다. 중국에는 현재 12개 이상의 신학교가 있으며 새로운 목사들이 양성되고 있다. 앞서 말한 두 종류의 중국 교회가 믿는 기본교리는 플레인스의 교회에서 믿는 것과 크게 다르지 않다. 즉 삼위일체, 그리스도가 인간이자 신임, 예수의 처녀탄생, 죽음, 부활, 그리고 재림에 대한 기본교리들이 바로 그것이다.

미디어와 의회

취임 이후, 의회의 상·하원의원과 뉴스매체의 핵심인사들과 많은 접촉을 가지려고 했다. 전반기 2년 동안 전국 언론사와 총 41회의 기자회견을 가졌다. 종종 신문사 주필과 발행인, 그리고 지역 텔레비전 및 라디오방송국 뉴스국장과 운영자를 백악관으로 초대해 함께 점심식사를 하며 긴 토론을 하곤 했다. 1978년 5월, 제리 라프슌을 참모로 합류시킨 후, 그의 제안에 따라 주요 언론계 인사들 및 가끔 그들의 배우자들과 함께 화기애애한 저녁식사를 갖기 시작했다. 우리 부부는 미디어 스타인 월터 크롱카이트Walter Cronkite, 칼 로언Carl Rowan, 캐서린 그레이엄Katherine Graham, 제임스 스카티 레스턴James Scotty

Reston 등과 가진 이런 자리를 즐겼다. 비보도를 전제로 그들이 던지는 모든 질문에 답했다.

　미디어를 향한 이런 구애작전은 별로 성공적이지 못했다. 학계에서 나온 분석자료를 보면, 대통령과 관련된 뉴스기사는 4년 가운데 3년 10개월 동안 부정적인 내용뿐이었다. 우리 가족들이 펜실베이니아 애비뉴를 찾았을 때와 관련된 기사를 포함해 첫 두 달만이 예외에 속했다. 언론과의 이런 문제는 우리가 도저히 이해할 수도, 해결방안을 찾을 수도 없었기 때문에, 그냥 고칠 수 없는 것으로 인정하고 안고 가기로 했다. 당시 가장 영향력 있던 정치분석가 몇 명은 내 당선을 예상조차 하지 못했고, 다른 사람들은 골수 남부 출신 주지사가 미국의 대통령이란 사실을 인정할 수 없었다. 한번은 내가 진보주의자인지 보수주의자인지를 놓고 논쟁이 벌어지기도 했는데, 내가 나의 기본 철학에서 이탈하고 있다는 결론을 내리기도 했다. 아울러 대통령에 대한 이런 부정적인 태도는 닉슨 대통령이 연루되었던 워터게이트 사건의 영향이기도 했다. 즉, 우리 역시 뭔가 숨기고 싶은 게 있을 것이란 의심에서 유래한 듯하다. 《워싱턴 포스트》가 나와 어머니와 우리 가족을 지푸라기가 귀에서 삐쭉 나와 있고, 집 밖에 있는 간이화장실을 다니며, 돼지들과 뒹굴고 있는 식으로 그려 놓고 조롱하는 만평을 한 페이지를 들여 게재했던 것을 생생하게 기억한다. 임기 말엔 한 유명한 시사평론가가 마침내 레이건 가족이 "백악관의 품격을 회복시킬 것"이란 글을 쓰기도 했다. 수석참모 가운데 한 명이었던 찰스 커보는 '결코 거짓말을 하지 않겠다'는 나의 맹세를 두고 우려하면서 "우린 방금 거짓말쟁이들과 싸우는 선거에서 졌어요"라고 평하기도 했다.

임기 내내 민주당과 공화당의 모든 의원들과 사적인 접촉을 가졌고, 주요 위원회의 다선 의원들과도 개별적으로 만났다. 첫 2년간 나는 민주당 의원들의 폭넓은 지지를 확보할 수 있었는데, 테드 케네디 상원의원의 도움이 특별했다. 테드 케네디와의 관계는 내가 1978년 말에 재선에 도전하겠다고 선언하면서 극적으로 달라졌다. 그는 대통령 선거에서 나의 가장 큰 적수였는데, 그래서인지 케네디는 그동안 내가 이룬 성과들의 의미를 축소하려고 결심한 듯 보였다. 케네디는 좀 더 진보적인 민주당원들을 자기 편으로 끌어들여 그들의 지지를 확보했다.

제안했던 법안을 테드 케네디가 반대한 사례 가운데 가장 기억에 남는 일화는, 1979년 우리 행정부가 의회에 제출한 국가의료법안과 관련된 사안이다. 이 법안은 내각 각료와 경제자문, 백악관 참모, 그리고 의회 지도자들이 몇 달간 수고해서 만든 결과물이었다. 테드 케네디를 제외하곤 의회 내 6개 주요위원회 위원장들의 완전한 지지를 확보하고 있었고, 6개 위원회 모두 법안의 준비에 참여했다. 우리의 계획은 엄청난 의료비용 지출로부터 미국인을 보호하고, 모든 저소득층에게 종합적인 의료비 지원을 확대하며, 모든 산모와 아기에 대해 출산 전·중·후, 신생아 관리에 들어가는 의료비를 전액 지원하고, 보험사들 간의 경쟁과 비용제한을 장려하여, 장차 보편적이고 종합적인 국가의료계획으로 발전하기 위한 투명한 뼈대를 제시하는 데 있었다. 이 기획안 시행에 투입되는 초기비용은 우리 행정부의 연례예산안에 이미 포함되어 있었고, 4년의 기간을 통해 완전히 시행되도록 계획되어 있었으며, 또 예산 지원도 이미 확보하고 있었다. 케네디 의원은 본인이 선호하는 기획안이 따로 있었는데, 그의 기획안은 비용이 엄청나게 들었고 의회의 지원도 받기 힘들었다. 테드 케네디 의원이 우리 법안을 반대하기로 결심하기 직전까지도 그의 영향력 아래 있던 위원회 의원들은 우리와 함께 일했었다. 케네디가 우리 법안에 반대함으로써 결국 치명적인 결과가 초래되었다. 막강한 정치력을 가졌던 그와 그의 지지자들은 법안 통과를 한사코 막았다. 결국 우리는 그때 종합적인 국가의료보험을 국민들에게 제공할 수 있는 절호의 기회를 놓쳐 버렸고, 그런 기회가 다시 올 때까지는, 그나마도 부분적인 시행안이 가능해질 때까지 다음 30년을 허비해야 했다. 2014년, 미국 의료보험 개혁안으로 오바마케어가 시행되었다. - 편집인

나는 점점 온건파 공화당 의원에게 기울었다. 우리의 약속이 그들의 생각과 맞아떨어지는 경우엔 공화당 소수파 지도자인 하워드 베이커 Howard Baker 상원의원과 존 로즈 John Rhodes 하원의원이 중요한 동맹자가 되었다. 이런 사안에는 정부관료체제의 능률 개선, 정보기관에 대한 통제 강화, 제로-베이스예산 제도화, 자유무역협정 도입, 불필요한 무기 시스템 감축안 등이 포함되었다.

거의 모든 법안들은 애틀랜타 출신의 젊은 변호사인 스튜 아이전스탯의 주도하에 백악관에서 초안이 작성되었는데, 선거유세 기간 동안 주요 사안들을 연구하던 그룹을 이끈 바로 그 사람이었다. 우리는 민주당 위원회 의장과 공화당 다선의원들을 방문하거나 그들의 참모진을 찾아가 우리와 함께해 줄 것을 요청했다. 나와 상·하원의원들과의 관

계를 조정하는 일은 주지사 시절 나의 오른팔이었던 프랭크 무어가 맡았다. 이런 노력은 성공적이어서 다수 법안이 양당 모두로부터 강력한 지지를 받아 매우 높은 찬성률로 의회를 통과할 수 있었다.

제 6 장

임기 중 거의 해결한 사안들

백악관에 있을 때 다룬 사안 중에는, 오래 지속된 문제로 전임 대통령들은 손대지 못했지만 내가 해결할 수 있었던 문제도 있었고, 일시적 성격의 현안들도 있었다. 임기 초반엔 너무 많은 프로젝트를 맡지 말라고 모든 사람들이 만류했지만, 내가 해결할 수 있으리라고 판단한 사안을 뒤로 미룰 수는 없었다.

시리아 유대인 문제

가끔씩 대통령으로서 헌법상 의무나 권한 밖에 있는 사건에도 개입했다. 예를 들면 한 하원의원의 특별청원 내용이 1977년 5월 4일 내 일기에 이렇게 적혀 있다. "스티븐 솔라즈Steve Solarz 하원의원을 만났다. 그는 특별히 시리아 유대인들이 시리아를 떠나는 문제, 특히 미혼여성

500명의 문제에 관심을 갖고 있었다. 남자 유대인 청년 중 일부에게 미국 이민이 허용되었는데, 그들은 미국에서 아내감을 찾을 수 없고 시리아에 있는 이 여성들은 남편감을 찾을 수가 없다고 한다. 제네바에 갈 때 이 문제를 〔하페즈 알-〕 아사드〔Hafez al-〕Assad 대통령과 상의해 보려고 한다."

아사드 대통령은 이 젊은 여성들이 뉴욕에서 결혼할 수 있도록 허가했고, 많은 여성들이 뉴욕에서 결혼할 수 있었다. 나는 행복에 젖어 있는 한 예비신랑으로부터 신랑의 들러리가 되어 달라는 초대를 받았지만 그렇게 할 수는 없었다. 나중에 아사드 대통령은 새 터전에 남기로 결정한 이 대부분의 사람들에 대해 너스레를 떨었다.

로디지아에서 다수지배원칙 확립

주요 목표 가운데 하나는 남아프리카에서 다수지배원칙을 확립하고 아프리카 대륙 전체에서 인권을 강화하는 것이었다. 앤드류 영을 유엔 대사로 임명했다. 그가 마틴 루터 킹 목사의 수석참모로서 높이 평가받고 있었고, 또 아프리카에 특별한 관심을 가지고 있었기 때문이다. 앤디가 1977년 아프리카를 방문했을 때, 그에게 지도자들이 미국에 무엇을 원하고 필요로 하는지, 아프리카에서 민주주의와 인권을 증진시키기 위해 무엇을 할 수 있는지 확인해 보란 지시를 내렸다. 앤디는 상황이 "매우 혼란스럽다"라고 보고하면서, 미국이 로디지아Rhodesia 대통령 이언 스미스Ian Smith와 남아프리카공화국 총리 존 볼스터John Vorster를 강하게 압박해서 다수지배원칙을 확립해야 한다고 보고했다. 영국이 이곳에서 실질적인 영향력을 가지고 있지는 않지만, 외교적 노력의 전면에 영국을 박아 두는 것이 최선이라고도 말했다. 앤디의 제안을 수용했고, 얼마 후 볼스터 총리와 스미스 대통령이 변화를 고려할 준비가 되었다는 메시지를 받을 수 있었다. 그러나 남아프리카공화국에서의 변화는 아직 일렀다.

그해 3월 3일 일기에, "볼스터를 통해 이언 스미스를 다루는 일이나, 이 문제 해결에 매우 무능함을 보였던 영국에게 사안을 넘기는 일은 조금 좌절스럽다. 우리는 어떤 식으로 우리의 영향력을 행사해야 할지 알고 있다"라고 적었다. 3월 23일 일기에는, "부통령에게 복잡한 남아프리카 문제를 맡기기로 했다. 미국, 영국, 남아프리카공화국, 그리고 인접한 국가의 대통령들 — 아마도 모잠비크 대통령 〔사모라〕 마셸〔Samora〕 Machel, 잠비아 대통령 〔케네스〕 카운다〔Kenneth〕 Kaunda, 나이지리아 대통령 〔올루세군〕 오바산조〔Olusegun〕 Obasanjo — 이 로디지아와 나미비아에 대한 전반적인 접근법에 모두 동의하고 나면 곧바로 압박에 들어가고, 그 과정에서 흑인 해방조치 등을 취하겠다는 약속을 남아프리카공화국에게서 받아 내고… 더 나아가 남아프리카공화국 흑인 시민들의 궁극적이고 완전한 정치참여를 이끄는 방향으로 나아가야 한다는 것이 내 생각이다"라고 적었다.

5월에 부통령을 파견해 볼스터 총리를 만나게 했고, 부통령은 공식적으로 '1인 1표' 원리를 남아프리카공화국에서도 시행할 것을 요구했다. 부통령은 돌아와서 볼스터가 아마도 나미비아와 함께 우리 뜻에 따를 것이며, 짐바브웨·로디지아도 다수지배원칙을 기본으로 하게 될 것이라고 보고했다. 일기에 "볼스터는 아파르트헤이트분리정책에 관한 그의 오랜 원칙을 고수했는데, 그는 흑인은 백인과 다른 종류의 인간이라고 주장했다"라고 적은 후, "그러나 내 생각엔, 우리가 조용하지만 지속적으로 다른 나라들과 함께 압박을 가하면, 결국 남아프리카에서 강제로라도 변화를 진전시킬 수 있을 것이다"라고 추가했다.

다른 나라들은 이 노력에 동참했지만 막상 미 의회에 있는 일부 '백인우월주의자' 의원들이 반대했는데, 그럼에도 불구하고 우리의 노력은 결국 성공했다. 로디지아는 내가 대통령직에서 물러나기 전에 직접선거를 통해 짐바브웨란 이름으로 다시 태어났다. 나미비아의 경우에는 더 오래 걸렸고, 남아프리카공화국은 자유선거가 실시되고 넬슨 만델라가 대통령에 당선되기까지 13년이나 걸렸다.

앤디 영은 훌륭한 외교관이었다. 늘 자유와 인권을 지지했고, 나의 전적인 신뢰를 받았다. 그의 입장은 나의 입장과 잘 맞았다. 하지만 그는 유엔과 다른 나라에서 너무 분명하고 공개적으로 발언하곤 했는데, 종종 나 혹은 국무부의 허가나 지침 없이 그러곤 하는 것이 문제였다. 국무장관 사이러스 밴스가 집무실로 와서는 앤디의 몇 가지 개인적인 발언에 대한 불평을 늘어놓았고, 조지아주 출신 백인 하원의원 한 명이 앤디를 탄핵하려다 실패한 일도 있었다. 2년 후, 팔레스타인 해방기구PLO 문제를 유엔에서 중재할 때 앤디가 이 문제를 다루었다. 그 과정에서 그는 PLO 대표를 만났는데, 이것은 미국 정부가 닉슨 대통령 시절부터 따르고 있던 공식입장을 위반한 것이었다. 공식입장에 따르면, 이스라엘이 PLO가 독립국가로 존재할 권리를 인정하기 전엔 PLO 문제를 다루지 못하도록 하고 있었다. 사실 나는 이 지침이 잘못 정해졌다고 여기긴 했는데, 공개협상을 해야만 원하는 결과를 도출할 수 있다고 보았기 때문이다. 앤디가 유엔안전보장이사회 의장 자격으로 이 역할을 맡았기 때문에 우리 정부의 지침을 위반한 것은 아니었지만, 그럼에도 앤디는 PLO 대표들과 만남을 갖기 전 나나 국무장관과 상의하는 과정을 건너뛴 것이었다.

어느 날 오후 달리기를 하고 있는데, 밴스 국무장관과 워런 크리스토퍼Warren Christopher 부장관, 해밀턴 조던, 조디 파월이 나를 가로막고는 앤디는 더 이상 공무를 맡을 수 없다고 말했다. 그들의 보고에 따르면 앤디가 PLO와 접촉한 일을 놓고 밴스를 속였다는 것이었다. 이 일은 대통령으로서 내가, 밴스 국무장관과 개인적 친구이자 대사였던 앤디 사이에서 내려야 했던 가장 어려운 결정 가운데 하나였다. 앤디를 면담하고 또 조지아주 출신으로 내가 신뢰해 온 흑인 조언자들을 만나본 후, 결국 앤디에게 사임을 권고했다. 이것이 옳은 결정이었는지 확신할 수 없었다. 앤디는 "내 판단에 국익이라고 생각되는 일들을 수행하는 것과, 규정 및 외교 기준들을 함께 맞추는 것은 매우 어려운 일입니다. … 나는 내가 수행한 일을 조금도 후회하지 않습니다"란 성명서를 공개적으로 발표했다. 물론 이 불행한 사건은 우리의 친밀한 우정을 결코 손상시키지 못했다.

212

이디 아민

매일 스물네 시간 내내 각 부처의 부서장들과 해외 각 부임지의 대사들과 계속 연락을 주고받고, 위기상황이 벌어지면 천 명이 넘는 백악관 상주기자들의 질문에 답해야 하는 대통령의 책임에서 벗어날 수 있는 방법은 아예 없다. 캠프 데이비드에서 첫 주말을 보내던 때, 제정신이 아니었던 잔혹한 우간다 대통령 이디 아민Idi Amin은, 자신이 저지른 여러 암살극과 또 다른 인권유린에 관해 내가 비판하자 그에 대한 반응을 보내 왔다. 그는 우간다 내에 거주하는 모든 미국인들은 우간다 수도 엔테베로 와서 자신을 만나라고 명령을 내린 후, 여기서 100명이 넘는 미국인 기독교 선교사들을 추려 내가 그에게 사과할 때까지 한 명씩 처형하겠다고 선언했다. 데드라인까지 정해진 상황으로 나는 곤경에 빠졌다. 사우디아라비아 국왕에게 도움을 요청했는데, 국왕은 잠재적인 재정지원 문제 및 같은 무슬림이란 이유로 아민에게 큰 영향력을 행사하고 있었다. 결국 아민은 선교사들이 원한다면 우간다를 떠나도 좋다고 선언했다. 선교사 전원이 그들의 선교의무를 저버리길 거부하고 그 나라에 남겠다고 결정했을 때, 나는 전율을 느끼긴 했지만 그들의 결정에 그다지 놀라진 않았다.

알렉산더 헤이그

과거엔 지역 군사령관들은 관례적으로 국방장관에게만 보고했다. 그러나 나는 그들의 관할지역에서 벌어지는 일들을 가능한 많이 알고 싶었고, 해럴드 브라운Harold Brown 국방장관에게 지침을 내려 사령관들이 워싱턴을 방문할 땐 나와 면담하도록 조치했다. 첫 보고를 하러 온 사람은 알렉산더 헤이그Alexander Haig 장군이었다. 나토를 포함해 유럽에 주둔한 미군을 총괄하는 총사령관이었다. 닉슨이 사임하면 완전사면하겠다는 닉슨 대통령과 포드 부통령 사이의 협상을 이끌어 내는 데 중요한 역할을 맡은 인물이기도 했다. 유럽에서의 군사작전과 관련된 사안을 토론하는데 그가 무슨 말을 하려고 하는지 이해하기 힘들었고, 또 그의 당파적 성향과 평화·인권을 강조하는 내 정책을 비방하는 점을 우려하지 않을 수 없었다. 며칠간 고민한 끝에, 브라운 장관에게 헤이그 장군을 사령관직에서 해임시킬 것을 제안했다. 매우 정치적인 성격의 문제였다. 브라운 장관의 요청에 따라 마지못해 이 결정을 나중으로 미뤘는데 실책이었다. 헤이그는 1979년 사임하고 스스로 정치에 뛰어들었다. 나중에 레이건 정부의 국무장관으로 몇 달간 일했고, 이후 공화당 대선후보로 직접 나섰다. 선거유세 기간 동안, 그는 다음 대통령이 될 조지 H. W. 부시를 '겁쟁이'라 비난하기도 했다.

메인주의 원주민

직면했던 가장 흥미로운 법적 이슈 가운데 하나는 메인주의 원주민 부족이 소유한 상당한 규모의 토지문제였다. 문제가 되는 지역은 5만 제곱킬로미터가 넘는 광대한 지역으로, 그 안에 35만 명이 살고 있었는데, 그 지역 주민들은 거의 유럽계 이민의 후손이었다. 내무부는 인디언 부족 편에 서 있는 것 같았다. 메인주에서 의회로 파견한 사절단은 원주민들의 모든 요구에 이자를 고려하지 않고 1796년의 토지가로 보상하고 끝내는 법안을 통과시키길 원했다.

조지아주 대법원장에서 막 은퇴한 친구 윌리엄 건터에게 이 분쟁에 대해 생각을 좀 해 달라고 부탁했다. 그의 제안은 파사마쿠오디 부족과 페노브스콧 부족 소송인들의 권리를 보호하는 최종타결안의 기초가 되었다. 이 문제는 메인주에는 매우 중요한 일이었는데, 메인주 전체 면적의 거의 3분의 2에 해당하는 땅과 3분의 1의 주민이 이 문제에 직접 관련되어 있었기 때문이다. 메인주의 정치후보자들은 논쟁을 벌였고, 조지 미첼, 윌리엄 코헨, 에드 머스키, 빌 해서웨이 상원의원은 극도로 민감한 이 문제를 정치인생을 걸고 조심스레 다뤄야 했다. 나는 의회가 8,150만 달러의 연방자금을 끌어와 1,230제곱킬로미터의 임야를 사들이고, 원주민들을 위한 약 2천7백만 달러의 신탁기금을 제공하기로 하는 법안을 통과시킨 후, 1980년 10월 법안에 서명했다. 각 부족원은 2만 5천 달러와 1.1제곱킬로미터의 땅에 상응하는 금액을 효과적으로 수령하였다. 그 이래로 신탁기금은 잘 운용되고 있다.

조직개편

주지사 경험을 바탕으로 의회에 연방정부를 단순화하고 효율적으로 개편할 권한을 달라고 요청했으나 하원과 상원 모두 차례로 이를 거부했다. 민주당 하원의원 어느 누구도 이 법안을 발의하려고 하지 않았는데, 강력한 권한을 가지고 있었던 정부운영위원회 위원장은 그 권한을 나와 공유하려 하지 않았고 또 헌법에 위반된다고 주장했다. 공화당 의원들을 설득해 이 법안을 지원하도록 했고, 1977년 4월 마침내 법안이 통과되었다. 임기 내내 정부를 단순하고 효율적인 조직으로 만들기 위한 11건의 제안을 했고, 이 가운데 10건은 의회에서 받아들여졌다. 또 혼란스럽고 관리가 잘 되지 않는 복수의 작은 기구들을 대체하고자 두 개의 장관급 부서 창설을 제안했다. 에너지부는 전 국방장관인 제임스 슐레진저James Schlesinger가 맡았고, 첫 교육장관은 전 연방항소법원 법관인 셜리 허프스테들러Shirley Hufstedler가 맡았다. 교육부가 인종문제를 둘러싼 소요에 얽매이거나 교원노조에 휘둘리지 않기를 바랐다. 로널드 레이건은 1980년 선거유세에서 이 부서들을 폐지하겠다고 공약했고 그 후 다른 공화당 후보들도 같은 공약을 내걸었지만, 두 부서는 아직 살아남아 있다.

영국에서의 정상회담

공식일정 중에도 가끔씩은 좋았던 시간이 있었다. 런던에서 6개국 지도자들과 첫 번째 정상회담을 준비하면서 G7 정상회담을 말한다.ㅡ편집인, 정치 및 경제 현안을 정리한 다섯 권의 요약집을 공부했다. 재정문제에 관한 토론에 특히 신경을 썼다. 영국, 독일, 프랑스, 일본, 그리고 이탈리아의 정상이 모두 재무장관 출신이었기 때문이다. 제임스 캘러헌 영국 총리는 회담을 며칠 앞두고 다른 정상들보다 먼저 도착할 것을 권했다. 원래 나는 좋아하는 시인 딜런 토머스Dylan Thomas의 출신지인 웨일스의 란Laugharne을 방문하고 싶었지만 캘러헌 총리가 대신 뉴캐슬어폰타인 Newcastle upon Tyne에 가야 한다고 간곡하게 권했다. 이 도시는 조지 워싱턴의 조상들이 살던 곳으로, 내가 방문한 다음 날 중요한 선거가 있었다. 환영회는 열광적인 분위기였다. 약 3만 명의 군중 앞에서 연설했다. 이곳은 영국 노동당이 우세인 몇 안 되는 지역 가운데 하나였다. 조지 워싱턴이 마운트버논에 심었던 포플러 나무에서 온 묘목을 심었는데, 대통령 전용기를 타고 오는 동안 묘목이 동사했다는 것을 알게 되었다. 나중에, 처남이 살아 있는 묘목을 가져다가 다시 심었다. G7 그룹이 모일 때까지 영국의 여러 국내문제들에 관해 잘 알게 되었고, 미디어도 나를 호의적으로 다뤄 주었다. 해당 국가를 일찍 방문한다는 원칙은 독일, 일본, 이탈리아에서 열린 다른 세 정상회담에도 적용되었다.

일요일에는 웨스트민스터 사원에서 예배를 드리고 킹 제임스 성경이 제작된 곳을 본 후 시인들을 기념하는 장소로 갔다. 나는 딜런 토머스를 기리는 곳은 어디인지 물어보았는데, 대주교가 그는 전혀 존경받을 만한 사람이 아니라서 그곳에 있지 않다고 답했다. 우리는 바이런 Lord Byron, 에드거 앨런 포Edgar Allan Poe, 그리고 다른 작가들의 성품에 대한 토론을 벌였고 그 내용은 우리를 취재하던 기자들에 의해 널리 알려졌다. 딜런의 미망인인 케이틀린은 나중에 내게 감사의 편지를 보냈다. 짐 캘러헌이 이 주제에 관해 정치적 영향력을 행사하면 역효과가 날 거라고 경고했지만, 워싱턴으로 돌아온 후 대주교와 위원회에 편지를 써서 딜런 토마스의 주목할 만한 작품들을 칭송했다. 대통령 임기 마지막 주간, 딜런 토머스는 기념대상이 되는 시인의 명단에 올랐고, 나는 BBC방송과 기념행사를 위한 메시지를 녹화했다. 란의 시민들은 나중에 내 대통령 기념도서관을 위해 웨스트민스터 사원에 봉안된 석판의 복제품을 보내 주었다.

외국 정상 가운데 나와 대립관계에 있던 사람 중 한 명은 서독의 헬무트 슈미트Helmut Schmidt 총리였다. 주지사이던 1973년 슈미트를 처음 만났는데, 당시 그는 재무장관이었다. 나는 폴크스바겐 생산공장을 조지아로 유치하고, 본에 조지아주 통상사무소를 설치하려고 했다. 우리 만남은 생산적이었으며 그는 그때 진행 중이던 워터게이트 청문회에 대한 내 평가를 듣고 싶어 했다. 슈미트는 내가 대통령에 취임한 뒤의 몇몇 정책에 비판적인 입장을 취했다. 그는 내가 소련 측에 일관되게 인권문제를 제기하는 것이 너무 순진하며 역효과만 낳을 것이라고 생각했던 것이 분명하다. 나는 슈미트 총리가 플루토늄 재처리시설 장비와 기술을 브라질에 전수하려는 계획을 중지하고, 전 세계적인 경기불

황에 대처하기 위해 다른 서방 국가들처럼 독일도 경기부양책을 써 주길 바랐다. 독일 외무장관을 만나서 이 문제들을 6월에 있을 정상회담 전에 해결하고자 노력했다. 결과적으로는 성공했지만 임기 내내 다른 껄끄러운 일들로 부딪쳤는데, 유럽에 배치된 핵무기의 규모와 구성, 미국에 적용할 경기부양책의 규모, 소련의 아프가니스탄 침공에 대한 나의 강력한 비난 같은 문제가 그랬다. 정리하면 나는 1980년의 일기에, "그는 이상한 사람이지만 독일의 좋은 지도자이다. 나에 대한 그의 태도에 문제가 있어 우려가 된다. 뉴스매체나 사적인 자리에서 그는 미국과, 미국의 해법, 공평성, 책임, 정직성 등에 끊임없이 비판적인 태도를 보였다. 그는 나, 브레진스키, 밴스, 머스키와 다른 사람들을 헐뜯고 있다"라고 썼다.

G7회의현재는 G20로 확대되었다 는 흥미로운 회동이었고 생산적이었다. 우리의 어젠다에 담긴 많은 주제 가운데, 가장 어렵고 많은 시간이 필요했던 두 가지 주제는 인권문제와 핵확산금지였다. 이 문제에 관해 미국과 캐나다가 너무 강경하다고 비판받았다. 다른 지도자들이 양국 간의 보조를 위해 나와의 양자회담을 원한다는 사실에 깊은 인상을 받았다. 이 즐거운 회동이 1~2년 후엔 내게 큰 고통을 안겨 주기도 했는데, 영국왕실이 베푼 연회가 바로 그것이었다. 나는 엘리자베스 여왕과 중대한 현안과 개인적인 이야기를 즐겁게 나누고 있었다. 여왕은 연례행사에서 일곱 가지 다른 공식의상을 입는 고충을 설명하면서, 몸무게가 늘수록 의상에 몸을 맞추기가 얼마나 어려운지 불평했다. 우리는 모든 단위를 허리둘레만 빼고는 모두 센티미터로 통일하기로 하고 허리둘

레는 계속 인치를 사용했다. 만찬 후, 엘리자베스 여왕의 어머니Queen
Mother가 나에게 다가왔고, 우리는 내가 공직에 들어선 후 우리 가족의
삶이 얼마나 바뀌었는지에 대해 담소를 나누었다. 파티를 떠나면서 그
녀의 뺨에 가볍게 키스했고 그녀는 초대를 받아 줘서 고맙다고 답했다.
2년 후, 영국신문에 그 행사의 전모를 엄청나게 왜곡한 기사들이 실렸
다. 기사에 따르면 내가 여왕의 어머니를 과도하게 가깝게 대해 그녀가
몹시 당황했다는 것이다. 그 기사들에 당황하긴 했지만 이미 벌어진 일
을 되돌릴 수는 없었다. 하지만 그 일을 후회하지는 않았다.

B-1 폭격기

1976년 대통령 선거유세 기간 동안, 제리 포드와 나는 우리 중 누가 대
통령이 되더라도 이미 기획안이 올라와 있는 B-1 폭격기의 생산 여부
를 결정해야 한다는 사실을 알고 있었다. 대통령에 당선되고 이 문제
를 놓고 1976년 6월을 시한으로 잡아 몇 달간 여러 전문가 및 이와 관
련해 대립하는 양측 사람들과 토론했다. 마침내 브라운 국방장관, 합
참의장, 그리고 나는 엄청나게 비싼 새 폭격기를 생산할 가치가 없다고
평가했고, 이미 운용 중이던 B-52와 다른 작은 군용기를 새롭고 극도
로 정확하며 지상, 잠수함, 군함, 비행기에서 발사 가능한 크루즈미사
일과 함께 운용하면 앞으로 15~20년간은 우리의 국방력은 충분하다
는 결론을 내렸다. 그 당시엔 우리 전투기를 적의 레이더에서 사라지게

만드는 '스텔스' 기술 개발과 관련된 극비를 공개할 수 없었다. 몇 년 뒤 이 기술이 전투기와 B-2 전폭기에 적용되었다. 상원과 하원 지도자들은 내 결정을 지지했지만 군수산업체 측에서는 실망감을 표명했다. 레이건은 대통령에 당선되고 나서 불필요한 B-1 폭격기를 100대나 생산토록 허가했는데, 이 전폭기는 한 대당 2억 달러 정도 했다. B-1이 전투에 드물게 사용되기는 했지만, 개량된 B-52는 오늘날에도 운용되고 있으며 2040년까지 사용될 것으로 예상되고, B-2 또한 2058년에 퇴역할 예정이다. 극도로 비싼 군사무기의 생산을 놓고 긴 호흡의 결정을 내리는 것은 대통령에겐 늘 어려운 일이다. 특히 무기생산과 연관된 일자리가 유력한 의원들의 지역구에 위치하거나, 혹은 그들이 이런 일자리를 유권자에게 약속한 경우에는 더욱 어려웠다.

규제철폐

주지사 시절 연방규제기관이 얼마나 고비용으로 운영되며 불필요한지 깨달았다. 원래 이들 기관의 목적은 소비자보호여야 할 터인데, 수십 년이 흐르면서 시장독점을 뒷받침하고 시장경쟁을 제한하는 쪽으로 변질되었다. 동시에, 규제대상이 된 사업들은 더 나은 제품이나 서비스를 도입할 이유가 없어졌다. 이런 현상은 철도, 발전, 석유·가스, 버스수송, 화물, 항공, 은행, 보험뿐 아니라 심지어 텔레비전, 통신, 라디오방송 등을 망라하면서 경제를 좀먹고 있었다. 예를 들어, 각 항공사는 자신들만의 배타적이며 보호받는 노선을 가지고 있었는데, 임금인 상이나 다른 경비가 늘어나면 민간항공위원회CAB는 추가적인 경비를 승객에게 부담시키며 경쟁을 막았다.

이런 산업들을 더 자세히 연구하면서 이 문제에 관심 있는 의원과 각료, 그리고 저명한 경제학자인 알프레드 칸Alfred Kahn과 함께 일했다. 칸은 민간항공위원회를 맡았고 나중에 소위 '인플레이션 차르inflation czar'로서 도움을 줬다. 우리 항공산업에 대한 그의 제안을 실행에 옮기자 민간항공위원회는 해산되었다. 행정부는 내가 거명한 모든 산업규제를 효과적으로 철폐하고, 각 비즈니스 영역에서의 경쟁을 허용했다. 반면 소비자의 안전은 보호했는데, 특히 거대 은행을 포함한 회사들이 소비자에게 피해를 입히는 비즈니스 행태들로부터 소비자들을 보호했다.

중성자탄

중성자탄 배치는 내가 내린 가장 힘든 결정 가운데 하나였고, 이 문제는 의회 및 몇몇 나토 동맹국들, 특히 독일과 공공연한 논쟁을 일으켜 껄끄러운 관계를 촉발시켰다. 해럴드 브라운, 짐 슐레진저, 그리고 나는 정밀폭탄, 크루즈미사일, 핵추진 군함, 스텔스 전투기 등 무기체계의 기술개선을 강력히 지지했다. 또 다른 기술혁신으로는 건물과 장비에 대한 피해를 최소화하면서 중성자의 가공할 방사선으로 최대한 많

222

은 인명을 살상할 수 있는 핵폭탄 기술이 있었다. 중성자탄은 1963년 처음 실험되었고, 우리 군은 중성자탄 생산을 계획했다. 완성된 계획안을 보고받았을 때, 이 무기가 미군이나 나토군에 배치되어서는 안 된다고 결정했다. 유럽 지도자들과도 협의했는데, 서독의 슈미트 총리는 몹시 화가 나서 내 결정을 공개적으로 비난하기에 이르렀다. 그가 중성자탄의 독일 배치를 수용한다면 결정을 재고하겠다고 통지했지만, 슈미트는 그런 책임을 지려 하지 않았고 결국 내 결정대로 되었다. 레이건은 이 '강화방사선 무기'의 생산을 재개했고, 이 가운데 몇 개의 중성자탄이 우리 군에 배치되었지만 조지 W. 부시 대통령 시절에 마지막 중성자탄이 해체되었다.

냉전

냉전은 격렬했고, 미국과 소련은 세계 도처에서 치열하게 대립했다. 두 나라는 크든 작든, 가깝든 멀든, 세계 모든 나라에 영향력을 발휘하고자 전력투구했다. 이 경쟁이 종종 관련 국가에는 이득이 되었는데, 두 나라가 경쟁적으로 더 나은 무역관계, 다양한 형태의 해외원조, 향상된 군사지원을 제공했기 때문이다. 내 외교 목표는 자유와 인권의 가치를 소련의 공산주의 및 억압정책과 대비시키는 데 있었다. 폴란드, 동독, 체코슬로바키아, 루마니아, 헝가리, 유고슬라비아, 알바니아, 그리고 1979년 12월 소련의 침공을 받은 아프가니스탄에서 이런 불안하고 위험한 정책들의 생생한 사례가 발생했다. 억압을 받는 가장 분명한 사례는 소련 국민들 자신이었다.

대통령 선거유세에서 분수령이 된 사건은 아마도 토론 중에 포드 대통령이 소련이 동유럽의 어떤 나라도 통제하지 않는다고 말했던 때가 아닌가 싶다. 이 나라들의 나쁜 상황에 우려를 표명하기 위해, 나는 런던 경제정상회담 후 첫 번째 해외순방국으로 폴란드를 택했다. 투옥된 인권운동가인 나탄 샤란스키Natan Sharansky의 석방을 요구했고, 안드레이 사하로프Andrei Sakharov 박사와 그의 아내인 옐레나 보너Yelena Bonner와의 개인적인 교류도 크게 공론화시켰다. 소련대사 아나톨리 도브리닌Anatoly Dobrynin을 통해 브레즈네프Leonid Brezhnev에게 억압당하는 소련 내 유대인들의 유럽 및 미국 이민을 허용해 줄 것을 끈질기게 요구했다. 훗날 브레즈네프를 직접 만났을 때, 그는 인권문제가 나의 어젠다 가운데 하나라는 것을 알고 즉시 서면으로 답변을 작성한 후 통역에게 읽으라고 했다. 소련 지도자들은 자국민의 인권을 억압했다는 사실을 인정한 적도 없고, 또 이 문제를 놓고 내가 그들과 논쟁하는 것을 당연하게 받아들인 적도 없지만, 우리의 정책은 어느 정도는 명백한 효과를 거두었다. 소련을 떠나도록 허가된 유대인은 1979년엔 4배가 증가한 51,320명이었고, 의심할 여지없이 소련시민들도 더 많은 자유를 요구할 수 있게 탄력을 받았다.

1979년 6월 빈에서 브레즈네프와 그의 참모들과 함께 핵무기 감축과 향후 무기 수 제한을 협상했다. 외교 의례를 따르면 이번에는 소련 측이 미국을 방문하게 되어 있었지만, 브레즈네프는 지병 탓에 높은 고도를 나는 비행기를 탈 수 없었다. 브레즈네프는 소련 외무장관인 안드레이 그로미코Andrei Gromyko, 국가서열 2위이자 차기 지도자인 콘스탄틴 체르넨코Konstantin Chernenko, 국방장관인 드미트리 우스티노프Dmitry Ustinov를 대동했다. 우리는 더 많은 핵무기를 극적으로 줄이는 문제를 고민한 끝에, 제2기 전략무기제한협상SALT II 동의안을 5년간 시행하기로 결론지었다. 비록 이 동의안이 미국 상원에서는 인준받지 못했지만, SALT II는 원래 시행연한을 넘어서도 효과적으로 유지되었다. 가장 흥미로운 사건은 브레즈네프가 회담 처음에 "만약 우리가 성공하지 못한다면, 신이 우리를 용서하지 않을거요!"라고 말한 점이었다. 무신론을 신봉하는 정권의 지도자가 이 말을 꺼냈는데, 다들 가만히 있자 자신도 당황했고, 마침내 그로미코가 웃기려는 듯이 "예, 저 위에 있는 신이 우리 모두를 내려다보고 있네요"라는 말을 꺼냈다.

소련 지도자 미하일 고르바초프Mikhail Gorbachev가 **페레스트로이카**개혁와 **글라스노스트**개방로 알려진 개혁안을 도입하고, 1980년대에 소련군을 아프가니스탄에서 철수시킴으로써 냉전이 종식되는 것을 보고 기쁘기 그지없었다. 베를린장벽은 무너졌고, 공산당은 권력을 잃었으며, 소련은 1991년 해체되었다. 이로써 러시아가 지역 맹주로 재등장했지만, 미국은 세계의 유일한 초강대국으로 남았다.

뉴욕시와 크라이슬러 구제안

1977년 7월, 에이브러햄 빔 뉴욕시장이 시의 재정난을 논의하고자 찾아왔다. 선거유세 기간 그를 만난 적이 있었는데, 뉴욕시에 대한 재정지원 청원이 무산된 후《뉴욕 데일리 뉴스》지가 **포드를 뉴욕으로: 꺼져!** 란 눈에 띄는 제목의 헤드라인 기사를 보도할 무렵 나는 좋은 성과를 거두던 중이었다. 에이브는 열심히 노력해서 15억 달러나 되는 예산손실을 줄여 놓았는데, 이보다 장기적인 해결책이 필요하다는 것을 깨닫고 내가 뉴욕시를 재난지구로 선포해 주길 요청했다. 재무장관 마이클 블루멘탈Michael Blumenthal을 불렀고, 마침내 연방 차관을 뉴욕시에 제공하기로 계획을 잡았다. 에이브러햄 빔은 내가 아는 가장 훌륭한 공직자 중 한 명이었고, 그가 대표하는 뉴욕시민의 복리를 위해 자신을 낮추며 일하는 사람이었다. 그달 말 발생한 정전사태로 빔은 재선에 실패했지만 우리는 뉴욕시를 지원하기 위한 일을 계속했다. 은행·주택·도시문제위원회의 의장이던 윌리엄 프록스마이어 상원의원은 우리의 구제안을 강경하게 반대했다. 하지만 마침내 재무부에 제출할 적절한 재정보증을 승인받는 데 성공했다.

이와 유사한 크라이슬러Chrysler사의 파산사태도 해결해야 했다. 크라이슬러는 주요 방위산업체였고 16만 5천 명 이상을 고용하고 있었다. 크라이슬러의 재정상태는 리 아이어코카Lee Iacocca가 CEO로 취임할 무렵 절망적인 수준이었는데, 이 회사의 파산과 이로 인한 엄청난 실직사태와 기타 발생할지도 모를 추가비용을 막기 위해, 그리고 공격

226

적인 일본 자동차생산업체가 크라이슬러를 인수하는 사태를 방지하고자, 마침내 크라이슬러에게 15억 달러의 융자를 지급하는 데 동의했다. 그러나 사업을 엄격하게 관리할 것, 노동조합의 양보절차는 재무부의 감독을 받을 것, 그리고 향후 이자율에 따라 융자금을 전액 상환할 것을 요구했다. 훗날 크라이슬러사가 회생하고, 연방정부는 상당한 배당금을 받았다.

중동 평화안

1976년 대선 유세 기간 동안 많은 미국인이 중동문제에 대해 묻긴 했지만, 대부분의 질문은 내가 이스라엘에 우호적인지 확인하려는 것뿐이었다. 나는 점차 이스라엘과 주변국에 항구적인 평화를 실현하는 과제에 관심을 갖게 되었고, 대통령으로 당선되자마자 국가안보자문으로 임명한 즈비그뉴 브레진스키와 이 문제를 두고 개인적으로 협의했다. 시리아, 요르단, 이집트, 심지어 이스라엘이 우리의 제안에 어떤 식으로 반응할지에 대한 정보가 전혀 없었고, 그래서 가급적 일찍 각 국가의 지도자들을 만나기로 결정했다.

그해 3월 7일 이츠하크 라빈Yitzhak Rabin 이스라엘 총리가 가장 먼저 워싱턴을 방문했는데, 중동 평화회담을 여는 문제에 관해 놀라울 정도로 부정적인 견해를 피력했다. 그의 방문 후, 라빈과 그의 아내가 미국에 불법 은행계좌를 보유한 일로 기소된 것을 알았고, 그의 재선은 메나헴 베긴Menachem Begin의 강력한 도전에 직면하였다.

이집트 안와르 사다트Anwar Sadat 대통령은 4월 4일 방문했는데, 그는 제안을 수용할 의사가 있어 보였다. 사다트는 이스라엘을 합법적인 국가로 인정할 수 있을지, 혹은 이스라엘 선박의 수에즈운하 이용을 허가해 줄 수 있을지 확답하지 못했다. 그러나 최소한 내가 앞으로 내놓을 제안을 경청하고 유연한 자세를 보이겠다고는 약속했다.

요르단 후세인Hussein 국왕은 4월 25일 백악관을 방문했다. 그는 요르단이 이스라엘과 협상할 경우 다른 아랍국가 지도자들과의 관계악화를 염려해 주저했지만, 다른 당사자들이 평화협상의 가능성을 모색하는 데에는 기꺼이 동의했다.

시리아 하페즈 알-아사드Hafez al-Assad 대통령은 방미초청을 거부했다. 대신 그를 6월에 스위스 제네바에서 만나기로 했다. 그는 내 제안을 지지했지만, 더 많은 아랍 지도자들이 동참해야 하며 소련이 미국과 함께 평화회담 중재에 나서야 한다고 주장했다.

이스라엘 메나헴 베긴은 총리로 당선된 후, 몇몇 거친 발언을 내뱉으면서 필수적인 어떤 합의도 거부했지만, 7월에 우리를 방문했을 때는 좋은 인상을 주었다. 개인적인 이야기를 길게 나눈 뒤, 나는 그가 이스라엘 지지자들에게 했던 약속들을 포기하지는 않겠지만, 이집트와의 평화와 팔레스타인 관할 문제에 있어서는 가급적 나의 제안을 수용하리라는 인상을 받았다.

이 무렵, 제네바에서 유엔안보리 결의안 338호에 따른 다국간 평화회담이 열릴 것으로 예상되었다. 하지만 이 계획은 금세 성사시키기엔

평화협정에서 사다트, 베긴, 그리고 카터(2003년 10월에 그림)

너무 관료적인 것으로 드러났고, 미국과 소련이 개입한다는 점이 이스라엘과 이집트의 강력한 반발을 샀다.

가족과 함께 캠프 데이비드에서 즐기고 있던 어느 주말, 아내는 캠프 데이비드야말로 협상팀이 조용한 분위기 속에서 비공개로 일을 처리할 수 있는 최적의 장소라고 제안했다. 아내의 제안에 동의했고, 1978년 8월 직접 쓴 초대장을 베긴과 사다트 앞으로 보내면서 심층적인 평화회담을 갖자고 제안했다. 두 사람 다 이를 수락했다.

우리가 캠프 데이비드에서 보낸 13일간의 여정은 《믿음을 지키며 Keeping Faith》를 비롯해 다른 몇몇 책에 이미 설명되어 있다. 이 책에는 그때 쌓은 우리 사이의 개인적인 관계에 대한 몇 가지를 적어 본다.

분쟁지역의 지도, 그리고 베긴과 사다트가 살아온 과정을 정보기관에서 정리한 여러 권 분량의 요약집이 특히 기억에 남는다. 이 자료들은 그들의 어린 시절, 정치경력, 공약, 본국의 강력한 정치그룹에 대한 그들의 약속과 의무, 협상기간, 본국으로 귀국하고 그들이 어떻게 압력에 대처할지를 예측한 심리분석 등을 포함하고 있었다.

베긴이 캠프 데이비드에 도착한 것은 1978년 9월이었는데, 자신은 일반적인 원칙 몇 가지만 다루기로 준비했다는 점을 분명히 하며, 추후 세부적인 협상에 관해서는 우리 각료들에게 그 책임을 이양하겠다고 밝혔다. 나는 이에 동의하지 않았다. 나는 사다트가 평화회담에 대한 나의 더 큰 계획에 기꺼이 동의하고 있다는 점을 알게 되었다. 만약 회담이 실패할 경우 나는 내 최종안을 공개할 것이며, 두 지도자들은 왜 나의 제안을 수용하거나 혹은 거부했는지를 설명해야 한다는 점을 두

230

지도자로부터 확인받았다. 또 다른 약속은 우리가 매일 가질 회담내용을 외부로 유출하지 않는다는 점이었다. 모든 외부전화선이 도청되고 있다며 두 협상팀에서 흘러나오는 루머를 우리는 부정하지 않았다.

우선, 두 지도자들을 오두막 내 작은 방으로 데리고 가서 평화협정이 자국 국민에게 줄 모든 이점들을 함께 토론할 수 있으리라 생각했다. 하지만 곧 이런 식의 토론이 불가능하다는 것을 깨달았는데, 그들은 내 제안을 들을 생각은 않고 대신 지난 30년간 두 나라 사이에 있었던 네 차례의 전쟁 중 일어났던 일들을 놓고 서로 신랄한 비난만 주고받았다. 그들의 논쟁은 종종 성경시대까지 거슬러 올라갔다. 사흘 동안을 쌍방이 고함치며 싸우는 일로 허비하고 나서, 마침내 그들을 떼어 놓기로 결정했고 나머지 일정에서도 이 원칙을 따랐다. 포괄적 평화협정에 관한 나의 생각을 개략적으로 설명하는 짧은 문서를 하나 작성했다. 보통은 이 문건을 이스라엘 측에게 먼저 보이고 나서 이집트 측에게 보인 후, 필요할 때만 문구를 수정했다. 진도는 느렸지만 문장을 하나씩 하나씩 확실하게 검토해 나갔다.

양측의 긴장이 엄청나서, 잠시 휴식을 취하는 게 좋으리라 판단했다. 우리 모두의 동의하에 근처에 있는 게티즈버그의 남북전쟁 격전지를 방문했다. 군사훈련을 받는 모든 장교들은 이 전투를 세심하게 공부했는데, 나를 포함해 이스라엘과 이집트 양국의 거의 모든 고위지도자들도 마찬가지였다. 우리가 안내를 받으며 한 장소에서 다른 장소로 옮기는 동안 많은 사람들이 흥미롭게 이야기를 나눴다. 베긴만 예외였는데, 그는 군사훈련을 받은 적이 없었기 때문이다. 일행 가운데 베긴만 상대적으로 고립되어 있는 점이 우려되었지만, 아무튼 에이브러햄 링컨이 역사적 연설을 했던 장소에 도착했다. 모든 사람들이 진지한 자세로 정적 속에서 그 장면을 묵상하고 있었는데, 잠시 후 베긴이 "여든하고도 일곱 해 전에…"로 시작되는 링컨의 연설을 암송하기 시작했다. 매우 감동적인 경험이었고, 그날 가장 기억에 남는 장면이었다.

9일 차의 늦은 밤, 사다트의 안전이 우려됐다. 사다트는 그가 이끄는 대표단 어느 누구보다 내 제안을 수용하는 데 앞장섰다. 우리는 이집트 대표단 가운데 몇 명이 이스라엘에 격렬한 증오와 불신을 갖고 있다는 점을 알고 있었다. 이집트 외무장관은 사다트에게 항의하다가 그 자리에서 해임되어 이집트로 돌아갔고, 최측근 참모들 몇몇도 사다트가 이스라엘에게 양보한 사안들 때문에 거의 반란을 일으키기 직전이었다. 그날 오후 사다트와 대화하고 싶다는 전갈을 보냈는데, 이상하게도 사다트가 이미 잠자리에 들었으며 수면을 방해받고 싶지 않아 한다는 연락을 받았다. 이 전갈을 믿을 수 없었기 때문에 잠을 이룰 수가 없었다. 내 인생에 몇 번 없는 일이었다. 마침내 즈비그 브레진스키를 통해 사다트의 숙소 밖에 보안요원을 배치시키도록 지시했고, 다음 날 아침 사다트가 무사한 것을 보고 나서야 안도할 수 있었다.

11일 차, 해럴드 브라운 국방장관과 만나서 중요한 예산안에 대해 이야기하고 있는데, 갑자기 밴스 국무장관이 방에 들이닥치더니 사다트가 짐을 싸서 숙소 현관 앞에 놓아두고는 이집트로 돌아가기 위해 워싱턴으로 갈 헬리콥터를 불러 달라고 요구하고 있다고 전했다. 내 인생 최악의 순간이었다. 이스라엘 외무장관 모셰 다얀Moshe Dayan이 이스라엘 측은 더 이상 양보할 게 없다고 사다트에게 말한 뒤부터, 사다트가 이 회담의 성공을 의심하고 있다는 점은 나도 알고 있었다. 침실로 돌아가서 한동안 무릎을 꿇고 기도한 후, 회담 개시 후 내내 입고 있던 티셔츠와 청바지를 벗고 처음으로 코트와 넥타이로 정장을 했다. 그리고는 사다트의 숙소로 가서 그와 엄청나게 싸웠다. 할 수 있는 한 최고의 어조로 언쟁을 벌이면서 사다트에게 압박을 가했고, 마침내 그도 나에게 기회를 한 번 더 주는 데 동의했다.

13일 차가 되자 베긴 총리에겐 극도로 중요했지만 해결하지 못했던 두 가지 사안밖엔 남지 않았다. 한 가지는 예루살렘의 지위였고, 두 번째는 이집트 영토에서 모든 이스라엘인을 철수시키는 문제였다. 베긴은 둘 다 양보하려 하지 않았고, 나에게 몹시 화가 나 있었다. 유일하게 남은 옵션은 워싱턴으로 돌아가 회담 실패를 인정하고 몇 가지 남은 문제를 풀기 위한 계획을 짜는 일뿐이라는 데 모두가 동의했다. 베긴은 자신의 여덟 손주들에게 기념품으로 주겠다며 우리 세 지도자들의 사진에 내 서명을 해 달라고 내 비서를 통해 요청해 왔다. 베긴에게 묻지 않고, 내 비서는 이스라엘에 전화해서 베긴의 손주 이름을 하나씩 알아냈고, 나는 사진에 아이들 이름을 한 명씩 애정을 담아 적었다. 그리고 나서 베긴에게 그 사진들을 주었는데, 그는 돌아서더니 사진들을 하나씩 훑어보면서 거기 적힌 손주들의 이름을 하나씩 큰소리로 읽기 시작했다. 그는 목이 메었고, 눈물이 두 뺨을 타고 흘러내렸다. 그 장면을 보고 나 역시 큰 감동을 받았다. 베긴은 나더러 자리에 앉으라고 했다. 몇 분 후, 우리는 한 번 더 협상하는 데 동의했다. 몇 번의 격렬한 토론

끝에, 마침내 협상이 타결되었다.

워싱턴으로 돌아온 날, 리처드 닉슨과 제럴드 포드 전 대통령에게 전화해 좋은 소식을 전해 주었고, 이어서 백악관에서 기자회견을 가졌다.

파나마운하

처음 파나마에 대해 알게 된 때는 라틴아메리카 국가들과 집중적으로 관계를 맺고 있던 조지아공과대학 시절이다. 학교에 파나마에서 온 학생이 몇 있었는데, 살면서 처음으로 알게 된 외국인이었다. 그들을 통해 초보적인 스페인어를 연마할 수 있었다. 그 친구들은 파나마운하를 자랑스러워 했는데, 그 사업으로 파나마인에게 좋은 일자리가 제공되었고, 또 미국과 영구적인 관계가 맺어졌기 때문이었다. 해군장교 시절 태평양과 대서양에서 기동하는 함선에서 복무하면서, 이 운하가 평시나 전시를 막론하고 국제해상교통에 얼마나 중요한지 더 깊이 알게 되었다. 조지아주 상원의원 시절, 파나마와 미국 간에 불협화음이 있다는 사실을 인지했다. 파나마인 친구들은 파나마운하 특별지구에 거주하는 몇몇 미국인의 거만함, 짙은 피부색을 가진 파나마인에 대한 미국인의 편견, 그리고 현지인에게 모욕적인 고용형태과 임금행태에 대해 이야기해 주었다. 대통령이 된 후, 파나마운하를 둘러싼 분쟁을 가급적 일찍 종식시키려는 노력을 시작했다. 이 과정은 조금 자세히 기술하고 싶은데, 이 문제는 대통령 재선을 포함한 나의 모든 정치적 도전 가운데서도 가장 어려운 문제였기 때문이다.

파나마운하는 미국, 파나마, 콜롬비아 사이에서 무려 75년이나 된 골칫거리였다. 운하 건설은 프랑스령이던 1881년 시작되었지만, 늘어나는 건설비용과 티푸스 및 다른 질병으로 많은 건설노동자가 사망하자 일시 중단되었다. 미국은 1903년 콜롬비아와 협정을 맺고 운하 건설 프로젝트를 넘겨받았다. 하지만 협정 비준에 실패했고, 시어도어 루스벨트 대통령은 파나마 지역민을 부추겨 콜롬비아에서 독립할 것을 독려하며 독립과정을 지원했다. 미군의 개입으로 이 전략은 성공했다. 미국은 일방적으로 미국에 유리한 협정을 초안했으며 1903년 11월 18일 밤, 협정안을 제대로 검토할 파나마 사절이 워싱턴에 도착하기 겨우 몇 시간 전에 서둘러 조인했다. 당시 얼굴마담으로 파나마를 대표한 인물은 18년 전 파나마를 방문한 적이 있던 한 프랑스인이었다. 이 경이로운 공학적 구조물은 1914년에 완공되었고, 운하는 미국의 감독 하에 파나마 노동자들이 운영했다.

파나마운하 지역을 놓고 주권문제와 관련한 끝없는 논란이 있었고, 린든 존슨 대통령 임기 초반 양측의 대립은 절정에 달했다. 아이젠하워 대통령은 그 지역에 성조기가 휘날리는 일은 없을 것이라고 파나마인들에게 약속했지만, 일부 미국인들이 1964년 1월 9일 성조기를 게양했고 이 일에 항의해 많은 파나마인들이 폭동을 일으켰다. 미군은 공권력을 발동했고, 그 와중에 파나마인 20명과 미국인 4명이 사망했다. 존슨 대통령은 파나마 로베르토 치아리Roberto Chiari 대통령에게 전화를 걸어 유감을 표명했다. 치아리 대통령은 양국 간 협정개정을 요구했다. 존슨 대통령은 파나마인들의 깊은 우려를 고려하겠다고 약속했고, 이윽고 새로운 협정을 체결하기 위한 협상이 시작되었다. 그러나 의회의 반대가 워낙 심해 존슨 대통령은 협정문을 의회에 제출하지도 못했다.

협상은 닉슨과 포드 대통령 시절에도 계속되었지만, 두 사람 다 새 협정문을 의회에 제출할 생각이 없었다. 반면, 파나마와 다른 라틴아메리카 국가들은 계속해서 미국을 압박했다. 양측의 긴장이 고조되면서 1973년 파나마는 이 문제를 유엔안전보장이사회로 가지고 갔는데, 미국은 '공정하고 평등한' 협정으로 새로 협상하자는 요구를 비토했다. 비단 서방국가뿐 아니라 전 세계의 '비동맹' 국가 모두가 파나마의 요구를 지지했다.

1975년 가을까지 상원의원 38명이 기존 협정을 바꾸지 않겠다는 해결안을 제출했다. 그들은 34명만으로도 개정시도를 막을 수 있음을 알고 있었다. 설문조사에 따르면 겨우 8%의 미국인만이 파나마운하에 대한 통제권을 기꺼이 포기할 의사가 있었다. 보수파는 이 사안을 최고의 의제로 여겼다. 로널드 레이건과 존 버치 소사이어티는 1974년 연설과 비디오, 오디오 테이프를 활용해 미국 전역에서 캠페인을 벌였다. 바로 이것이 내가 대통령이 되었을 때 물려받은 힘겨운 난관이었다.

이 문제를 연구한 끝에 나는 파나마가 합법적인 요구를 하고 있다고 결론짓고, 파나마 측과 제대로 된 협상을 개시했다. 오마르 토리호스Omar Torijos 장군이 당시 파나마 최고지도자였다. 그의 정치적 용기와 정직성을 높이 평가했고 그를 개인적 친구로 여겼다. 우리 쪽에는 능숙하고 존경받는 두 명의 협상전문가가 있었는데, 아르헨티나를 비롯해 여러 국가의 대사를 지낸 엘즈워스 벙커와 제록스사 회장이었던 솔 리노위츠였다. 이들이 1977년 8월에 성공적인 합의안을 이끌어 냈다. 첫 번째 협정은 1979년부터 1999년까지 유효한 것으로, 운하 지구가 사라지고 나면 그 지역을 파나마에 귀속한다는 내용을 담았고, 다른 협정에는 미국은 운하를 보호하고 긴급상황에는 파나마가 운하의 우선 사용권을 미국에게 영구적으로 보장한다는 내용을 담았다. 이제 나는 67명의 상원의원을 움직여 그들 대부분이 이미 반대하겠다고 장담한 이 극도로 인기 없는 합의안을 찬성시켜야 했다.

우선 포드와 닉슨 전 대통령, 그리고 상원 지도자들인 로버트 버드 의원민주과 하워드 베이커 의원공화 및 그들과 뜻을 같이하는 사람들을 포섭하여 다른 상원의원과 그들 출신 주에서 가장 영향력 있는 인사들 역시 협정의 개정을 지지하거나 최소한 중립을 지킬 것이란 점을 납득시켜야 했다. 우리는 각 주에서 저명한 시민 200여 명을 백악관으로 초대했는데, 백악관에서는 군사령관, 내각 각료, 그리고 내가 파나마운하의 역사를 설명하고 이 협정이 타결될 경우 미국이 얻을 이익에 대해 개괄적으로 정리해 주었다. 각료들과 고위참모들은 미국 전역 1,500곳 이상을 찾아다녔고, 나는 45명의 회의적인 상원의원들에게 파나마에 직접 방문해 이 운하가 얼마나 사보타주태업에 취약한지, 얼마나 많은 파나마인이 이 운하에서 기술자로 일하고 있는지 직접 확인해 볼 것을 권했다. 운하지구에 주둔하는 미 군사령관과 파나마 최고지도자인 토리호스 장군은 겸허하고 솔직하게 각자의 입장을 잘 대변했다.

북아메리카와 카리브해 국가의 지도자들을 1977년 9월 협정조인식에 초대했는데, 모두 18명의 대통령들과 많은 고위관리들이 이 감동적인 행사에 참석했다. 토리호스와 나는 부속실을 통해 큰 강당으로 들어갈 준비를 하고 있었는데, 그는 아내의 어깨에 기대어 몇 분 동안 눈물을 흘리다가 평온을 되찾았다. 불행히도 우리는 다음 해 상원 외교국방위원회에서 청문회를 시작할 때까지 기다려야 했다. 그다음은 지리한 본회의 토론이 기다리고 있었다. 버드 상원의원과 베이커 상원의원이 공개적으로 지지를 표명한 것은 도움이 되었지만, 협정 반대 성향을 보이는 상원의원들은 큰 압박을 받고 있었다. 이때까지의 설문조사에 따르면 미국인 34%만이 협정에 찬성하는 것으로 나타났다.

프랭크 무어의 도움을 받아 각 상원의원들에 관해 얻을 수 있는 적절한 정보를 가급적 많이 수집해 내 책상 위에 있는 공책에 정리했다. 여기에는 각 의원들에게 가장 강력한 영향력을 가지고 있는 개인 혹은 기관들이 20곳 이상씩 적혀 있었다. 협정에 동의하거나 반대할 것 같은 개인과 기관을 셈해 나갔다. 이들 개인이나 단체가 주나 국가 사업에 어떤 식으로 개입되어 있는지, 그들이 파나마운하에 개인적인 이권을 가지고 있지는 않은지 확인할 수 있었다. 아직 '마음을 정하지 않은' 9명의 공화당 의원이 있었는데, 포드 전 대통령은 그들에게 전화를 걸어 주겠다고 약속했다. 최종적으로는 그 가운데 한 명만 협정안에 찬성했다. 협정안을 망가뜨리는 온갖 수정안이 난무했고, 로버트 돌Robert Dole과 제시 헬름스Jesse Helms 상원의원은 토리호스와 그 가족이 마약거래를 하고 있으며 미국 고위관리들이 그의 뇌물을 받았다며 공개적으로 부당한 공격을 하기도 했다. 상원은 이 부당한 비난을 반박할 다음 회의를 폐회시켜 버렸다. 첫 번째 협정의 비준을 위한 투표는 3월 16일에, 두 번째 협정의 경우는 그 다음 달에 예정되어 있었다. 11명의 상원의원은 여전히 결정을 내리지 못하고 있었고, 8명을 더 끌어들여야 했다. 각 의원들이 우려했던 주요 쟁점은 아래와 같다.

- 폴 햇필드오리건 의원은 당시 주일대사였던 마이크 맨스필드 전 상원의원이 다음 선거에서 자신의 적수를 지지하게 될 것을 우려했다.
- 데니스 드컨시니애리조나 의원은 2000년 이후엔 미국이 필요한 경우 군사력을 사용해 운하를 지킬 수 있다는 내용이 더 명시적으로 드러난 분리된 수정안을 원했다.
- 샘 넌조지아 의원은 동료인 허먼 탈매지 상원의원은 협정안을 찬성해야 할 것이며, 드컨시니 의원이 원하는 수정안도 승인되어야 한다고 말했다.
- 헨리 벨몬오클라호마 의원은 자신의 주에 세울 값비싼 탈염공장 건설을 내가 반대하지 않겠다고 약속해 주길 원했다.
- 하워드 캐넌네바다은 협정에 반대 혹은 찬성하는 편지를 20 대 1 비율로 받았고, 모르몬교 신문사가 자기를 비난할 것을 우려했다.
- 제임스 애보레즈크사우스다코타 의원은 에너지문제에 관한 의회 내 회동에서 자신이 배제된 사실에 분노했고, 각료가 그 회동에 참석해서는 안 된다고 주장했다.

- 제임스 새서테네시 의원은 개인적으로 친구였지만, 내가 클린치 리버 증식 원자로 프로젝트를 비토한 일과, 테네시주와 관련된 다른 문제들 때문에 내게 화가 나 있었다.
- S. I. 하야카와캘리포니아 의원은 외교에 관한 개인적인 자문을 받길 원했고, 또 내가 로디지아의 이언 스미스 정권을 인정해 주길 바랐다. 그는 의미론 교과서의 저자였고 자신의 책을 매우 자랑스러워 했다.

마침내 68표로 투표에서 이겼다. 조약을 바꾸지 않는 선에서 넌과 드컨시니의 요구를 들어주었고, 햇필드를 달래겠다고 약속하고서 맨스필드의 지지를 확보했으며, 탈염공장 건에 대해서는 벨몬의 요구를 들어주고, 조약에 반대하는 모르몬교 신문 편집인에겐 캐넌을 비난하지 않도록 조치했다. 애보레즈크의 경우는 사우디아라비아 국왕을 끌어들여 중재하도록 했고, 새서는 백악관으로 초대해 컨트리뮤직협회의 20주년 기념식에서 많은 스타들을 만나게 해 주는 것으로 지지를 얻었다. 하야카와의 경우는 그의 의미론 책을 읽고 나서 함께 토론하고, 또 그를 초대해 국제문제를 놓고 여러 차례 '협의'하는 방식으로 요구에 응했다.

이 표결은 상원 역사상 가장 용기 있었던 표결이었다. 협정에 찬성한 20명 가운데 그해 선거에서 상원의원직을 유지할 수 있었던 사람은 겨우 7명뿐이었고, 11명의 상원의원과 대통령인 나도 2년 후인 1980년 선거에서 패배했다. 레이건은 선거유세 기간 동안 나를 공격할 결정

적인 주제 중 하나로 이 협정을 이용했고, 이후 다른 사람들 사이에서
도 계속 인기 없는 정책결정으로 남았다.

미국 공직자들은 이 논쟁으로부터 거리를 두고자 했다. 2000년 파
나마의 주권을 보장하는 순간이 왔을 때, 빌 클린턴Bill Clinton 대통령이
나 앨 고어Al Gore 부통령, 심지어는 국무장관조차도 기념식에 참석하
려 하지 않았다. 클린턴 대통령은 내게 미국을 대표해 기념식에 참석해
달라고 요청했다. 심지어 그 후 조지 W. 부시George W. Bush 재임 중에는
파나마운하의 대규모 확장공사 기공식에 미국을 대표해 참석해 달라
는 기대하지 못했던 요청을 받기도 했다. 오마르 토리호스의 아들인 마
르틴 토리호스Martín Torrijos 파나마 대통령과 나는 시공식에서 다이너마
이트를 함께 터트렸다. 두 차례 모두 그 명예를 누릴 수 있어 감사하게
생각한다.

휴버트 험프리

휴버트 험프리Hubert Humphrey 상원의원은 인권문제를 놓고 1948년 민주
당 전당대회를 주도한 뒤로 늘 나의 영웅이었다. 남부의 민주당 분리
파들인 '딕시크랫Dixiecrats'은 정당을 창당하고 남부당 스트롬 서먼드Strom
Thurmond를 후보로 지명했다. 그들의 목표는 남부지역에서 트루먼 지지
를 철회시키는 것이었다. 결국 트루먼이 이겼고, 험프리는 남북전쟁
이래 처음으로 미네소타를 대표하는 민주당 연방 상원의원에 선출되

었다. 조지아주 상원의원 시절에 험프리를 만난 적이 있었다. 그가 아프리카 여행에서 돌아온 후 애틀랜타를 들러 내 지지자 중 한 명의 집을 방문했을 때였다. 험프리는 밤 9시부터 자신의 경험담을 이야기하기 시작해 내가 플레인스로 운전해 가려고 자리를 뜬 새벽 2시 반이 될 때까지도 계속 이야기를 이어 갔다. 린든 존슨이 1964년 대선에 나섰을 때 험프리 상원의원이 부통령 후보로 지명되었는데, 앞서 언급한 바와 같이 그때 험프리와 그의 아내 뮤리엘이 선거유세를 위해 조지아를 방문했고, 어머니는 부부가 조지아에 머무는 동안 자진해서 그들의 유세활동을 도왔다.

린든 존슨 대통령은 4년 후 재선에 나서는 것을 포기했고, 대신 험프리가 민주당 후보로 지명되었다. 리처드 닉슨이 그의 대결상대였는데, 험프리는 인기 없던 베트남전 문제를 물려받았으나 베트남전을 비판하지도, 또 그가 내린 결정에 대한 책임을 부인하지도 않기로 결정했다. 이 결정으로 민주당 좌파의 지지를 잃었고, 많은 보수성향 유권자들도 독립후보로 나온 조지 월리스George Wallace에게 표를 던졌다. 험프리는 선거에서 박빙으로 패했다. 이후 험프리는 1970년 상원의원에 재선되었고, 세상을 떠날 때까지 상원의원으로 재직했다.

민주당 예비후보 가운데 한 명이었던 험프리가 1972년 나를 방문했을 때, 그는 주지사 관저에서 정말로 편안한 시간을 가졌다. 험프리는 우리가 가장 좋아했던 손님이기도 했다. 에이미가 네 살 때 험프리의 무릎에 앉아 자기가 먹던 브라우니를 험프리에게 먹였던 우스꽝스러운 사진을 가지고 있는데, 험프리와 에이미 모두 얼굴이 온통 브라우니

범벅이었다. 그는 그해 또 한 번 경선에서 패했고, 민주당은 조지 맥거번George McGovern을 후보로 지명했다.

내가 월터 먼데일을 부통령 러닝메이트로 선택했을 때, 먼데일은 험프리 상원의원에게 부통령직의 성격에 대한 조언을 구했는데, 험프리는 먼데일이 부통령의 직무에 관한 대담하고 전례 없는 제안을 내놓는 데 도움을 주었다. 이 제안들에 따르면, 부통령을 대통령에 가깝게 밀착시켜 모든 토론에 제한 없이 자율적으로 참여할 수 있게 하고, 핵무기문제에 관한 총체적인 보고를 대통령과 함께 받고, 사전승인 없이 의회의 모든 의원들과 만날 수 있으며, 국가원수들을 만나는 등의 업무를 위해 해외순방을 다녀올 자유가 부여되었고, 언론과의 접촉도 무제한 허용되었다. 이런 특권과 책임들이 험프리가 부통령이던 시절까지도 부여된 바가 없다는 점을 알고는 놀라지 않을 수 없었다. 나는 '프리츠'를 위해 몇 가지 필수사항을 추가했다. 가령 그는 원할 때 휴가를 갈 수 있었고, 그 자신이나 그의 아내 조앤이 원할 땐 언제든 캠프 데이비드에 갈 수 있었다. 험프리 상원의원은 든든한 친구이자 지지자였고, 이스라엘 지지자들을 다루거나 파나마운하 협정을 위한 표결처럼 민감한 사안을 두고 다른 상원의원들을 접촉하는 최선의 방식이 무엇인지에 대한 충고를 해 줄 때 특히 큰 도움을 주었다.

허버트가 말기암으로 투병할 때 그가 한번도 캠프 데이비드에 초대받지 못했다는 것을 알았고, 주말을 그곳에서 함께 보내자고 제안했다. 12월에 서부 해안지역을 방문하고 돌아오는 길에 미니애폴리스에서 그를 태워 캠프 데이비드로 가서 추운 겨울비 내리던 주말을 함께 보냈다. 우리는 몇 편의 영화를 같이 보았고, 오두막의 따뜻한 벽난로 앞에 앉아 많은 시간을 보냈다. 일기에는 "내가 보낸 주말 가운데 가장 즐겁고 흥미로웠던 시간"이었다고 기록했다.

세인트헬렌스 화산

1980년 5월 워싱턴주에서 발생한 세인트헬렌스Saint Helens 화산의 대폭 발은 북미 대륙 역사상 기록된 가장 큰 자연폭발이었다. 과학보좌관인 프랭크 프레스와 다른 과학자들이 몇 달간 현지에서 화산활동을 계속 예의주시 중이었고, 주민들은 화산폭발의 위험을 경고받긴 했지만 화 산의 북쪽 사면 전체가 폭발로 날아가면서 총 57명의 사상자를 냈다. 프레스 박사, 내무장관, 농업장관, 육군장관, 연방재난관리청FEMA과 국립보건원NIH 책임자를 대동하고 즉시 현장을 찾았다. 화산지대 1평 방마일약 2.6제곱킬로미터에 해당하는 면적이 무너져 내렸고, 8.5미터 두 께의 화산재가 컬럼비아 선박운하를 막아 버렸으며, 390제곱킬로미터 에 가까운 지역의 모든 나무가 불에 타 버렸다. 헬리콥터를 타고 여전 히 연기가 피어오르는 화산에 접근하면서 우리가 본 것이라고는 그 아 래 이글거리는 용암바다와 날아간 산 정상에 남아 있던 집 크기만 한 빙하들뿐이었다. 수천 명의 주민들이 조기경고도 없이 사망할 뻔했는 데, 프레스 박사는 과학자들이 10메가톤급 핵폭탄에 맞먹는 화산폭발 의 강도를 과소평가했다며 유감을 표했다. 인근의 스피릿 호수는 400

피트약 122미터에 달하는 화산재와 용암으로 메워졌고, 수위는 이전보다 150피트약 46미터 상승했다. 우리가 산을 비행하는 동안 헬리콥터 뒤쪽으로 큼지막한 용암들이 떨어지는 것을 몇 마일 밖에서도 볼 수 있었기 때문에, 우리 일행과 조종사는 관측비행을 끝내는 데 동의했다.

보좌관들과 상의한 끝에, 불필요한 인위적 조치를 취할 것이 아니라, 그 지역이 자연적으로 회복하도록 놓아두기로 결정했다. 당시에는 초토화된 지역에서 뭔가가 자랄 수 있으리라고는 생각조차 못했다. 25년 후인 2005년 해비태트 포 휴매니티 프로그램을 통해 자원봉사자들을 이끌고 집을 지어 주러 미시간주 밴턴 항에 갔었는데, 트럭이 그리로 지붕틀을 짜는 데 사용되는 목판을 실어다 주었다. 살펴보니 그 목재는 세인트헬렌스화산의 산자락에서 새로 자라난 나무를 잘라 만든 것이었고, 목재회사는 가난한 가정의 집을 지어 주는 데 우리가 이 목재를 사용하길 바랐다.

중국

내 인생에서 가장 눈여겨볼 부분은 나와 중국과의 관계일 것이다. 소년 시절, 다른 사람들처럼 나도 중국에서 선교하던 침례교 선교사들 모두를 추앙했고 그들을 최고의 영웅으로 여겼다. 선교사들이 아주 가끔씩 휴가 차 고향에 돌아오면, 사람들은 먼거리까지 차를 몰고 선교사가 전하는 이야기를 들으러 갔다. 중국 어린이를 위한 병원과 학교 건립에 보태기 위해 일주일에 5센트씩 헌금하기로 서약했던 일을 기억한다. 우리는 자신의 식량을 굶주린 가정에 나눠 주고 본인은 굶어 죽은 선교사 로티 문Lottie Moon을 여전히 기린다. 중국에 관한 내 관심은 잠수함 장교 시절 중국을 방문했을 때 다시 피어올랐고, 이후 계속해서 중국사를 공부해 왔다.

1972년 2월, 닉슨 대통령은 역사적인 중국 방문을 가졌고, 그 결과 양국은 상하이 코뮈니케Shanghai Communiqué를 발표했다. 이 협정에 따라 양국은 오직 '하나의 중국'만 인정하게 되었지만, 닉슨과 포드 대통령 시절엔 미국과 대만의 외교관계가 손상되지 않고 균형을 맞춰 유지되었다. 대통령 선거유세 기간 중에 이 문제가 논의된 적은 없었지만, 나는 점차 미국이 분명한 현실을 직시해야 한다는 점을 확신했다. 즉, 중화인민공화국이 공식적으로 중국인을 대표하는 정부란 점이다. 대통령이 한 나라를 외교적으로 인정할 권한은 오직 헌법에 근거한다는 점을 알고 있었고, 대만 문제를 놓고 만약 중국 지도부와 적절한 합의를 도출할 수 있다면 그 권한을 사용하기로 결심했다. 대통령이 되자마자 이 가능성을 모색해 보았지만, 내 어젠다에는 좀 더 시급히 다뤄야 할 다른 국제현안들이 있었다. 게다가 당시는 누가 중국정부를 대표할 권한을 가지고 있는지도 분명치 않았다.

취임식 직후인 2월 8일, 중국 측 연락관인 첸황Chen Huang을 접견했는데, 그는 미국이 워싱턴에 주미 대만대사를 두고 있는 한 중국 최고위관리는 결코 워싱턴을 방문하지 않겠지만, 만약 대만대사가 미국을 떠난다면 즉시 워싱턴을 방문할 용의가 있다고 전했다. 미국과 중화인민공화국 간에는 여전히 신뢰관계가 구축되어 있지 않았다. 이는 해럴드 브라운 국방장관과 첸황 사이의 상호 오해를 통해서도 드러났다. 첸황은 미국이 2.5개의 전쟁을 수행할 전략을 1.5개로 전환할 것이란 우리 정부의 전략전환계획을 비판했다. 그는 미국이 소련의 국제적 위협에 대한 경계수위를 낮추려는 것이 아닌지 의심했지만, 해럴드가 우리 정부는 중화인민공화국을 상대로 하는 전쟁을 피하고자 한다고 지적해 주자 그제서야 더는 반대의사를 보이지 않았다.

베이징에서 대통령을 대리할 특사로 직업 외교관을 물색하는 대신, 전미자동차노조위원장인 레너드 우드콕Leonard Woodcock을 보내기로 결심했다. 말 잘하는 외교관이 아니라 우리가 찾을 수 있는 최고의 협상가가 필요했다.

우드콕은 7월에 중국에 도착했고, 밴스 국무장관은 중국 지도부와 협의 차 8월에 파견되었다. 결과는 실망스러웠는데, 몇 달 동안 양측의 외교정상화 관련 협의는 사실상 아무런 진전이 없는 상태였다. 1978년 5월, 국가안보보좌관인 브레진스키를 보내 그가 협상에서 할 수 있는 일이 있을지 알아보도록 지시했다. 브레진스키는 중국 지도부와 뜻이 맞았고, 우드콕은 협상을 계속할 수 있었다. 국무부의 많은 사람들이 대만 문제에 깊이 개입되어 있었기 때문에, 국무부를 통해서는 우드콕에게 어떤 실질적인 내용도 보낼 수 없었다. 기밀을 유지하기 위해 모든 공문서는 내 승인을 받아야 했고, 백악관으로부터 직접 그에게 전송되었다.

당시 중국은 권력투쟁 중이었지만, 덩샤오핑이 화궈펑을 누를 것임은 점차 확실해졌다. 비록 덩샤오핑의 직함은 1978년 당시 부주석이었지만, 우리가 실제 협상을 진행하는 실질적인 중국 최고지도자는 이미 덩샤오핑이었다. 내가 결코 타협할 수 없는 기본 요구조건들이 있었는데, 12월 13일 우드콕으로부터 중국정부가 대만 지위문제와 관련된 우리의 모든 주요 제안을 수용할 것이란 보고를 받고 기쁘면서도 놀라지 않을 수 없었다. 놀랍게도 이 기밀은 덩샤오핑과 내가 우리의 합의내용을 이틀 후 워싱턴과 베이징에서 동시에 발표할 때까지 유지되었다. 나는 일기에

"덩샤오핑과 협상을 진행하면서 그에게 매우 우호적인 인상을 받았는데, 우리가 대만과 1년간 조약을 맺는 일, 대만 문제가 평화적으로 해결되어야 한다는 우리 입장이 중국의 입장에 반하지 않는다는 점, 그리고 조약이 만료된 후에도 미국은 대만에 방어무기를 판매할 것이란 우리의 입장을 그가 신속하게 수용한 점에서 그렇다"라고 적었다.

대만을 열렬히 지지하는 사람들을 제외하면 우리의 합동회견은 미국과 해외에서 좋은 평가를 받았다. 미국-대만 간에는 통상 및 정치적 결속이 튼튼했기 때문에, 의회에서 강력한 반대에 부딪치게 될 것을 염려했다. 다행히 그런 일은 일어나지 않았다. 바로 그 주, 덩샤오핑은 중국 내에서 "개방과 개혁"으로 가는 큰 정책변화를 시행할 것이라 선언했는데, 이 변화는 미국과의 새로운 관계와 직접 연관되어 있었다. 워싱턴으로 덩샤오핑을 초청하자 그는 곧바로 초대를 수락했고, 그의 카리스마, 솔직함, 재빠른 재치는 중국 본토를 지배하는 중국 공산당Red Chinese Communists에 대해 널리 퍼져 있던 혐오감을 극복하는 긴 여정의

시발점이 되었다.

그의 방문기간 동안, 덩샤오핑과 나는 지난 30년간 양국의 소원한 관계와 불화에서 벗어나기 위한 많은 합의안에 서명했다. 중일전쟁, 제2차 세계대전, 한국전쟁, 그리고 최근에 벌어진 베트남-캄보디아 분쟁을 포함해 우리가 알고 있는 아시아에서의 전쟁들에 관해 논의했다. 덩샤오핑은 그가 베트남을 상대로 보복공습을 감행할 계획이 있음을 비밀리에 알려 주었다. 나는 이 계획에 반대했지만, 그는 베트남-캄보디아 분쟁은 단기간에 그칠 것이라고 나를 안심시켰다. 그 이래로 중국은 내부적으로, 그리고 이웃국가들을 상대로 평화를 유지해 왔다. 중국경제는 세계 2위 규모로 도약했고, 중국의 외교·통상관계는 전 세계로 확장되었다.

대통령직에서 물러난 후 나는 중국을 정기적으로 방문해 왔다. 카터센터는 그동안 도움을 원하는 중국 측의 중요한 요청들을 받아 왔다. 우리는 베이징의 큰 보철공장 설립을 기획하고 설계하는 일을 도왔고, 중국 학교에 특수교육 교수기술을 도입하는 5개년계획을 수행했다. 우리는 중국의 약 5천1백만 장애인들의 요구를 충족시킬 교사들을 가르칠 수백 명의 강사를 교육시켰다. 1996년에 시작된 카터센터의 가장 큰 프로그램은, 중국의 소규모 마을 사람들이 자신들의 지도자를 민주적인 선거로 뽑도록 감시하고 고무시키는 노력이었다. 12년 동안 우리는 중국정부 시스템의 일부가 아닌 거의 1백만 개의 마을에 이 프로그램을 소개해 왔다. 몇 년간 실험적으로 운용해 본 후, 우리는 기존의 선거법을 개선하기 위한 제안을 내놓을 수 있었다. 가령 공산당원이든 아니든 공직자 후보로 나설 수 있어야 한다, 선거는 비밀투표여야 한다, 공직자는 3년간의 임기를 마친 후 재선될 수 있다는 식의 제안들이었다. 아내와 나, 그리고 카터센터의 다른 대표들은 개인적으로 많은 선거들을 모니터링해 왔다. 후보자들은 늘 투표 직전 3분간 정견을 발표할 수 있다는 점이 한 가지 흥미로운 점이었다. 종종 이 내용을 녹화해 놓고 3년 후 당시 당선된 공직자가 나중에 재선에 나가려고 할 때 녹화내용을 다시 틀어 보도록 했는데, 이로써 새로운 후보가 당선되는 교체비율이 매우 높아졌다.

중국어 및 영어로 웹사이트를 만들어서 이 선거들에 관한 분석과 평가를 올렸다. 이 웹사이트가 조금씩 인기를 끌자, 학생들과 중국정부의 학자들, 그리고 일반시민들이 정치개혁의 필요성을 주장하는 더 많은 기사와 논평을 올렸다. 이 웹사이트가 중국에서 민주주의를 토론하는 일종의 플랫폼으로 발전하자, 중국정부에서 제재를 가하기 시작했다.

자유롭게 선출된 마을의 공직자와 공산당 간부 간에 토지사용, 도로계획, 공장부지 등의 문제를 놓고 심각한 다툼이 많이 일어났다. 마을의 선거를 장려하려는 우리의 역할은 천천히 그러나 꾸준히 뒤로 물러나고 있었다. 민주주의에 대한 토론 확산을 목표로 하는 활동에 중국 지도자들이 점차 의심을 품게 됨에 따라 우리는 쌍무관계 증진, 학생과 관광객의 교류 증진, 특별히 아프리카 같은 개발도상국에 대한 공동 관심사를 두고 중국정부와 함께 일하는 쪽으로 우리의 관심을 돌려야 했다.

이 글을 쓰고 있는 2014년 9월, 열흘간 베이징, 시안, 칭다오, 상하이를 방문하여 정치 및 경제 지도자, 그리고 중국 4개 대학의 학생과 가진 행사에 참석했다. 2014년은 양국이 국교를 정상화한 지 35년 되는 해이며, 덩샤오핑이 태어난 지 110년, 또 내가 처음으로 중국을 방문한 해이자 동시에 중화인민공화국이 탄생한 해로부터 65년이 되는 해였다.

헝가리 왕관

대통령 임기 중 내린 결정 가운데 가장 논란이 되었던 것 하나는 성 이슈트반의 왕관을 헝가리에 돌려준 일이다. 이 왕관은 서기 1000년에 교황이 헝가리 초대국왕 이슈트반에게 선물한 것으로 알려져 있으며, 정치적이고 종교적인 권위의 상징이 되어 50명 이상의 군주들이 왕위에 오를 때 썼던 관이기도 했다. 이 관의 특징은 왕관 꼭대기에 있는 십자가가 구부러져 있다는 점이다. 소련군이 제2차 세계대전 말에 헝가리로 진군해 들어올 때, 어떤 헝가리인들이 이 왕관과 다른 왕실상징물들을 미군에 인계했는데, 그 이래로 이 왕관은 미국의 금과 나란히 포트 녹스Fort Knox에 보관되어 있었다. 헝가리에 이 왕관을 반환하겠다고 발표할 당시, 소련은 여전히 헝가리에 영향력을 행사하고 있었다. 헝가리계 미국인을 비롯한 사람들의 분노는 대단했다. 나는 그 왕관을 헝가리인의 자유와 주권의 상징으로 간주했고, 1978년 1월에 왕관과 왕실휘장을 반환하면서 이 유물들이 헝가리인에 의해 관리되고, 주의 깊게 보호받으며, 공공전시가 가능해야 한다는 조건을 명시했다. 1998년 헝가리인들은 왕관의 복제품을 카터센터에 선물로 보내왔다. 복제품은 대통령 박물관에 공개전시하고 있다.

1996년 아내와 나는 해비타트 주택을 짓기 위해 헝가리 바츠를 방문했고, 헝가리정부는 우리를 극진히 대접하며 국립박물관으로 안내하여 그곳에 전시되어 있는 왕관과 그 왕관을 관람하는 많은 시민을 보여 주었다. 많은 관람객이 왕관을 보면서 기도문을 읊고 있었다. 해마다 3백만 명이 왕관에게 경의를 표한다는 이야기를 들었다. 몇 년 후, 왕관은 헝가리 의회건물에 영구적으로 보관하도록 결정되었다.

알래스카

행정부 시절, 오래전에 이미 해결되었어야 할 환경문제를 둘러싼 심각한 논쟁이 있었다. 내 정치인생에서 성취한 가장 중요한 국내사안이라고 볼 수 있다. 알래스카는 1959년 1월 미국의 49번째 주로 편입되었는데, 그곳에 연방이 보유한 광대한 토지 일부를 원주민과 에스키모에게 어떻게 분배하며, 또 주정부에게 넘기고, 혹은 국유림, 국립공원, 국유야생지 등으로 지정할지를 놓고 논쟁이 시작되었다. 드와이트 아이젠하워Dwight Eisenhower 대통령과 그의 후임자들은 이런 논쟁적인 문제를 피했다. 원유 발견과 어업 성장으로 사안의 중요성은 더 커졌는데, 엄청난 돈이 걸린 다툼이었기 때문이다. 나는 이 문제를 풀기 위한 대화를 시작하기로 결정했지만, 알래스카에서 온 의회사절단이 석유산업 및 다른 이권에 깊이 관여되어 있다는 것을 금세 알아차렸다. 상원의 관례는 다른 의원들이 이 문제를 놓고 알래스카를 대표하는 연방 상원의원인 테드 스티브스_{공화당}나 마이크 그레이블_{민주당}과 다투지 못하도록 막고 있었다. 내무장관이었던 전 아이다호 주지사 세실 앤드러스와 함께 이 논란의 역사와 분쟁지역의 지도를 검토했고, 직접 몇 차례 해당 지역을 항공답사하기도 했다.

환경단체와 토박이 원주민은 나의 편이었지만, 전문수렵인과 벌목사업자, 어부 그리고 상공회의소는 석유회사 편을 들었다. 상황은 우리에게 불리했는데, 세실이 1906년 제정된 오래된 유적보호령에서 대통령이 "역사적이고 과학적 연구 목적으로 보호해야 할 대상이 위치한" 지역을 떼어내 유적으로 지정할 수 있는 권한을 가지고 있다는 항목을 찾아내고 나서야 반전되었다. 이런 지역으로는 인디언의 장례용 둔덕, 유물·유적, 오래된 교회, 유명한 격전지 같은 것들이 포함된다. 대통령의 권한으로 알래스카의 넓은 지역을 국가기념지로 지정하기로 하고, 마침내 미네소타주보다도 큰 22만 6천 제곱킬로미터_{한반도 전체 면적에 해당} 이상의 지역을 여기에 포함시켰다. 이 작업을 통해 협상에 필요한 패를 쥐게 되었고, 이어지는 토론에서 우위에 설 수 있었다.

이런 노력들은 막상 알래스카주에서는 매우 인기가 없었다. 알래스카를 방문할 때마다 나는 보안을 강화해야 했다. 알래스카주 축제장에 사람들이 야구공을 던져 두 개의 목표물을 맞추면 광대가 물탱크로 떨어지는 게임이 있었던 것이 기억나는데, 그 목표물 가운데 하나가 내 얼굴이었고, 다른 하나는 이란 지도자 아야톨라 호메이니Ayatollah Khomeini였다. 그런데 아야톨라의 얼굴을 향해 야구공을 던지는 사람은 별로 없었다.

　의회는 알래스카 국익토지 보존 법령ANILCA을 통과시켰고, 1980년 에는 캘리포니아보다 큰 지역을 지정하여 이로써 미국의 국립공원은 두 배 규모로, 야생지 면적은 세 배 면적으로 늘어났고, 24개의 자유하 천을 보호하게 되었다. 동시에, 우리는 나머지 땅에 대한 소유권을 확 실히 정리하여, 알래스카 국립 야생보호지 같은 미개발지구를 제외한 알래스카 앞바다와 95%에 이르는 토지는 유전탐사를 위해 모두 공개 했다. 수십 년이 지난 뒤에야, 이 결정은 알래스카에서 점점 인기를 얻 었다.

이란 인질사건과 임기 말년

임기 마지막 해는 인생에서 가장 스트레스가 심하고 불편했던 한 해였 다. 1979년 11월 4일부터 아야톨라 호메이니와 그가 이끄는 이란정부 가 지원하는 이란의 과격주의자들이 미국인들을 인질로 억류하고 있 었다. 이 위기는 다른 무엇보다도 중요한 사안이었다. 나는 여행을 자 제하고 구금된 외교관들의 가족을 자주 만나서 우리가 얻은 어떤 정보 든 그들과 함께 나누려 했다. 첫 한 달 동안 만약 한 명의 인질이라도 다친다면 이란이 외부세계와 접촉할 수 있는 모든 수단을 차단할 것이며, 한 명이라도 죽는다면 군사조치에 나설 것이라고 경고했다. 호메이니는 경고를 심각하게 받아들였고 미국 인질들을 주의해서 다루었다. 인질 가운데 한 명은 팔에 마비증상이 나타나자 즉시 석방되었고, 그는 메인주에 있는 집으로 돌아왔다.

우리의 목표는 외교를 통해 인질들을 석방시키는 것이었지만, 다른 대안도 준비할 필요가 있었다. 3개월 가량 억류되어 있는 인질들을 구출할 계획을 세웠다. 특수부대가 미국 내 사막지역에서 구출작전을 훈련하며 작전을 구체화시켰다. 최종안은 '데저트 1Desert 1'이란 암호명으로 불렸는데, 7대의 큰 장거리 헬리콥터를 항공모함에서 출격시켜 외떨어진 이란 사막지역으로 보낸 후, 거기서 C-130기를 통해 재급유받는다는 계획이었다. 이어 구출부대가 야간에 테헤란으로 날아가서 야간투시장비를 이용해 인질을 붙들고 있는 자들을 최소한의 무력충돌로 제압하고, 인질들과 구출팀이 함께 인근 공항까지 헬리콥터로 이동하여 착륙해 있던 큰 항공기를 타고 안전하게 귀환한다는 내용이었다. 정찰위성을 통한 감시로, 우리는 인질을 억류하고 있는 자들의 습관을 파악하고 있었고, 주차된 차를 통해 누가 어느 시간에 임무를 맡고 있는지까지 알 수 있었다. 그리스 출신의 요리사 한 명이 대사관에서 일하고 있었는데, 그가 인질들의 위치와 일과에 관한 정보를 우리에게 넘겨주었다. 6대의 헬리콥터로 모든 인질들과 구출팀을 반드시 단 한번에 데려와야 했다. 뒤에 남겨진 사람은 처형될 가능성이 있기 때문이었다. 국가안보팀 전원이 함께 백악관의 비밀 모의상황실에서 수차례 모임을 가지면서 작전내용을 연구하고 개선한 후, 마침내 만장일치로 작전을 진행하기로 결정했다.

구출팀이 훈련을 마칠 때쯤 작은 항공기를 예상지점에 착륙시켜 그 지역을 조사하고 나서, 날씨가 허락되면 작전을 개시할 준비가 되어 있었다. 1980년 4월 초, 이란인들은 미국인 인질들을 송환하겠다는 합의 안에 따르지 않았고, 4월 11일 참모들에게 전화하여 구출작전 개시에 동의했다. 나의 마지막 제안은 필요한 대수보다 헬리콥터를 두 대 더 추가하자는 것이었다. 밴스 국무장관과 다른 모든 사람들이 구출작전 계획을 단계별로 수립해 나가는 과정에 참여했다. 최종적으로 작전일이 결정되었을 때 밴스 국무장관은 휴가 중이었는데, 휴가에서 돌아온 뒤 작전을 승인할 수 없다며 반대했다. 이 문제를 두고 또 다른 회의를 소집했다. 그는 반대 이유를 설명했고, 우리는 다시 철저한 토론을 거친 후 다시 한번 만장일치로 작전 실행에 동의했다.

모든 일이 계획대로 진행되었지만, 헬리콥터 한 대는 불분명한 이유로 항공모함으로 귀환했고 또 한 대는 모래폭풍 가운데 착륙했다. 따라서 데저트 1 지점에는 최소로 필요한 6대의 헬리콥터만 확보되었다. 재급유 뒤, 헬리콥터 한 대가 이륙하여 위치를 이탈하면서 C-130기에 충돌해 버렸고, 양쪽 다 피해가 막심하여 8명의 대원들이 사망했다. 구조작전을 취소하는 명령을 하달했다. 이 사건은 비극이었고 씁쓸한 실망감을 안겨 주었다. 몇 시간 수면을 취하고 텔레비전 방송으로 구출작전 실패를 알렸다.

밴스는 구출작전 실패 후 행정부에서 사임했다. 그는 평화와 인권문제에 관한 전반적인 정책에서 나와 가장 가까운 사람이긴 했지만, 국무부를 몹시 감싸려고 했다. 밴스는 백악관 참모들이 너무 많은 권한을 가지고 있다고 생각하거나 혹은 내가 그의 충고를 따르지 않았다고 판단했던 이전 세 건의 경우에도 사임하겠다고 압박했었다. 비록 밴스가 무력충돌과 인명피해라는 과도한 위험 때문에 구출작전에 반대했다고 설명하긴 했지만, 그의 사임은 그동안 쌓였던 불만이 표출된 것으로 느껴졌다. 우리는 여전히 우정을 유지했고, 내가 백악관을 떠난 뒤 뉴욕시에서 그의 가족들과 며칠 밤을 함께 보내기도 했다.

인질 구출 실패는 심각한 정치적 결과를 야기했다. 테드 케네디 상원의원은 민주당 예비경선에서 이 문제를 가지고 나를 맹공격했고, 공화당의 로널드 레이건 역시 대선에서 이 사안을 크게 부각시켰다. 이란인들에게 보복하기 위해 군사작전을 펼치는 것은 자제한다는 것이 내 입장이었기 때문에 내가 유약하고 무능한 지도자라는 공격에 취약할 수밖에 없었다.

이란이 불법행동에 따른 국제 제재로 힘을 잃자, 이라크의 사담 후세인이 이란을 침공했다. 이 침공은 인질들을 석방시키려는 나의 노력에 찬물을 끼얹는 일이었기에 이 사태를 맹비난했다. 이라크의 이란 침공은 부가적인 문제들을 일으켰는데 전쟁 발발로 양국으로부터의 원유 수입이 막혀, 기름값이 폭등하고 전 세계적으로 인플레이션과 고금리 현상을 야기했다.

CIA요원의 재치

인질 분쟁 중에 많은 비밀사절을 이란에 보냈다. 사절을 보내는 일 자체는 어렵지 않았으나 이란 지도자들은 가급적 자국이 정상적인 상황임을 보여 주길 원했고, 외국 뉴스매체가 이란을 방문할 때 생기는 우호적인 광고효과를 즐기기도 했다. 심지어 아야톨라 호메이니가 미국 언론인과 인터뷰하기도 했다. 한번은 CIA요원 몇 명이 가짜 독일여권을 소지하고 테헤란을 여행하고 있었는데, 많은 이란 지도자들이 독일어를 교육받았기 때문이었다. 이란에서 출국할 때 우리 측 요원 한 명이 신원조회를 받았는데 그때 세관관리 한 명이 손을 흔들었다. 다시 불려 가자, 그 관리는 "당신 여권에 문제가 좀 있는데요. 여기서 20년간 근무했지만, 중간 이름을 다 적지 않고 이니셜만 적은 독일여권은 한 번도 본 적이 없네요. 당신 이름이 요제프 H. 슈미트라고 되어 있는데, 이해할 수 없네요"라고 말했다. 그 요원은 잽싸게 머리를 굴려, "아, 제가 태어났을 때 중간 이름이 '히틀러'였는데, 그 중간 이름을 사용하지 않기로 특별허가를 받았습니다"라고 답했다. 관리는 웃으며 고개를 끄덕였고 출국을 허가했다.

인권과 라틴아메리카

인권에 대한 헌신을 놓고 많은 공화당원과 외국 지도자들은 내가 순진하고 유약하다며 비판했다. 나는 기본적으로 라틴아메리카의 군사독 재자들, 미국인 가운데 그들을 열렬히 지지하는 통상 쪽 인사, 의회 로 비스트, 그리고 국무부와 다른 정부기관의 기타 주요 인사들에 주목했 다. 여러 세대 동안 미국은 이들 정권을 지지하고, 이 정권에 대항하는 그 나라의 시민에게 즉각 '공산주의자'란 낙인을 찍는 정책을 고수했 다. 미군은 필요하다면 라틴아메리카에 수십 년간 주둔하면서 미국의 동맹국을 방어했다. 이 독재자 중 다수가 미국 군사학교의 졸업생으로 영어를 구사했고 자녀들을 미국에서 교육시켰다. 그들 중 상당수는 값 비싼 파인애플, 바나나, 보크사이트, 구리, 철 및 다른 비싼 일상품과 관련된 수지 맞는 통상협정에 개입해 있었다.

대통령에 취임할 무렵, 아르헨티나, 볼리비아, 브라질, 칠레, 에콰 도르, 엘살바도르, 과테말라, 아이티, 온두라스, 니카라과, 파나마, 파 라과이, 페루, 우루과이는 모두 군사정권의 지배를 받고 있었다. 나는 자유와 민주주의가 그 지역에 평화롭게 확산되도록 지원하기로 결정 했다. 아울러 우리 정부가 공개적으로 이런 의지를 표명함으로써 그 나 라들에 영향력을 발휘하려고 했고, 특히 자국민을 가장 탄압하던 칠 레, 아르헨티나, 파라과이, 니카라과, 엘살바도르에 대해서는 금융기 관에 대한 정부의 영향력을 이용해 특별한 압력을 가하도록 조치했다. 아내와 함께 라틴아메리카를 방문하면서, 평화적인 방법으로 정치적 변화를 이끌어 내려는 종교지도자들과 여타 다른 지도자들을 만났고, 대부분 가난하거나 토박이 원주민이거나 흑인노예의 후손이었던 무장 혁명조직들로부터 정권을 보호해 달라는 독재자들의 요청은 거절했다. 10년이 채 안 되어 앞에서 나열한 라틴아메리카 국가 전부가 민주주의국가가 되었고, 카터센터는 파나마, 니카라과, 페루, 아이티, 그리고 파라과이의 초기 선거를 관찰하는 역할을 맡았다.

국제정책 조율

백악관, 국무부, 국방부, CIA에 다양한 주요 보좌관을 두고 있었는데, 그들이 동일한 어젠다상에서 조화롭게 협력하고 있는지 확인하고 싶었다. 대외문제에서 의회가 큰 장애가 되었던 경우는 별로 없었지만, 국가안보팀 내부 간의 오해와 잠재적인 갈등을 피하기 위해 그들을 정기적으로 소집할 필요를 느꼈다. 워싱턴에 있을 때는 먼데일 부통령, 브라운 국방장관, 밴스 국무장관, 브레진스키 국가안보보좌관, 해밀턴 조던, 그리고 가끔씩 조디 파월과 CIA 국장인 스탠필드 터너Stanfiled Turner와 함께 매주 금요일 오찬회동을 가졌다. 한 가지 어젠다를 가지고 모두 함께 논의했다. 브레진스키는 우리가 합의한 결정들을 기록했고, 그 다음 주에는 브라운 장관 및 밴스 장관을 만나 결정사항이 시행되고 있는지 확인했다. 장관이 참석하지 못하면 종종 대리인이 참석하기도 했다. 이 절차는 잘 시행되었고, 우리가 한 팀으로서 동일한 방향으로 사안을 다루고 있다는 확신을 심는 데 도움을 주었다. 이 문제는 미국 지도자들에겐 피할 수 없는 사안인데, 각 부처마다 세계에 영향을 끼칠 정책들을 만들고 싶어 하는 강력한 힘을 가진 인물들이 있고, 이들 간의 일치가 어려운 경우가 종종 있기 때문이다.

연방재난관리청

몇 번의 자연재해를 겪으면서, 지역에서 발생한 긴급상황에 대처하기 위한 다양한 연방기관이 복수로 존재하며, 이 기관들을 효율적으로 조율할 수 있는 어떤 효과적인 방법도 없다는 점을 깨달았다. 1978년 6월, 날씨정보, 연방주택보조, 범죄통제, 보험, 그리고 기타 연방·주·지역 서비스를 제공하는 주요 기관들을 하나로 모으는 법안을 의회에 제출했다. 1년쯤 지나서, 이 법안은 행정명령으로 시행되었다. 나는 신설된 연방재난관리청FEMA이 유능하고 경험 많은 청장의 지휘를 받게 될 것, 연방재난지역을 완전히 통제하게 될 것, 또한 적절한 지원을 받게 될 것을 보장했다. 새 기관은 필요하다면 주 방위군을 포함한 우리 군 조직과 업무를 조율할 권한도 부여받았다. 2005년 멕시코만 해안을 따라 발생한 허리케인 카트리나 사태 때의 실패를 제외하면 연방재난관리청은 계획된 대로 훌륭하게 기능하고 있다.

제 7 장

끝나지 않은 문제들

백악관에 있는 동안 다뤘던 몇몇 주요 문제는 후임자들에게 이어졌는데, 이는 재임 중에 내가 문제를 해결하지 못했거나, 후임 대통령들이 다른 우선과제를 가졌거나, 내가 거부했던 정치적 압력들에 그들이 굴복했거나, 혹은 시간이 흐르면서 상황이 바뀐 경우 중 하나이다.

마약

불법약물과 관련된 주요 사안은 여전히 뜨겁게 논쟁 중이다. 임기 초 1년 반 동안 피터 본Peter Bourne 박사가 보건문제와 관련된 백악관 보좌관과 약물남용정책사무소OFAP 소장을 맡았다. 본 박사가 조지아에서 나를 도와 비슷한 직무를 담당하던 시절부터 그를 마약 관련 최고 전문가로 평가했다. 본 박사는 처음이자 가장 철저하게 이 복잡한 사안을 분석할 수 있도록 나를 도왔다. 이 문제를 푸는 방법으로는 군사력을 이용하는 방법, 코카인·마리화나·아편 등 마약의 원료가 되는 식물들을 제초제로 싹 말려 죽이는 방법, 마약을 소지하거나 환각제를 사용하는 사람들을 구금함으로써 마약의 공급 자체를 줄이는 방법이 있었다. 또 다른 방법으로는 농가에 코카인이나 아편이 아닌 다른 소득방안을 제시하고, 마약중독자에게 치료기회를 제공하는 방법이 있었다. 피터와 나는 두 번째 접근법을 강력히 지지했다. 1977년 8월 마리화나 사용의 합법화가 아닌 비범죄화를 추진하고, 마약중독자들이 수감 대신 치료를 받을 수 있도록 선택지를 제공하기로 했다. 내 입장이 많은 지지를 받긴 했지만, 후임 대통령들은 반대노선을 취했다. 그 이래로 미 행정부는 마약류의 국제거래를 줄이기 위해 수십 억 달러를 투입했음에도 그다지 효과를 보지 못했다. 마약 생산자들에 대한 군사행동이나 제초제 공중살포 같은 조치는 종종 마약전쟁을 일으키거나, 오히려 마약류 생산을 늘리거나, 혹은 마약소비만 더 증가시켰다. 이 문제를 풀기 위해 유럽과 라틴아메리카가 강력히 뛰어들었지만, 미국정부는 오히려 개혁에 주된 장애물이 되었다.

슬프지만 당연한 귀결은 미국에서 마약문제로 수감되는 사람이 급증했다는 점이다. 투옥된 미국인의 비율은 1980년이나 1940년이나 큰 차이가 없지만천 명당 한 명 꼴, 투옥된 사람들의 수는 6배 이상 늘었다. 마약남용금지법이 1986년에 통과되었을 때, 유죄로 판결된 사람 수는 약 3만 명에서 2백만 명으로 늘었다. 고작 5년 동안, 주 교도소에 마약사범으로 투옥된 흑인 여성의 수는 828배 증가했다! 마약사범에 대한 형

벌을 늘리는 마약정책 덕에, 미국은 현재 어떤 다른 나라보다도 투옥된 범죄자 비율이 높으며, 범죄자들을 사회에 성공적으로 복귀시키려는 노력은 아주 미미하다. 폭력 전과가 전혀 없는 미국인 3,200명 이상이 마약문제로 종신형을 선고받았다.

정보기관

대통령에 취임하여 정보기관들이 얼마나 파편화되어 있는지를 알고 우려하게 되었다. 미국에는 최소 9개의 정보기관이 있는데, 기관끼리 서로 소통하거나 조율하는 일도 거의 없었고, 국무부-국방부-상무부-중앙정보국 간의 경계를 넘나드는 일도 없어 보였다. 가장 힘 있고 유능한 사람을 뽑아 그와 의회가 협력하여 모든 정보기관을 한 명의 관리자 아래 통합할 수 있길 바랐다. 해군사관학교 시절 가장 뛰어난 급우였던 스탠필드 터너Stanfield Turner 제독을 선발했다. 뛰어난 운동선수이자 사관생도 대표였으며 나중에 로즈 장학생으로도 선발되었고, 순양함 함장이자 해군대학Naval War College 총장을 지냈다. 해럴드 브라운 국방장관의 조언을 구했는데, 브라운 장관은 군 지휘부에서 스탠이 떠나는 것은 애석하지만, 터너가 유능한 CIA국장이 될 것이라는 데에는 동의했다.

한번은 CIA 본부를 방문해 모든 정보기관 수장들이 회의에 참석할 것을 지시했다. 국방부 정보부의 대표는 스탠이 자신들의 '명목상' 수장이 되는 걸 환영한다고 말했는데, 그때 나는 스탠이 모든 정보기관을 총괄할 전권을 가지게 될 것이며, 앞으로 내게 직접 보고할 것이라 답했다. 예상했던 바와 같이, 우리는 관련된 정보기관, 그리고 특히 이 다양한 기관을 책임지고 있다고 '주장'하는 의회의 여러 위원회로부터 엄청난 반대에 직면했지만, 결국 우리의 강고한 목표를 달성시켰다. 스탠은 즈비그뉴 브레진스키 국가안보보좌관과 프리츠 먼데일 부통령과 함께 고위급 회의에 정기적으로 참석했다.

비록 외교적인 우아함을 무시하긴 했지만 스탠은 그에게 맡긴 목표를 본인의 능력과 정치적 용기로 성취해 냈다. 불행하게도 정보기관은 이후 다시 쪼개졌고, 고립되었으며, 재차 경쟁관계로 돌아섰고, 일관성과 업무조율 문제를 개선하기 위한 노력에도 저항하는 집단이 되었다. 2010년《워싱턴 포스트》의 조사에 따르면, 3천 개 이상의 정부기관이 존재하며, 1만 개 이상의 지역 사기업들이 국토안보국과 정보국 업무를 맡고 있다고 한다. 약 85만 4천 명이 고급정보에 접근할 권한을 가지고 있다! 이처럼 무질서하게 편성된 조직이 계속해서 커지고 있다.

또 다른 도전은 국가안보를 위협하는 외국에 대한 첩보업무와 미국 수정헌법 제4조가 보장하는 시민들의 사생활보장권 사이의 균형과 관련된 문제였다. 나는 1975년에서 1976년 사이 프랭크 처치Frank Church 상원위원회에서 리처드 닉슨 대통령과 기타 정부 고위관리들이 미국인들을 불법적으로 사찰하고 있었던 점을 밝혀낸 사실과, CIA가 콩고의 파트리스 루뭄바Patrice Lumumba, 도미니카공화국의 라파엘 트루히요

Rafael Trujillo, 베트남의 디엠Diem 형제, 쿠바의 피델 카스트로Fidel Castro 같은 해외 지도자 암살계획에 연루되어 있다는 사실을 대통령이 되기 전부터 알았고 깊이 우려하고 있었다.

대통령 선거유세 기간 동안, 시민의 사생활을 국가안보란 이름으로 침해하는 일을 종식시키겠다고 약속했다. 해외정보감시법안FISA은 1977년 5월 18일 화려하게 제안되었다. 의회는 1년 반 동안 여러 차례 토론을 거친 후 그 법안을 지지했고, 나는 1978년 10월 25일 법안에 서명했다. 이 법의 주 목적은 시민들의 사생활을 보호하고, 감찰은 스파이 행위나 기타 음모에 연루되었을 가능성이 있는 경우로 제한하는 것이었다. 감찰 허용여부는 연방대법원장이 선정한 각각 다른 관할구역 출신의 연방지방법원 판사 7인으로 구성된 특별법원에서 결정하도록 했다.

사생활 침해를 막는 이 엄격한 제한조치는 조지 W. 부시 대통령이 이 법을 위반하면서 사법처리를 최소화하고 도·감청을 점차 허용하는 방향으로 법 개정을 주창할 때까지는 강력하게 유지되었다. 결국 지금은 미국인들의 모든 통화, 우편물, 이메일로부터 정보를 수집하는 것이 가능해졌다. 원래 FISA법에 따르면 FISA법원의 승인 없이는 어떤 교신내용이든 공개하는 것이 금지되어 있었지만, 지난 10년간 정보기관들이 정보수집을 요청할 때 FISA법원의 판사들이 승인을 거절한 경우가 드물 정도였다는 사실이 신문기사를 통해 드러났다. 총 11명의 판사들 중 고참 판사들은 다른 10명의 판사에게 알리지 않고 독자적으로 정보수집을 승인할 수 있고 지시도 내릴 수 있다.

에릭 릭트블로Eric Lichtblau는 2013년 7월 6일 《뉴욕 타임스》 기사를 통해 "이 법원의 기밀결정 과정을 잘 알고 있는 전·현직 관리들에 따르면, 거의 어떤 공적 감사도 받지 않고 법원은 광범위한 헌법적 질문들을 정기적으로 평가하고 중요한 판례를 세우는 방식으로 훨씬 확대된 역할을 해 왔다. FISA법원으로 알려진 11명으로 구성된 이 해외정보 감시법원은 한때 사안별로 도·감청명령을 승인하는 데 초점이 맞추어져 있었다. 그러나 법안의 큰 변동과 더 크게는 정보작전에 대한 사법적 감찰이 6년 전에 제도화된 이래로, 이 법원은 조용히 거의 대법원에 맞먹는 존재로 변모해 왔다"라고 보도했다.

나는 심지어 현재 몇 개 남아 있지 않은 법적 제한조차도 준수되어 왔으리라 기대하지 않는다. 그동안 나의 모든 교신내용도 정부기관이 감찰하고 있었으리라고 본다. 개인적인 메시지를 보내려고 할 때, 가령 워싱턴에 있는 대사관을 통해 외국 지도자들에게 사적인 메시지를 발송할 때, 나는 개인 사절을 통하거나 혹은 편지를 출력해서 우체국을 통해 보내 왔다. 최근 우체국 직원이 편지봉투를 찍어 국가안보국으로 보낸다는 사실을 알게 되었다. 불필요할 정도의 사생활 침해가 어떤 서방국가보다도 놀라운 수준으로 미국에서 더 많이 일어났다. 의회의 감시는 최소 수준에 머물러 있고, 비밀법안을 열람하는 의원들은 그 내용을 누설하거나 미디어 및 다른 의원들과 토론하지 않겠다는 서약을 해야 한다. 이것은 2001년의 비극적인 9·11 테러 이래로 발생한, 수없이 많은 세계인권선언과 제네바협약 위반 사례 중 단 한 가지 예에 불과하다. 다른 사례로는 재판 없는 종신구금, 관타나모 기지와 아프가니스탄 내 미국 형무소, 해외 '미상의 장소'에서 벌어진 고문 사례, 심지어 드론을 이용해 미국시민을 암살한 사례 등이 있다.

특별 관심사

우리 행정부가 성취한 것이 무엇이었든 간에, 임기 중 문제를 일으킨 대부분의 사람이 나와 특별히 친하거나 내가 도움을 주려 했던 사람이 었다는 점이 놀라웠다. 각료와 고위관리로 역대 대통령 그 누구보다 더 많은 여성을 임명했고, 이전의 모든 대통령이 지명했던 모든 여성 연방 판사를 합친 수보다도 많은 여성 연방판사를 지명했다. 남녀평등헌법 수정안ERA 재고를 위한 시한연장을 승인했고, 지지를 보류하는 의원 들에게 아내와 함께 수백 통의 전화를 걸어 ERA를 지지해 달라고 설 득했다. 개정안은 딱 한 줄의 조항을 담았다. "법률이 보장하는 권리의 평등은 미합중국이나 어떤 주에서도 성별로 인해 부정되거나 제한될 수 없다." 개정안은 필리스 슐래플리Phyllis Schlafly가 이끄는 여성들의 반 대로 무산되었다. 그들은 여성평등권의 개념을 새로 만들면 여성을 보 호하는 법들이 제한받을 것이라고 주장했다. 슐래플리의 많은 연설은 자신에게 연설할 기회를 허락한 남편에게 감사하는 인사로 시작했다. 우리의 모든 노력에도 불구하고, 여성단체의 지도자들은 가장 다루기 힘든 사람이었고 해당 문제를 제대로 평가할 능력이 없는 사람들이었 다. 1979년 전미여성협회National Organization for Women 회장은 백악관 주변의 울타리에 자신을 쇠사슬로 묶고 시위하겠다고 협박했다. 기억하기론 그 이유는 내가 낙태권을 반대했기 때문이다.

프리츠 먼데일과 나는 노동자들의 지위를 향상시키기 위해 가능한 모든 조치를 취했지만, 노동조합 지도자들은 만족할 줄 몰랐다. 임기 초반에 전국적으로 광부들의 심각한 파업사태가 벌어졌는데, 나는 석탄광산 노동자들의 모든 요구조건을 지지하는 대신 균형 잡힌 접근법을 취해 문제를 해결하려고 했다. 노동분규에 관한 많은 일기 가운데 두 가지만 간추려 보면 다음과 같다.

"4/77 노조 지도자들과 점심을 같이했다. 그들이 매우 무례하고 공격적이라고 생각했다. … 이런 식으로 계속 그들을 만나야 할지를 확신할 수가 없다. 아마도 프리츠로 하여금 이 문제를 처리하도록 해야 할 듯하다."

"4/78 나중에 조지 미니George Meany를 만났는데, 우리가 미국노동총연맹-산별노조협의회AFL-CIO의 어젠다를 성공적으로 지원했던 거의 모든 것을 자기 공으로 돌렸다. 그는 임기 절반을 나와 민주당이 다수인 의회를 대놓고 공격하는 데 썼고, 나를 반복해서 찾아와서는 부가적으로 프로그램을 지원해 달라고 요구 중이다."

우리는 레인 커클런드Lane Kirkland가 AFL-CIO의 위원장이 된 후로는 노조와 균형 잡힌 관계를 유지했고, 1980년 재선 캠페인에서는 노동조합의 압도적인 지지를 받았다. 거의 모든 조직의 리더는 업적을 독차지하고 싶어 하며, 진척사실에 가능한 한 많은 공을 자기에게 돌리고, 나아가 늘어나기만 하는 자신들의 어젠다를 위해 나머지 전부를 요구한다는 사실을 나는 더 잘 이해하게 되었다.

대통령에서 퇴임한 뒤 특수이익집단의 정치적 영향력에 극적인 변화가 생겼는데, 기본적으로 이들이 정치선거에 엄청난 돈을 투입했기 때문이다. 2010년에 있었던 시민연대Citizens United 대 연방선거관리위원회Federal Elecition Commission 재판에서 연방대법원이 내린 비극적인 판결로 인해, 그동안 기업, 노동조합, 그리고 다른 단체들에 걸려 있던 선거자금 기부 제한이 풀려 버렸다. 제럴드 포드와 대결했던 1976년 대통령 선거와 로널드 레이건과 대결했던 1980년 선거에서, 우리는 선거자금으로 사적인 돈은 받지 않고 오직 납세자들이 소득세에서 1달러씩 갹출하여 제공하는 공적기금으로부터 조달받았다. 지출총액은 약 2천6백만 달러였다.

이 공적자금을 포기하고 2012년 유력한 대선주자였던 버락 오바마Barack Obama와 밋 롬니Mitt Romne는 10억 달러 이상을 선거비용으로 사용했다. 이 자금 대부분은 시민연합의 승리로 새로운 특권을 얻게 된 슈퍼팩super PACs에서 나왔다. 《유나이티드 프레스 인터내셔널United Press International》은 2015년 1월 코크Koch 형제 및 그들과 관련된 사람들이 총 8억 8천9백만 달러를 공화당 대선후보와 그들의 보수적이고 자유주의적인 관점을 지지하는 다른 후보에게 지원할 것이라고 보도했다. 이 금액은 주요 정당 하나의 전체 예산과 맞먹는 것이며, 심지어 선거 직전에 증액될 수도 있다. 민주당 후보들도 이런 기금에 대응하는 돈을 따내려 시도할 것이다.

이런 '합법적 뇌물'이 과세, 정부규제, 그리고 다른 특권과 제한조

치를 결정하는 정부관리에게 어떤 영향을 미칠지 평가하기란 어렵지
않다.

복음주의자

나를 포함해 정치적으로 온건한 많은 기독교인들은 스스로를 복음주
의자evangelicals라 여기는데, 이 용어는 점점 더 기독교 우파religious right
나 혹은 도덕적 다수Moral Majority와 동일시되었다. 1976년 대선에서 제
리 포드와 나는 종교단체에 직접 표를 호소하지 않았다. 비록 내가 많
은 흑인교회를 방문했음에도 말이다. 포드는 약 55%의 표를 '복음주의
기독교인'에게서 받은 것으로 평가되었는데, 우리는 이 지지도를 포드
가 종교지도자들 사이에서 나보다 더 잘 알려져 있었기 때문으로 평가
했다.

지금은 믿기 어렵겠지만, 대통령 임기 3년 차까지도 나는 '기독교
우파'란 말을 들어 본 적조차 없었다. 1979년 초, 조지아주 출신의 침례
교 목사였던 밥 매독스Bob Maddox에게 참모진 합류를 요청했다. 종교계
에서 설립한 학교에 대한 연방보조나 공립학교에서의 공공기도 금지
조치에 관해 종교단체에서는 내가 관심을 가질 것을 요구했고, 종교단
체와의 사이에 연락담당자도 필요했다. 1980년 1월, 매독스는 전국에
서 잘 알려진 12명의 복음주의 지도자들과 함께 조찬회동을 갖는 일정
을 잡았다. 그 그룹에는 제리 폴웰Jerry Falwell 같이 나를 비판하는 인사

도 포함되어 있었다. 그들은 나의 종교적 배경에 많은 질문을 던졌다. 모임은 흥미롭고 순조로웠지만, 몇 주 후 우리는 제리 폴웰이 나에 대한 비판을 늘어놓으면서 우리가 한 적도 없는 말을 거짓으로 지어내고 있다는 사실을 알게 되었다. 우리의 회동을 녹음해 두었던 매독스는 몇 군데 종교매체를 접촉해서 채록된 내용을 보여 주고 폴웰이 신뢰할 수 없는 사람이란 점을 확인시켜 주었다. 폴웰이 1979년 도덕적 다수 운동을 퍼트리기 시작한 때가 바로 이 무렵이었던 것으로 기억한다.

낙태문제가 중요한 쟁점이던 1978년 몇몇 민주당 후보들이 중간선거에서 패했다. 계속해서 보수적인 기독교인들이 함께 나서 이 주제를 중요한 정치적 사안으로 내세웠고, 이 문제를 '인종분리학교'들과 종교계 대학들, 특히 밥 존스 대학교Bob Jones University와 폴웰이 설립한 린치버그 크리스천 아카데미Lynchburg Christian Academy의 면세문제와 결부시켰다. 1980년 선거가 다가오자 기독교 우파들은 자신들을 거의 완전히 공화당에 일치시켰다. 기독교 우파들은 로널드 레이건이 그동안 그들의 기본원칙에 맞지 않는 행보를 보여 왔음에도 불구하고 지지했다. 가령, 레이건은 특정한 기독교 그룹에 한번도 속해 본 적이 없을뿐더러, 주지사 시절에는 미국 내 어느 누구보다도 강하게 무제한 낙태를 허용하는 법을 지지했다. 반면, 나는 낙태를 최소화할 수 있는 가능한 모든 조치를 취하되, 산모의 건강이 위태롭거나 혹은 강간이나 근친상간에 의한 임신의 경우에만 허용하는 예외를 두었다. 그러나 나는 당시 모든 종류의 낙태를 금지하기 위해 헌법을 개정하는 것에는 반대했고, 레이건은 돌연 기독교 우파의 모든 주장을 지지하고 나섰다. 게다가 그들은 '중공'과의 관계 정상화, 이란을 군사공격하지 않은 점, 파나마운하를 반환한 것, 공립학교에서 공공기도를 제한 없이 허용해 달라는 그들의 주장을 지지하지 않은 점, 종교계 대학에 면세해 주지 않은 점 등을 비난했다. 기독교 우파와 공화당의 밀착은 지금까지도 계속 이어지고 있다.

수자원 개발

수자원 개발문제는 의회와 계속 대립했던 사안이다. 미 전역에서 뽑힌 초선의원들은 누구나 자신의 선거구에 위치한 자유하천에 댐을 건설하고 싶어 했고, 미육군공병단Army Corps of Engineers은 댐 건설의 이점과 비용을 평가하는 일을 담당했는데, 어떻게 해서든 이익은 과장하고 비용은 최소화시켜 예상 이익이 건설비용보다 늘 높게 나오는 것 같았다. 다선의원이 될수록 그들의 사업기획안은 늘 우선순위에 올랐고, 결국은 의회의 관례에 따라 자동적으로 건설기획안이 승인되었다. 물론 모든 건설비용은 연방정부로부터 나왔다. 이로 인해 많은 강과 하천에 불필요한 댐이 설치되었다. 미육군공병단이 이렇게 지속된 작전들의 공모자였고, 공병단이 지출심의위원회에서 높은 인기를 누렸던 주된 이유 가운데 하나는 바로 이것이었다.

1974년《리더스 다이제스트Reader's Digest》8월호의 커버 스토리로 등장하기도 했지만, 나는 주지사 시절 이 문제에 깊숙히 개입했다. 그때 처음으로 다선의원에게 연방자금으로 건설될 댐이 어떤 식으로 배정되며, 댐 건설이 승인될 때쯤엔 예산이 얼마나 낭비되었는지가 드러나는지를 알게 되었다. 의회가 승인한 플린트강에 댐을 건설하는 토목사업을 거부했는데, 이 문제가 공론화되어 엄청난 정치적·법적 분쟁을 겪고 나서야 마침내 내 뜻을 관철할 수 있었다. 대통령으로서 제안된 사업 각각을 정밀하게 재조사하기로 결정했고, 건설에 투입되는 비용이 얻어지는 이익보다 많다면 사업을 거부했다.

이 결정은 지속적으로 대중들의 분노를 야기했다. 하원의장, 유력인사들, 심지어 참모들조차 정책을 수정하라며 온갖 종류의 압박을 가했다. 그러나 내 뜻을 굽히지 않았다. 의심할 여지없이 이 결정으로 의회에서 내 편을 몇 명 잃기는 했지만, 환경론자들은 나를 강력하게 지지했다. 의회에 소속된 대부분의 의원들도 마침내 내 뜻에 동조하게 되어, 사업선정기준을 강화하는 동시에 이미 승인된 프로젝트를 진행하는 경우에는 몇몇 주나 지방자치단체가 재정을 부담하도록 조치했다.

일본 및 중국과의 경제전쟁

임기 중 경제 부문에서 미국의 가장 강력한 경쟁상대는 일본이었다. 대부분의 의류 및 신발 제조업은 이미 아시아나 임금이 낮은 다른 지역으로 넘어가 있었다. 우리는 텔레비전, 라디오, 자동차, 타이어, 강철, 그리고 완성된 금속제품 같이 좀 더 발전된 제품들로 경쟁하고 있었다.

불공정 무역관행을 두고 여기저기서 기업 간 소송이 발생했고, 미일 양국의 우호적 외교관계를 위협했다. 이 문제를 일본의 후쿠다 다케오 Fukuda Takeo 총리와 논의했는데, 우리는 각자에게 조언을 해 줄 '현인wise men' 패널 구성에 동의했다. 각자 3명의 저명한 학자 혹은 양국에 대해 잘 알고 있는 전직 외교관을 패널로 섭외했고, 그들은 도쿄, 워싱턴, 혹은 하와이에서 정기적으로 만남을 가졌다. 각국의 전문가그룹은 사적으로 만나 어려운 문제에 대한 의견을 나누고, 이런 문제들을 어떻게 성공적으로 풀어 나갈 수 있을지 개인적으로 조언했다. 오히라 마사요시Ohira Masayoshi가 일본 총리가 되었을 때는 양국 간 분쟁이 드물었다. 나는 덩샤오핑과 내가 1979년 양국의 외교관계를 수립한 이후부터 지속되어 온 미중 우호관계를 위협하는 양국 간 분쟁을 해소하기 위해서도, 소규모 전문가그룹을 구성하여 이 문제를 논의하게 하는 것이 좋은 아이디어라고 믿는다.

쿠바

미국의 경제제재로 쿠바인의 삶은 피폐해진 반면 피델 카스트로Fidel Castro의 공산정권은 오히려 강화되었기 때문에, 쿠바에 대한 모종의 조치를 취하고자 했다. 또한 쿠바로의 여행 제한은 시민의 기본권을 침해하고 있었다. 취임 한 달 뒤, 일기에 이렇게 썼다.

"우리나라와 대립하고 있거나 혹은 외교관계가 없는 중국, 북한, 베트남, 캄보디아, 라오스, 쿠바를 포함한 여러 국가와의 긴장을 완화시키고 싶고, 이 방향으로 나아갈 것이다. 쿠바 같은 경우는 꽤 논란이 있겠지만, 이 국가들은 이미 준비가 되어 있다고 생각한다. 만약 이 나라들이 호응해 준다면, 그들과 기쁘게 화해할 용의가 있다."

1977년 3월, 언론인 빌 모이어스Bill Moyers는, 본인은 절대 양보하지 않을 것이라면서도 무역제재는 풀어 주길 원하던 카스트로와 가졌던 심층 인터뷰 내용을 전달했다. 나는 쿠바에 수천 명의 정치범 석방, 에티오피아나 다른 아프리카 국가에 파병을 줄일 것, 지역의 다른 국가 내정에 간섭하지 말 것을 요구했다. 비록 카스트로 본인은 그렇게까지 멀리 나갈 생각은 없었지만, 그래도 약간의 진전은 이룰 수 있었다. 우리는 미국인의 쿠바여행 금지령을 취소했고, 어업협정과 해상협정을 체결했고, 양국의 수도에 '이익대표부'도 설치했다. 아바나에 있는 미국의 이익대표부는 계속 규모가 커졌다. 나는 2011년 300여 명의 미국 외교관과 쿠바인 직원 앞에서 연설했는데, 그 건물은 1961년 양국의 외교관계가 단절될 때까지는 미국 대사관이었다. 불행하게도, 쿠바가 아프리카 내정에 개입했기 때문에 양국 간 관계개선은 더 이상 이뤄지지 않았다. 백악관 참모인 로버트 패스터가 끈기 있게 카스트로를 설득하여 1978년 3천6백 명의 정치범이 석방되었다. 우리 법무부 관리들은 석방된 정치범을 심사했고 약 1천 명의 쿠바인들이 미국 땅을 밟았다. 이 상황은 1979년 소련이 아프가니스탄을 침공할 때까지는 크게 달라지지 않았다. 이후 카스트로가 나와 심도 있는 대화를 나누길 원한다는 전갈을 보내왔고, 밥 패스터와 국무부의 피터 타노프Peter Tarnoff를 아바나로 보냈다. 이 11시간 동안의 대담에 관해 1980년 1월

18일 자 일기에, "카스트로가 본인이 소련과 가지고 있는 문제점, 자신이 소련의 지시를 따르기 때문에 비동맹운동에서 자신의 지도력이 실추된 점, 에티오피아와 앙골라 문제에서는 손을 떼려고 한다는 점, 중앙아메리카 혁명운동에 개입은 하겠지만 카리브해 국가로 무기나 군대를 보내지 않겠다는 점 등을 분명하게 설명했다. 그는 미국의 봉쇄조치에 깊이 낙담해 있었고 미국과 관계개선을 원했다. 그러나 카스트로는 분명 그의 혁명을 지원해 온 소련을 저버리지 않을 것이다"라고 적었다.

카스트로의 의도가 무엇이었는지는 알 수 없으나, 그는 1980년 4월부터 10월 사이 이른바 '마리엘 보트리프트Mariel Boatlift' 사건으로 널리 알려진 난민사태를 방조함으로써 미국과의 관계를 악화시켰다. 정당한 난민과 수많은 범죄자를 함께 미국으로 보내 버린 사건이었다. 쿠바가 에티오피아로 추가파병하고 아프리카에서 공산주의를 선전하는 일을 계속했기에 쿠바와는 더 이상의 관계진전을 기대할 수 없었다.

쿠바의 민주주의와 인권을 장려하기 위해서는 미국인이 자유롭게 쿠바를 여행할 수 있도록 정책을 바꾸고, 경제제재를 거두어들이며, 쿠바인들이 민주주의사회의 장점을 눈으로 직접 보게 하는 방법이 최선의 길이라는 것을 조금도 의심치 않는다. 오바마 대통령이 2014년 12월에 쿠바와 외교관계를 재개하기로 한 조치는 오랫동안 기다려 왔던 올바른 결정이었다. 그러나 클린턴 대통령이 1996년 3월에 헬름스-버턴Helms-Burton 법안에 서명함으로써 쿠바와 관련된 결정들을 내릴 권한은 백악관에서 의회로 이전되었다.

경제제재

마음에 들지 않는 정권을 대상으로 경제제재나 경제봉쇄조치를 취하는 전략은 대부분 효과를 거두기 힘들고 오히려 역효과만 내기 쉽다. 쿠바의 경우 정부가 미디어를 통제하고 있기 때문에, 많은 쿠바인들은 경제파탄은 미국이 일으킨 것이며 그들은 공산주의 정권의 조치 덕에 보호받고 있다고 생각하여, 정권은 오히려 권력을 강화하게 된다. 카스트로 형제나 몇몇 고위관리들의 집을 방문한 적이 있었는데, 그들의 생활은 경제제재 와중에도 조금도 영향을 받지 않고 있음이 명백했다. 쿠바의 많은 가정이 낮은 소득에 허덕이고, 식품 공급, 휴대전화 사용, 인터넷 접속, 기본권 등을 제한당하고 있지만, 사실 쿠바인들은 좋은 교육과 의료혜택을 받고 있으며, 땅이 기름진 열대환경 속에 살고, 많은 집들은 과일나무로 둘러싸여 있다. 게다가 쿠바인들은 연간 약 20억 5천만 달러를 미국에 사는 친구와 친지들로부터 송금받는다.

북한은 더 비극적이다. 미국은 한국전쟁이 발발한 65년 전부터 북한에 엄격한 경제제재조치를 취해 왔다. 이 조치를 통해 북한경제에 최대한 타격을 가하고 붕괴시키기 위한 모든 노력을 다했다. 평양을 방문하는 동안, 북한 관리뿐 아니라 기아로 인한 피폐한 생활을 놀랄 정도로 솔직하게 강조하던 북한 여성과도 긴 대화를 나누었다. UN 세계식량계획UN World Food Program과 함께 점검해 보니, '생존을 위한 배급량'으로는 하루 약 600그램의 곡물이 필수적인 것으로 추산되었는데, 북한에서는 종종 하루 128그램씩만 배급되곤 했다. 1998년 북한을 방문한 의회 직원들은 "매년 30만 명에서 80만 명이 굶주림으로 죽어 가고 있다"고 보고했다. 카터센터는 북한의 농업지도자들을 2002년 멕시코로 보내서 북한 토종작물의 생산을 증진하는 방안을 연구하도록 했다. 내가 1994년 북한을 방문한 후로 미국의 식량지원은 58만 9천 톤까지 늘어났고, 양국 관계는 클린턴 대통령 시절 합의 이후 개선되었다. 그러나 미국의 식량원조는 조지 W. 부시 대통령 시절에 급감했고, 오바마 대통령 시절인 2010년에는 완전히 중단되었다.

당시 국무부를 방문했는데, 북한정부가 식량분배 절차에 대한 어떤 감시도 허락하지 않을 것이란 말을 들었다. 이것은 중대한 문제였다. 2011년 4월, 마르티 아티사리Martti Ahtisaari 전 핀란드 대통령, 메리 로빈슨Mary Robinson 전 아일랜드 대통령, 전 노르웨이 외무장관이자 내과의사로 세계보건기구WHO의 사무총장이었던 그로 브룬틀란Gro Brundtland과 함께 다시 북한을 찾았다. 우선 베이징에서 세계식량계획 측으로부터 요약보고를 받았는데, 식량이 각 가정에 배급되는 과정을 감시하는 데엔 어떤 제약도 없다는 답을 들었다. 그들은 우리와 함께 평양으로 갔고, 지방으로 내려가 거기서 어떻게 식량이 배급되는지 살펴보았다. 북한정부는 공식적으로 미국과 다른 공여국들이 식량배급과정을 감시할 수 있도록 허용하겠다는 답변을 보내왔다. 워싱턴에 북한 어린이 3분의 1이 영양실조 상태에 빠져 성장미숙을 겪고 있으며, 일일 음식섭취량은 300~1,400칼로리에 불과하다고 보고했다. 미국인은 하루 약 2,000~2,500칼로리의 음식을 섭취한다. 그러나 미국정부는 아무런 조치도 취하지 않았다.

폭압적인 북한의 독재 정권에 대해서는 변명의 여지가 없지만, 가혹한 제재로 시민들만 볼모로 잡고 있는 듯하다. 굶주린 사람들은 곤궁한 처지에서 벗어날 궁리를 하는 법이고, 그래서 투옥되거나 처형될 확률이 높다. 쿠바에서처럼 북한의 정치 엘리트는 경제제재로 어려움을 겪는 법이 없고, 오히려 북한 지도자들은 북한 도처에서 발견되는 선전물을 통해 이 모든 것을 자신들이 아니라 미국의 책임으로 돌리고 있다.

독재자의 최우선 목표는 정권유지다. 우리는 이미 그들에게 고통당하고 있는 국민들에게 또다시 고통을 주고 있을 뿐이며, 독재 정권이 국민을 억압하는 자들이 아니라 오히려 구원자로 자처할 변명거리를 만들어 줌으로써 그들의 목표를 성취시켜 주고 있다. 비군사적 압박이 필수적이라고 간주될 경우, 억압받는 국민들의 삶과 밀접한 국가경제를 붕괴시킬 것이 아니라, 결정권을 가진 해당국 관리들의 여행 제한, 해외계좌 동결, 그리고 기타 특권을 겨냥하여 경제제재를 가하는 데 초점을 맞춰야 한다.

핵확산방지

대통령으로서 긴급한 과제 중 하나는 핵물질 관리에 관한 정책과 실례를 확립하는 일이었다. 나는 리코버 제독, 해럴드 브라운 국방장관, 짐 슐레진저 및 다른 전문가들의 자문을 구했다.

1977년 4월, 미국이 앞으로 사용한 핵연료를 재처리하지 않고, 에너지원으로 플루토늄에 의존하는 행태에서 벗어날 것이며, 이와 동일한 목표를 달성하기 위해 다른 나라들과 긴밀히 협력할 것임을 천명했다. 이로써 핵기술과 핵연료를 다른 나라에 판매하는 사업으로 톡톡히 재미를 본 나라들, 특히 프랑스, 독일, 일본의 반발을 샀다.

1970년 체결된 핵확산방지조약NPT은 이스라엘, 인도, 파키스탄북한은 2003년에 탈퇴, 신생국가인 남수단은 미가입을 제외한 모든 국가가 참여했다. 이 조약의 핵심규정에 따르면 주요 열강들은 핵무기를 감축하고, 핵물질과 핵장비가 국제원자력기구IAEA의 엄격한 감독 없이는 유통되지 못하도록 모든 조치를 취해야 한다. 나는 자국의 입장을 지지해 달라는 파키스탄과 인도의 엄청난 압력을 무시했다. 그러나 양국은 캐나다, 영국, 중국, 기타 국가들로부터 핵연료와 기술을 지원받았고, 결국 1980년대 말 자체적으로 핵무기를 개발해 냈다. 조지 W. 부시 대통령은 인도 지도자들이 핵확산방지조약 수용을 거부했음에도, 2008년 인도에 핵연료와 기술을 제공한다는 협정에 서명했다. 오바바 대통령 역시 이 협정을 승인하고 또 확대했다.

투표 문제

민주당·공화당을 가릴 것 없이 대다수 의원들이 시민의 투표 기회 확대를 꺼린다는 사실에 나는 크게 실망했다. 주지사 시절, 모든 고등학교 교장들을 선거등록사무소 대표로 지명하는 법안을 후원했고, 매년 곧 18세가 되는 학생들을 가장 많이 선거인으로 등록시킨 학교의 선정을 놓고 경쟁을 붙이기도 했다. 이 법안을 제안할 때, 또 보통선거 선거인 등록을 권장하기 위한 다른 조치들을 제안할 때, 도무지 이해할 수 없는 전국적인 반대에 끊임없이 부딪쳤다. 하원의장인 팁 오닐Tip O'Niel은 선거인명부가 늘어나길 원하는 현직 의원이 없는 이유는 그들을 뽑아 준 기존 선거인에 대해 불만이 없기 때문이라고 설명해 주었다.

공화당 의원은 학생, 소수자, 노인의 선거인 등록을 막으려고 신분증 제시를 의무화하려 했지만, 이 시도는 성공적이지는 못했지만 꾸준히 비판받았고 법적 문제가 대두되었으며, 특히 남부에서는 2013년 투표권 관련 법안이 의회에 의해 무력화된 후 공론화되었다. 보수적인 연방대법원은 미국인의 투표권을 보장할 조치를 취하지 않음은 물론, 특정 정당이 주정부를 장악하기에 유리한 편파적인 선거구 획정 문제gerryman-dering를 종식시키길 거부해 왔다.

남한과 북한

남북한 양국과 몇몇 미군 지도부의 소극적인 자세로 한반도 평화 진전은 교착상태에 빠졌다. 한국전쟁 당시 잠수함 장교로 복무했던 나는, 이 전쟁이 남북한 사이에 잠정적 군사분계선만 긋고 영구평화협정이 아닌 그저 휴전협정으로 끝나 버린 데 실망하지 않을 수 없었다. 내가 대통령이었을 때 한국은 여전히 독재자 박정희 장군이 통치하고 있었고, 미국과 다른 국가들의 엄청난 지원을 받아 가며 주목할 만한 경제성장을 이루고 있었다. 공산주의 독재자 김일성은 철권통치로 북한을 통치하고 있었고, 이 지역은 가혹한 경제제재로 외부와 고립되고 경제난을 겪으면서 많은 사람들이 굶주렸다. 남북한 양측의 지도자들은 말로만 통일을 외치고 있었다. 약 3만 명의 미군이 남한에 주둔하고 있었는데, 주한미군과 한국군은 미군 장성_{한미연합군사령관}의 지휘를 받았다. 나는 해럴드 브라운 국방장관 및 다른 보좌관들과 함께 이제 미군을 감축할 때라고 결정했다. 한국은 경제력으로나 기술력으로나 충분히 스스로를 방어할 수 있었다. 서울에서 미군 소장 존 싱럽 John Singlaub 은 감축안에 반대한다는 공개성명을 발표했고, 그를 백악관으로 소환했다. 그때의 일은 일기에 이렇게 적혀 있다.

"5/21/77 한국에서 미군을 철수시키면 전쟁이 발발할 것이라고 언급한 성명에 대해 묻고자 싱럽 소장을 만났다. 그는 성명을 부인했다. 자신은 그저 한국 관리들의 말을 인용했을 뿐이며, 아울러 그 발언을 보도하도록 기자에게 허가해 준 적이 없다고 답했다. 거짓말한다고 생각했지만, 단지 그에게 유감을 표명했다. 싱럽은 자신이 불복하거나 항명한 게 아니라고 거듭 강조했다. 나는 그를 징계하는 대신 그저 그를 한국에서 전출시킬 것이라고 말했다."

이 사건 후 놀랍게도 국방부 정보부서는 예전 평가와는 달리 북한의 군사력을 갑자기 두 배로 늘린 평가서를 내놓았다! 이 정보에 매우 회의적이었으나, 보고서가 의회 지도자들과 공유되었기 때문에 보고서 내용을 승인하지 않을 방법이 없었다. 미군 철수계획은 철회하는 것으로 결정했지만, 대신 핵무기는 철수하기로 했다. 조지 W. 부시 대통령 시절 감축된 미군기지들은 한국에서도 훨씬 남쪽에 위치한 기지들이었고, 현재도 예전과 거의 동일한 수의 미군이 한국에 주둔 중이다. 북한은 여전히 강력한 군대를 보유 중이고, 지금은 위협적인 핵무기까지 가지고 있다. 조지 W. 부시 대통령 시절에 한국, 북한, 미국, 중국, 러시아, 일본이 참여해 동북아 평화를 도모하고 핵무기 개발을 방지하기 위한 6자회담이 시작되었지만, 이 회담은 오바마 대통령 시절엔 이어지지 못했다.

핵 문제와 리코버 제독

기쁘게도 리코버 제독과는 대통령 임기 초반부터 긴밀한 관계를 맺었다. 리코버 제독은 예산할당 문제나 핵추진 군함 건조 문제에 관해서는 내게 한마디도 말하지 않겠다고 했다. 그는 또 펜실베이니아 쉬핑포트Shippingport에서 '증식 원자로' 초기모델의 가동 스위치를 누른 것이 바로 나였다는 점을 강조했다. 그 원자로는 5년간 가동되었고, 예상했던 대로 약 25메가와트의 전기를 생산하면서 핵분열 후 더 많은 핵원료를 생산했다.

슐레진저 장관, 리코버 제독과 함께 언젠가 우라늄이 귀해져서 이 '증식'연료가 더 중요해질 먼 미래가 오면 이 기술이 필요하겠지만, 현재로서는 대규모 증식로를 이용한 발전계획을 추진할 필요가 없다는 결정을 내렸다. 그러나 의회는 닉슨 대통령 당시 시작된 이 계획을 계속 추진하여 실제 크기의 원자로를 테네시주 클린치 강변에 건설하려는 강력한 의지를 가지고 있었다. 건설경비는 원래 4억 달러로 추산되었지만, 내가 그 프로젝트를 중단하기로 결정할 때까지 이미 투입된 비용은 그 예상비용의 8배를 넘어섰다. 액화 나트륨을 냉매로 사용하는 이 기술은 내가 잠수함을 타던 시절부터 잘 알고 있었고, 또 비록 설계의 안전성은 신뢰했지만 증식로를 가동함으로써 다량의 플루토늄이 부산물로 생산되어 미국 또는 누군가가 플루토늄으로 핵폭탄을 제조할 사태가 우려됐다. 해당 지역 출신 의원들이 이끄는 상원 내 한 그룹이 안전요원 유지에 충분한 예산을 따내는 데 성공했고, 나중에 레이건 대통령이 이 프로젝트의 재개를 시도했다. 다행히 그 무렵까진 의회가 내 입장을 수용하고 있었고 1983년 마침내 증식로 건설과 관련된 모든 자금지원을 철회했다.

1977년, 아내와 같이 케이프커내버럴로 날아가서 리코버 제독과 함께 핵잠수함 USS 로스앤젤레스에서 함께 하루를 보냈다. 리코버 제독과 함장은 가혹한 군사작전들을 거쳐 온 그 신형 잠수함을 설명하면서, 미국의 모든 핵추진 군함과 잠수함을 줄지어 늘어놓으면 총 길이가 10마일도 넘겠지만, 선체가 손상당하거나 승무원에게 부상을 입힌 핵 관련 사고는 그때까지 한 건도 없었다는 점을 강조했다. 나는 리코버 제독에게 만약 세상에서 모든 핵무기와 원자력 발전장비를 완전히 폐기한다면 어떤 반응을 보일지 물었다. 리코버 제독은 그것이야말로 세상에서 있을 수 있는 가장 위대한 일이 될 것이라고 답했다.

1977년 5월 27일 리코버 제독과 USS 로스앤젤레스 선상에서

스리마일섬

1979년 3월에 있었던 스리마일섬Three Miles Island의 원자력발전소 사고
는, 재정 손실과 끔찍한 공포를 불러일으켰으나 다행히 사상자는 발생
하지 않았다. 곧바로 사태를 보고받은 후, 고도로 훈련된 전문가들을
섬으로 보내 상황을 감시하고 통제하도록 조치했다. 다행히도 내가 원
자력 기술을 잘 알고 있었기 때문에 보고내용들을 이해하고 적절한 결
정을 내릴 수 있었다. 운영요원의 실수로 냉각 시스템이 작동을 멈추었
고, 그로 인해 원자로 노심이 녹아 버리면서 냉각수 과열로 원자로 격
납기 안은 수증기로 고압상태가 되었다. 방사성 기체들이 수증기 안에
포함되어 있었지만, 증기압을 낮추기 위해선 증기를 대기로 배출해야
했다. 이 모든 절차는 주의 깊게 통제된 상황 아래서 진행되었다. 그러
나 나는 해당 지역에서 어린이와 임산부를 내보내라고 주지사에게 권
고했다. 비록 주지사와 과학 전문가들이 사실들을 잘 설명하긴 했지
만《워싱턴 포스트The Washington Post》와 몇몇 다른 뉴스매체들은 이 상황
을 공포스럽게 전하면서 수백만 명의 생명과 안전을 위협하는 재앙으
로 묘사했다.《워싱턴 포스트》의 경영진에게 전화를 걸어 오류를 수정
해 달라고 요청했지만, 그들은 꿈쩍도 하지 않았고 많은 사람들을 두려
움에 몰아넣는 보도를 멈추지 않았다. 마침내 아내와 함께 직접 현장을
방문하기로 결정했다. 현장에서 짧은 보고를 받은 후 가급적 많은 미디
어에서 생방송으로 보도 중이던 원자로 곁의 통제실로 갔다. 이 조치로
대중의 공포가 대부분 누그러졌다.

원자로 내부압력은 곧 정상수치로 돌아왔고, 리코버 제독의 도움을 받아 전문가 패널을 임명한 후 해군선박에서 했던 것처럼 몇 가지 안전측정을 시행했다. 원자력규제기구는 이런 안전측정을 미국에서 원자로를 운용하는 모든 발전회사에 의무화하도록 조치했다. 이 사건은 미국 역사상 가장 심각했던 원자력 관련 사고였으며, 관련된 재정지출은 엄청났다. 나는 파손된 원자로를 캐나다 초크 리버에서 본 적이 있었는데, 다행히 인명피해는 없었지만 그와 동일한 사고가 미국 펜실베이니아에서 발생한 것이다. 여전히 나는 원자력 발전의 효율성을 확신하며, 특히 석탄, 석유, 기타 화석연료를 과도하게 사용하여 발생하는 지구온난화라는 극단적 위험에 대처할 수단으로서는 더욱 그렇다고 본다. 다만 단순하고 안전한 원자로 설계 및 원자로 운영요원들을 대상으로 하는 고도의 훈련에 중점을 둬야 한다.

우주계획

임기 중 미 항공우주국NASA의 핵심 프로젝트는 네 대의 우주왕복선을 개발하는 일이었다. 우주왕복선의 제작은 이전에 만들어진 어떤 비행체보다도 복잡했다. 첫 번째 왕복선인 컬럼비아호는 1979년 3월 케네디 우주센터의 발사대로 옮겨져 1981년 4월에 발사되었다. 나중에 우주왕복선 두 대가 비행 도중 소실되었다. 1986년의 챌린저호 사고와 2003년 컬럼비아호 사고였다.

특별히 1977년 9월에 발사된 우주탐사선 보이저Voyager 1호에 관심을 가지고 있었다. 1979년 3월 5일, 과학보좌관과 다른 우주전문가들과 함께 백악관 영화관에 모여 보이저 1호가 목성과 그 위성들에 접근하면서 보내온 폐쇄회로 텔레비전 화면을 함께 보았다. 지금도 보이저 1호가 토성을 근접관찰하고 나서 가장 멀리 떨어진 행성궤도를 벗어나며 태양계를 찍어 보낸 장면을 기억한다. 이 글을 쓰고 있는 2014년, 보이저 1호는 성간우주를 날아가고 있으며, 지구로부터 120억 마일 이상 떨어져 있다. 이 거리는 인간이 만든 어떤 물체가 도달한 거리보다 멀리 여행한 것으로, 현재 태양의 중력권에서도 벗어나 있다. 보이저 1호는 여전히 나사의 지시에 따라 전파신호를 보내오고 있고, 전파가 광속으로 전달됨에도 불구하고 신호를 주고받는 데 무려 36시간이나 걸린다. 보이저 1호의 전원이 작동을 멈추는 아마도 2025년까지는 교신이 가능할 것이다.

나는 고도의 비용이 드는 우주개발 프로젝트, 가령 인간을 달이나 화성, 혹은 다른 천체들에 보내는 계획에는 우호적이지 않다. 과학장비를 갖춘 무인우주선과 로봇탐지기만으로도 동일한 목표를 이룰 수 있으며 인간이 가 보지 못한 곳을 방문할 수 있다.

종종 1960년 말에 목격했던 UFO에 대한 질문을 받는다. 당시 조지아주 남서부 지역 라이온스 클럽 56곳을 관할하는 지역회장이었고, 내 임무 가운데 하나는 1년 동안 각 지역 클럽들을 방문하는 것이었다. 하루는 리어리의 한 학교 식당 밖에 저녁모임을 위해 24명 정도의 사람들과 함께 서 있었는데, 그때 서쪽 하늘에서 금성보다 큰 빛을 목격했다.

그것은 점점 가깝게 다가오면서 보름달 지름의 반 정도 크기로까지 커졌다. 물체는 멈췄고 색을 바꾸더니 다시 소리도 내지 않고 서쪽으로 날아가면서 사라졌다. 우리 모두는 그 신비한 빛을 보았고, 그날 저녁 모임에서 그 형태와 가능한 설명에 관한 이야기를 나누었다. 플레인스로 돌아오는 길에 작은 녹음기를 이용해 기억하고 있는 것을 녹음했다.

대통령이 된 후, UFO를 본 적이 있는지 질문을 받았고, 나의 목격담을 짧게 설명했다. 그 현상이 어떤 외계생명체와 관련된 것으로 생각해 본 적은 없었고, 다만 일종의 군사용 풍선이나 혹은 인근 군사기지인 포트 베닝에서 날아온 장비일 걸로 추정했다. 이런 회의적인 입장에도 불구하고, 미국 대통령 한 명이 외계에서 온 방문자들을 보았다고 생각하는 일부 사람들의 열렬한 관심은 사그라들지 않았다. 그 물체는 정말로 UFO, 미확인unidentified 비행물체였을 뿐이다.

천리안

그러나 내가 도무지 설명할 수 없는 또 다른 경험이 있다. 어느 날 아침, CIA로부터 한 보고를 받았다. 작은 쌍발엔진 비행기가 자이르 어딘가에 추락했는데 그 비행기에 몇몇 중요한 비밀문서가 탑재되어 있다는 내용이었다. 우리는 위성사진과 고고도 첩보기를 활용하여 추락 장소를 탐색했지만 도무지 찾을 수 없었다. 좀 망설이다가 캘리포니아에 있던 한 CIA요원이 천리안이라는 여성의 도움을 받아 보자고 했고, 그 여성은 자문에 응했다. 그 여성이 추락지점의 위도와 경도를 적어 냈는데 그 위치가 정확하다는 사실이 드러났다. 며칠 후 외진 곳에 떨어져 완전히 부서져 있는 비행기 사진을 받아 보았다. 우리는 모부투 자이르 대통령에게 알리지 않고, 소규모 팀을 파견해 비밀문서와 조종사 시신을 회수해 왔다.

에너지

미 국내문제 가운데 대통령으로서 다뤄야 했던 가장 중대하고 논란 많았던 사안은 총괄적 에너지 정책이었다. 여러 해 동안 원유 수입에 지나치게 의존해 온 탓에, 주유소에서는 판매거부 현상이 일어나거나 주유를 위해 오래 기다려야 하는 일이 벌어져 미국인에게 큰 고통을 주고 있었다. 이 기본적인 문제를 해결하기 위한 노력은 그동안 거의 없었다. 원유와 천연가스 가격이 매우 낮게 책정되어 있어서 과도한 소비를 부추겼고, 이 때문에 미국 안에서 자원을 개발할 이유도, 또 생산자끼리 경쟁을 벌일 이유도 없었다. 주택, 차량, 기계, 가정용 전기제품의 에너지 효율을 높이거나, 청정석탄의 사용을 장려하거나, 나무, 바람, 태양전지를 통해 태양에너지를 회수할 방법을 개발하고 확산시킬 아무런 구체적인 노력도 없었고 또 그럴 이유도 없었다. 나는 2000년까지 미국에서 사용되는 총 에너지 가운데 최소한 20%를 재생가능한 에너지원에서 가져오는 것을 목표로 삼았다. 행정부는 이 모든 사안과 관련된 법률을 제안했고, 주목할 만한 성공을 거두었다. 1980년 발발한 이란-이라크 전쟁으로 인한 원유공급 감소가 촉발시킨 국제적인 인플레이션과 경기침체에도 이 신에너지 기술개발로 파생된 다양한 일자리가 생겨났다. 이런 일자리와 어우러진 공공사업계획 덕분에, 내 임기 중에는 매년 제2차 세계대전 이후 어떤 대통령의 재임기 때보다 더 많은 일자리가 생겨났다.

상징적인 조치로 36개의 태양광발전 패널을 백악관에 설치했지만 나중에 레이건 대통령이 철거시켰다. 그 패널 중 하나를 구해서 대통령 기념박물관에 전시했는데, 최근 중국에서 가장 큰 태양광 패널 제조사를 방문했을 때 또 다른 패널이 그 공장 입구에 전시되어 있는 것을 발견했다.

유일하게 큰 실패를 맛본 사례가 있다면, 몇몇 중요한 부문의 에너지효율 기준을 차기 정부가 완화시킬 수 있는 여지를 둠으로써, 이후 석유 및 자동차 업체들이 계속해서 낮은 연비의 트럭이나 자동차 생산을 문제없이 허가받아 결과적으로 화석연료를 무제한 사용할 수 있도록 허용한 점이다.

이때부터 다른 나라들은 화석연료가 아닌 다른 에너지원을 이용한 발전 비율을 늘려 왔다. 비화석연료를 사용한 발전용량 비율은 캐나다 64%, 스페인 42%, 독일과 멕시코가 각각 25%, 중국 18%, 프랑스와 영국이 각각 15%, 그리고 미국이 10%다. 주택단열, 자동차 연비, 가정제품 전력효율 의무화를 포함한 미국의 에너지절약 관련 법안 대부분은 예나 지금이나 그다지 변한 것이 없고, 국내에서 신에너지원을 탐색하는 일부 정부보조사업은 결국 천연가스 생산과 사용을 크게 늘리는 결과만 가져왔다.

알래스카 해안 95% 지역에서 원유탐사를 할 수 있도록 결정했지만, 동시에 북극권 국립 야생보호지에서의 원유시추는 계속 금지시켰다. 불행하게도 그 지역을 국립공원이나 국립야생지로 영구적으로 묶어 보호하는 데는 실패하고 말았는데, 당시만 해도 레이건이나 다른 공화당 출신 대통령이 총력을 다해 의회를 설득하여 내 결정을 뒤집을 것이라고는 꿈도 꾸지 못했다. 지난 30년간 환경단체들과 일하면서 하원과 상원의 주요 의원들에게 이 조치를 막아 달라고 몇 차례 설득해 왔다. 미개척지에서 원유시추의 길이 열릴 위협은 여전히 존재한다.

핵전쟁 위협

대통령 취임 직전, 처음으로 부통령을 배석시켜 핵전쟁 위협과 가능한 대응방식에 관해 알아야 할 것들을 자세히 보고받았다. 소련이 보유한 대부분의 장거리미사일은 격납고 안에 설치되어 있었고, 미국은 소련의 미사일 발사와 거의 동시에 그 사실을 탐지할 수 있었다. 미사일이 소련에서 워싱턴까지 날아오는 시간은 채 30분도 걸리지 않았으며 막을 수도 없었다. 그리고 이 짧은 시간 안에 대응방식을 결정해야 했다. 우리 핵무기 역시 가공할 만한 수준이었다. 핵미사일 격납고, 비행기, 또는 잠수함에서 핵무기를 발사할 수 있었다. 잠수함 한 대에서 발사되는 다탄

두미사일은 인구 10만 이상의 소련 내 모든 도시를 파괴할 수 있었다. 미소 양측은 각각 1만 5천 발 이상의 핵무기를 보유하고 있었고, 핵전쟁이 전 지구적 파국을 가져올 것이란 사실 또한 양측 모두 알고 있었다. 이 시나리오를 늘 머릿속에 담아 두고 있어야 했다. 평화유지를 원했고, 할 수만 있다면 세계 핵무기 보유고를 거의 0에 가깝게 감축하고 싶었다.

이 대결의 시대에 늘 소련 지도자들의 태도를 민감하게 주시했고, 가급적 그들을 이해하려고 노력했다. 즈비그뉴 브레진스키는 레닌이 집권하던 시절의 소련은 종교부흥기 같고, 스탈린 시절은 감옥 같고, 흐루쇼프 시절은 서커스 같고, 브레즈네프 시절은 미국 우체국U.S. Post Office Department 같다고 장난스럽게 지적했다. 심지어 관료주의적인 미국의 우정국 관리들조차 가끔씩 잘못된 결정을 내린다는 것을 우리는 알고 있었다. 집무실에 있는 지구본 옆에 앉아 모스크바 쪽으로 돌려 보면서 사안을 브레즈네프 서기장의 입장에서 상상해 보곤 했다. 그가 종종 고립감을 느끼며 아마도 편집증을 가지고 있다는 점을 알고 있었고, 그래서 평온한 휴양지에 핵무기가 떨어지는 상황을 자초할 만한 행동을 취하거나 발언을 하지 않기 위해 주의했다.

쌍방 간 핵무기 교차공격의 위험이 늘 존재했기 때문에, 짧은 시간 안에 일어날 파국 가운데 나의 지위에 관한 계획을 수립해야 했고, 또 핵전쟁 후 미국에 남게 될 것들을 추스를 최선의 방법을 찾아내야 했다. 부통령, 국가안보보좌관, 국방장관과 함께 긴밀히 상의한 끝에, 나는 유사시에 대통령직을 계속 유지하고, 부통령과 다른 관리 몇몇은 재빨리 더 안전한 장소로 이동하여 거기에서 핵전쟁 후 통신을 재개하고 명령을 내리기로 결정했다. 여기서 '더 안전한 장소'란 이 목적을 위한 설비가 갖춰진 비행기가 될 수도 있다. 이 절차를 익히기 위한 모의훈련 도 몇 차례 했다. 상당량의 핵무기가 여전히 존재하며, 불행하게도 그리고 불필요하게도 여전히 쉽게 발사될 수 있는 상태로 대기하고 있다.

낙태문제

가장 많이 받았던 질문 가운데 하나는 신앙과 공직수행 사이에서 어떤 문제가 가장 큰 갈등을 빚었는가에 관한 것이었다. 내 대답은 늘 "낙태"였다. 대통령에 취임하면서 대법원에 의해 해석된 법률을 준수하겠다고 선서했다. 1973년 로Roe 대 웨이드Wade 재판 판결에 따르면, 임신 첫 3분기 동안의 낙태 여부는 산모와 의사의 결정에 따르게 되어 있었다. 기독교인으로서, 산모의 건강이 위협받는 경우가 아니거나 혹은 강간이나 근친상간에 의한 임신이 아닌 경우에도 예수 그리스도가 낙태를 허용했으리라고 결코 믿어 본 적이 없다. 대통령으로서 법률을 지킬 의무가 나에겐 있었지만, 그럼에도 낙태 건수를 줄이려는 모든 노력을 다했다.

산모가 가족계획 교육을 받은 경우, 본인과 아기가 경제적으로 살만하다고 확신하는 경우, 혹은 입양이 용이한 경우에는 낙태 건수가 줄어든다는 점을 여러 연구결과가 분명하게 보여 주었다. 나는 성교육과

피임을 장려하고, 가난한 여성과 아기에게 WIC Women, Infants, and Children 프로그램으로 알려진 특별한 재정 및 음식 보조를 시작했다. 우리 정부는 입양과정을 쉽고 가급적 자연스러운 절차로 만들어 친모와 양모가 갖는 불편함을 최소화하려고 노력했다.

2011년 미국에서는 15~44세의 여성 1천 명 가운데 13.9명이 낙태를 했다. 어떤 라틴아메리카 국가들에서는 모든 형태의 낙태가 불법이며 재정보조도 거의 제공되지 않는다. 라틴아메리카와 카리브해 지역 여성들은 1천 명당 31명이라는 세계에서 가장 높은 비율로 위험한 낙태시술을 받고 있다.

1980년 대선

1980년 대선에서는 이란 인질사건이 가장 큰 쟁점이었다. 예비선거 동안 가급적 백악관에 머물렀지만, 민주당 케네디 상원의원의 도전에 맞서기 위해서 필요한 경우에는 중요한 주를 방문하기도 했다. 나의 지지율은 인질과 관련된 새로운 보도에 크게 좌지우지되는 듯했지만, 결국 나는 36개 주, 케네디는 10개 주의 지지를 받았고, 나머지 주들은 지지 후보를 결정하지 않고 전당대회로 대표를 보냈다. 내가 민주당 후보로 지명되었을 때 케네디 상원의원은 대놓고 악수하기를 거부했고, 그의 이런 뻐딱한 태도는 그 이후부터 대선 때까지 이어졌다. 로널드 레이건은 지지를 확보한 48개 주 가운데 44개 주에서 조지 H. W. 부시를 누르며 공화당 대통령 후보로 지명되었다. 나는 프랭클린 루스벨트가 소아마비 치료를 받았고 또 1945년 세상을 떠난 조지아주 웜스프링스에서 첫 유세연설을 했다. 레이건이 자신의 첫 유세연설을 미시시피주 필라델피아에서 가졌을 때는 황당하기 그지없었는데, 세 명의 인권운동가가 KKK단에 의해 살해당하여 댐에 버려진 바로 그곳이었기 때문이다. 최소한 남부 사람에게 레이건이 했던 연설의 핵심은 "나는 각 주마다 각자의 권리가 있다는 것을 믿는다"란 구절에 있었다. 1976년 선거에서는 내가 남부를 휩쓸었지만, 1980년 대선에서는 조지아주와 다른 5개 주에서만 승리를 거두었다. 예비선거에서와 마찬가지로 대통령 선거에서도 선거결과는 억류된 인질들이 석방될 가능성에 따라 요동쳤고, 선거를 앞둔 마지막 주에는 지지율이 떨어지고 있었다. 이때가 인질들이 억류된 1주년이었다는 점은 정말로 아이러니였다. 레이건은 50.8%의 표를 얻었고 나는 41%의 표를 받았는데, 독립후보인 존 앤더슨John Anderson은 케네디를 지지하던 민주당원들의 표를 상당히 흡수해서 총 6.6%의 지지표를 받았다. 나는 상대적으로 실망스런 결과를 담담하게 받아들였지만, 아내는 매우 침울해 했고 또 분노했다. 아내를 위로하기 위해 몇 가지 긍정적인 일들을 마음에 담아 둔 것이 내 감정을 추스르는 데도 도움이 되었다.

퇴임 전 몇 달간의 레임덕 기간 동안에 성공적으로 법안을 통과시켰다. 알래스카 토지 관련 법안, 에너지 법안 가운데 핵심법안들, 그리고 독성폐기물로 오염된 지역의 정화작업 절차와 재원을 마련할 슈퍼펀드Superfund 법안이 의회의 최종승인을 받았다.

인생에서 가장 행복했던 순간은, 퇴임 직후 그날 아침부터 공항에 대기하던 비행기가 모든 인질들을 싣고 테헤란 공항을 떠났다는 소식을 군사참모로부터 들었을 때였다. 이 문제를 다룬 여러 책이 나왔지만, 왜 아야톨라 호메이니가 내가 퇴임할 때까지 인질들의 석방을 지연시켰는지 그 이유를 전혀 모르겠다.

회고

대통령 재임기는 나 자신이나 가족들에게 매우 감사한 시간이었다. 조국의 강점과 약점, 꿈과 성취, 국가의 위대한 유산을 미국인들이 깨닫지 못하게 만들고 있는 문제에 관해 많은 것을 알게 되었다. 우리 정부를 "미국인들 만큼 선하고 정직하고 능력 있는" 정부로 만들겠다는 공약을 지키고자 노력했으며, 이 도전을 이해하기 위해 종종 미국 헌법을 읽고, 또 우리가 헌신한 목표를 이보다 더 간결하고 완전하게 설명한 〈세계인권선언Universal Declaration of Human Rights〉을 정독하곤 했다.

조국의 안보와 국익을 평화적으로 지키며 또 국내 및 세계 인권을 증진시킨다는 두 가지 큰 목표는 성취하였다. 몇 가지 예상치 못했던 도전에 직면하기도 했는데, 특히 이란 혁명, 인질구출 문제, 유가 폭등과 세계적 인플레이션을 초래한 이란-이라크 전쟁, 소련의 아프가니스탄 침공 같은 것들이 그런 예이다. 몇 가지 사례를 제외하면 우리 행정부는 다른 나라들과 좋은 관계를 유지했다. 그런 우호적 관계들이 최근 들어 많이 악화되었다.

사적인 지지자나 기관으로부터 특별한 청탁을 받지 않았다는 점은 행운이었고, 덕분에 취임 후 특정 인사를 법관이나 외교관으로 임명하는 문제를 두고 신경 쓸 필요가 없었다. 전직 플로리다 주지사 루빈 애스큐Reubin Askew가 이끄는 블루리본위원회가 공직 지원자를 검증한 후 적격자로 선정된 5명을 추천해서 보냈고, 관례적으로 이 가운데 한 명을 골라 공직자로 임명했다.

정치적 논쟁도 많았는데, 그중 몇몇은 자발적으로 뛰어든 것이고, 또 일부는 내 실수 때문에 벌어진 것이었다. 알래스카의 광활한 토지 분배를 놓고 오랫동안 끌어온 문제를 풀기로 결정했고, 파나마운하 조약을 마무리 지었으며, 중국과의 외교관계를 정상화하고, 통합적인 에너지정책을 수립하였으며, 라틴아메리카에서는 민주주의를 증진시켰고, 주요 산업에 대한 규제를 풀었고, 이스라엘과 이집트 사이에 평화를 가져왔다. 이 모든 사안들이 다 논쟁거리였다. 의회와 함께 일하면서 감사하게도 여러 번 성공을 거두었지만, 미디어와의 관계는 삐걱거렸다. 1980년 대선을 준비할 때나 혹은 내 지지자와 테드 케네디 상원의원의 지지자 사이에 벌어진 분열을 막아야 할 시점에 민주당에 더 관심을 갖지 못했던 점은 심각한 정치적 실수였다. 취임 후 첫 몇 달간 케네디 상원의원과 좋은 관계를 가졌을 때처럼, 그와 협력관계를 유지하는 데 더 많은 노력을 기울였어야 했다.

주지사로서, 그리고 대통령으로서 경험은 내 인생을 바꾼 경험이었다. 아내와 나는 많은 사람들의 삶에 깊이 관여할 수 있었고, 이후 30년간 카터센터가 진행할 많은 즐거운 프로젝트의 기초가 된 지식을 쌓고 개인적인 친분을 맺는 기회를 가졌다.

제 8 장

고향으로

플레인스에서

대통령에 당선되었을 때, 우리 가족의 농자재 공급사업과 농장은 성공적으로 운영되고 있었다. 임기 중 이 사업들을 백지신탁했고, 피신탁인은 심지어 나에게조차 연간보고를 하지 못하도록 되어 있었다. 백악관을 떠날 준비를 하면서, 우리 사업이 그간 부적절한 사업관리와 지난 3년간의 심한 가뭄으로 많은 부채를 졌다는 점을 알게 되었고, 또 부채를 갚기 위한 재정적 여유도 있지 않다는 사실을 확인했다. 농장과 집의 소유권을 잃을 가능성도 우려되었지만, 다행히 아처 대니얼스 미들랜드 사가 땅콩사업에 뛰어들기로 결정하면서 우리가 가진 부채와 거의 비슷한 값으로 창고회사를 사들였다. 땅콩, 목화, 콩, 곡물, 소나무를 지금까지 재배하고 있는 농장은 그대로 소유하기로 했다. 나는 농장운영 전면에서는 물러났고 대신 파종, 재배, 추수에 사용되는 현대적

크리스마스의 플레인스 집 풍경. 캔버스에 유화(2011년 9월)

장비를 갖춘 동업자나 임대인에게 농사일을 맡겼다. 수목관리원과 상의하면서 삼림을 관리하는 일은 여전히 즐기고 있다.

워싱턴을 떠나기 전 했던 한 가지 결심은 대통령 임기 때의 기억을 기록하는 일이었다. 집무실에서 적던 방대한 분량의 일기장들을 검토해 보았는데, 총 21권, 1백만 단어 이상을 담고 있었다. 고향으로 돌아온 첫해 그 일기장들을 읽고 가장 중요했던 사건을 정리하는 일에 신경을 쏟았다. 그 결과 나온 책이《믿음을 지키며 *Keeping Faith*》였는데, 이 책은 베스트셀러가 되었다.

고향으로 돌아왔을 때는 남은 인생 동안 무엇을 하며 살 것인지에 대한 아무런 생각이 없었다. 당시 나는 쉰여섯이었고, 전직 대통령으로서는 젊은 축에 속했다. 짐을 차고에 내리고 난 후 처음으로 한 일은 우리 집에 창고용 공간을 더 늘리는 일이었다. 아내와 나는 우리 집의 큰 다락에 바닥을 깔기로 했는데, 지붕틀과 서까래가 거친 목재로 만들어졌기 때문에 이를 다듬고 수평을 맞추는 기초작업을 하는 일은 상당히 까다로웠다. 우리는 처음 몇 주 동안 이 일로 무척 바빴다. 이후 나는 워드프로세서를 하나 장만해서 대통령 임기 동안의 기억을 글로 쓰기 시작했다. 워드프로세서는 요즘 컴퓨터에 비하면 꽤 구닥다리였지만, 내 휴대용 타자기보다는 훨씬 나았다.

306

에모리 대학교

대학에서 일을 맡아 달라는 몇 건의 제안 가운데는 총장직을 맡아 달라는 요청도, 교수직을 맡아 달라는 제의도 있었다. 결국 에모리 대학교에서 제안한 '석좌교수distinguished professor'를 맡기로 했다. 자유롭게 의견을 밝힐 수 있는 자유를 보장받았고, 학기 중 특정 학생들을 가르치거나 성적을 주는 일은 맡지 않아도 되었다. 내가 할 일은 다양한 학생들을 대상으로 나와 교수들, 학장들이 결정한 주제에 대해 강의하는 일이었다. 에모리 대학교에서 학기 중 매달 다양한 단과대학과 학과에서 강의했는데, 여기에는 사학과, 정치학과, 환경학과, 신학대학, 아프리카계 미국인미국 흑인학 연구과정, 경영대, 의대, 간호대, 법대에서의 강의들이 포함되었다. 매년 9월에 있던 첫 강의는 수천 명의 학생들이 모인 가운데 예측 불가능한 임의의 질문에 답하는 타운홀 미팅이었다. 질문이 정치적으로나 개인적으로 민감하다고 해서 답변을 거부하지 않았고, 소규모 강의에서도 같은 원칙을 적용했다. 교수로서 이런 자유를 즐겼지만, 때때로 미국이나 다른 나라의 공직자들이 내린 결정에 솔직한 평가를 할 때는 언론에서 잠시 논란거리가 되기도 했다.

아내와 나는 매달 최소 한 주는 애틀랜타에서 지냈다. 거기서 카터센터의 일을 보며 해외 지도자들을 만나고, 그 지역에 사는 25명 남짓의 집안 사람들과 저녁을 즐기고, 에모리 대학교의 몇몇 교수나 학장들과 공동 관심사를 놓고 깊은 토론을 나누었다. 우리 부부는 에모리 대학교 총장 부부 및 카터센터의 CEO와 함께 아침식사를 하기도 했다.

췌장암

아버지는 59세에 췌장암으로 돌아가셨다. 1983년 내 여동생 루스가 54세에 췌장암으로 세상을 떠나고, 또 그 5년 뒤 남동생인 빌리마저 51세에 같은 병으로 세상을 떠나자 에모리 대학교의 내 주치의는 나의 건강을 염려하기 시작했다. 국립보건원NIH은 우리 가족들을 정기적으로 검진했다. 내 마지막 여동생 글로리아 역시 64세의 나이에 췌장암으로 세상을 떠났다. 미국 의료기록상 췌장암으로 4명의 가족을 잃은 선례가 없었고, 췌장암 조기진단을 위해 엑스레이, 컴퓨터단층촬영, 혈액검사 등을 받았다. 췌장암으로 진단될 무렵에는 이미 췌장에서 생긴 암이 다른 주요 장기에 전이된 경우가 많아서, 보통 몇 달 안에 사망한다. 세계적으로 우리 가족과 유사한 사례가 몇 건 알려져 있는데, 아마도 흡연에 의해 촉발된 유전적 변이가 췌장암 발병과 거의 확실히 관련되어 있을 것으로 추정된다. 우리 집안에서 내가 유일하게 비흡연자였기 때문에 지금까지 오래 살고 있는 것인지도 모르겠다.

카터센터

가장 어려웠던 일은 대통령 기념도서관을 건립하기 위해 2천5백만 달러의 개인기부금을 모금하는 것이었다. 재선에 실패한 민주당 후보로서 공직으로 되돌아올 일도 없고, 또 부유한 친구나 지지자가 없는 나

같은 사람에게 모금은 매우 어렵고 오랜 시간이 걸리는 일이었다. 마침내 나는 승인받은 설계에 바탕해 직접 건축을 시작했고, 지금도 갚고 있는 융자를 받기로 결정했다. 박물관이나 혹은 백악관 시절의 기록·기념물을 보관하는 건물이 아니라, 실제로 일할 수 있는 공간을 원했다.

어느 날 밤 몇 시간 잠들었다가 깨어나서 아내에게, "우리가 앞으로 뭘 할 수 있을지 알 것 같아. 애틀랜타의 대통령 도서관·박물관 근처에 장소를 하나 마련하고, 예전에 캠프 데이비드로 사람들을 초청했던 것처럼 안와르 사다트나 메나헴 베긴 같은 사람들을 거기로 불러서, 국내 문제나 국가 간 분쟁을 예방하거나 해결하는 일을 돕는 중재자로 봉사할 수 있을 것 같아. 그들이 원한다면 그 나라로 갈 수도 있고"라고 말했다. 이것이 카터센터의 탄생이었다. 대통령 시절 관계했던 중요한 사안들, 가령 중동평화, 국제안보, 총기관리, 비즈니스와 환경, 교육, 세계보건 같은 문제에 관한 학회를 열어 우리 센터의 개념을 확장해 나갔다. 에모리 대학교와 함께 노력하여 1982년 법적으로 카터센터를 창설했고, 이후 5년간은 개인기부자에게서 자금을 기부받아 대통령 도서관을 세우고 그 옆에 카터센터가 입주할 부속건물을 세우는 데 대부분의 시간을 보냈다. 에모리 대학교는 대학도서관 꼭대기 층에 내 사무실을 마련해 주었고, 그 무렵 내 유일한 비서였던 스티븐 호크먼Steven Hochman 박사의 도움으로 더욱 구체적인 계획을 세우기 시작했다.

우리는 몇 가지 기본원칙을 세웠다. 당파성을 배제할 것, 해당 사안들을 이미 성공적으로 수행한 다른 기관을 베끼거나 경쟁하지 않고 가

대통령 시절 관계했던 중요한 사안들,
가령 중동평화, 국제안보, 총기관리, 비즈니스와 환경, 교육, 세계보건 같은
문제에 관한 학회를 열어 우리 센터의 개념을 확장해 나갔다.

능한 한 창의적일 것, 가치 있는 목표라면 실패를 두려워하지 말 것, 센터를 늘 균형예산으로 운영할 것. 카터센터는 활동범위를 80개국으로 넓혔으며 활동내용은 평화, 인권, 민주주의, 자유, 그리고 보건증진사업을 포함한다. 현재 카터센터는 매년 1억 달러의 현금예산과 함께 같은 액수에 해당하는 의료품과 장비를 현물로 지원받는다. 이 의료품과 장비들은 우리 보건 프로그램을 통해 먼저 아프리카와 라틴아메리카에 분배된다. 센터는 보통 180명의 직원으로 구성되며, 종종 수천 명의 훈련된 전문가를 고용하거나, 혹은 무급 자원봉사자들이 우리 프로그램을 훈련받아 대상국가에서 일하기도 한다. 우리는 여전히 원래의 기본원칙들을 고수하면서 지난 30년간 목표를 성공적으로 달성해 왔고, 나는 여전히 에모리 대학교에서 내 역할을 다하고 있다.

보건

세계보건사업이 우리의 가장 큰 사업이 되어, 현재 대부분의 인력과 지출이 이 부문에 투입되게 된 일은 전혀 예상치 못했던 것이었다. 우리는 말라리아와 다른 다섯 가지 간과되고 있는 열대병에 집중했다. 이 질병들은 현재 개발도상국 이상에서는 찾아보기 힘들지만, 아프리카나 라틴아메리카에서는 수천만 명의 사람들이 여전히 이 질병으로 고통받고 있다. 다섯 가지 질병은 회선사상충증, 주열흡충병, 림프사상충증, 트라코마, 기니충병이다.

초창기에는 프로젝트를 시작할 때 내가 해당국을 방문하여 대통령, 총리, 복지부장관, 교통부장관, 교육부장관, 그리고 농무부장관을 먼저 만났다. 그들에게 우리의 계획을 알려 주고 예상결과를 개괄적으로 설명한 후, 쌍방 간의 책임을 분명하게 기술한 양해각서MOU를 작성했다. 카터센터의 보건 프로그램은 현재 아프리카 전역과 우리가 그동안 일해 온 라틴아메리카 및 카리브해 일대에 잘 알려져 있으며 좋은 평가를 받고 있다. 에모리 대학교에서 외국인 학생 그룹을 만난 적이 있는데, 모국의 보건증진에 공헌한 우리의 노력에 감사해 했다. 우리가 이룬 성과에 대해서는 현지인들에게 가급적 많은 공을 돌렸다. 나는 우리가 일하는 나라들에서 기념식을 갖고 사업에 헌신한 지역의 보건스태프와 자원봉사자가 일군 성과를 치하하는 일에 꽤 많은 시간을 들였다. 카터센터 직원과 우리로부터 교육받은 인원들은 정글과 사막의 오지로 파견되어 현지인들에게 우리의 목표를 설명하고, 자원봉사자를 모집하고, 다시 자원봉사자들과 소수의 유급 감독원을 훈련시켰다. 이후 우리는 지원받은 의약품과 식수필터, 그리고 살충제 처리된 침대용 모기장을 지급하고, 현지인에게 이 장비 사용법을 확실히 가르쳤다. 현재까지 약 3천5백만 명을 교육했는데, 절반 이상의 노력은 회선사상충증 대처에 쏟고 있다. 우리는 현재까지 이 질병을 라틴아메리카의 저개발 국가 네 곳에서 몰아냈고, 우간다와 수단에서도 같은 목표 아래 모범사례로 진행 중이다. 1986년, 약 3백5십만 건의 기니충병이 20개국 2만 6천 촌락에서 발병한 것으로 보고되었다. 2014년에는 전 세계에서 발병사례가 130건 미만이다. 우리는 이 질병이 인류역사상 두 번째로 모든 국가에서 박멸될 질병이 되리라 기대하고 있다. 천연두는 1977년에 마지막으로 보고되었다.

우리는 또 트라코마 치료를 위해 세계에서 시행되는 수술 중 3분의 1을 주관했다. 트라코마는 녹내장 외에 실명의 주요 원인 가운데 하나로, 이 병을 옮기는 파리의 개체 수를 줄이기 위해 3백만 곳 이상의 위생화장실을 설치했다. 우리는 말라리아가 발병하는 에티오피아와 나이지리아의 각 가정마다 침대에 두 개의 모기장을 설치했다. 이 모기장은 살충제 처리가 되어 있어서 모기가 모기장에 닿자마자 죽는다. 모기는 말라리아와 림프사상충증을 옮기는 매개체다. 최근에 추진하는 프로젝트 가운데 하나는 카리브해의 히스파니올라섬에서 두 질병을 박멸하는 것을 목표로 하며, 아이티와 도미니카공화국 정부는 늘 기대를 충족시키진 못하지만 목표를 달성하기 위해 전적으로 협력하고 있다.

카터센터의 특별한 조직인 질병 박멸을 위한 국제 태스크포스 International Task Force for Disease Eradication 는 모든 질병을 분석하여 어떤 질병이 특정한 지역 혹은 나라, 혹은 전 세계에서 박멸 가능한지를 밝히는 일을 하고 있다.

농업

1985년, 스위스 제네바에서 노벨평화상 수상자인 노먼 볼로그Norman Borlaug, 일본의 박애주의자 사사카와 료이치Sakakawa Ryoichi와 함께 아프리카 몇몇 지역에서 곡물생산량을 증대시킬 농업 프로그램 '글로벌 2000'을 조직하기로 했다. 가나, 수단, 잠비아, 그리고 짐바브웨에서 이 프로젝트를 시작했으며, 이후 아프리카 내 14개국으로 확대하여 궁극적으로는 아프리카 8백만 농부들에게 옥수수, 밀, 쌀, 수수, 기장의 생산량을 2배 혹은 3배로 늘릴 수 있는 방법을 가르치고자 했다. 일본의 후원과 볼로그 박사의 농경제 지식과 우리 센터의 조직력과 수행능력을 합쳐 최고의 씨앗을 고르는 법, 비에 씨가 씻겨 내려가는 것을 막기 위해 이랑을 파서 파종하는 법, 적절한 비료 사용법, 잡초를 통제하는 법, 제때에 추수하는 법, 생산된 곡물을 적절히 저장하고 판매하는 법을 현지 농부들에게 가르쳤다. 우리는 먼저 한 나라에서 40명의 농부를 시범적으로 훈련시켰는데, 3년 후에는 훈련받은 농부들의 수가 1만 6천여 명으로 늘었다. 멜레스 제나위Meles Zenawi 에티오피아 총리가 재정을 확대투입하면서, 에티오피아에서는 우리의 단순하면서도 효과적인 농경기술을 시용하는 농장의 수가 수만 군데를 넘어섰다. 국가 지도자들을 만나서 우리가 어떤 책임을 나눌 것인지 합의하고, 볼로그와 함께 여행하면서 우리가 지도한 대로 사업이 이뤄지고 있는지 살펴보았다.

한번은 에티오피아 수도 아디스아바바를 방문했을 때, 호텔에서 자다가 왼쪽 무릎이 너무 가려워서 일어난 적이 있었다. 화장실에 가서 보니 두 개의 작은 구멍이 나 있기에 연고를 바른 후 다시 잠들었다. 다음 날 볼로그 박사와 함께 남쪽으로 150마일 정도 떨어진 농장을 방문하고 하룻밤을 묵었는데, 아디스아바바로 돌아오는 길에 무릎이 붓기 시작했다. 미 대사관으로 갔더니, 의사는 항생제 몇 알을 주고 먹으라고 했다. 다리 전체가 평상시의 두 배로 붓자 의사가 나를 진료실에 눕히고 정맥주사를 놓았다. 다음 날 아침, 그는 내 생명이 위험하다고 판단했고, 비밀경호요원들이 나를 독일 비스바덴에 있는 미군병원으로 후송했다. 그 병원 의사들이 투여되는 약물의 양을 늘렸고, 물린 자국을 통해 어떤 종의 거미가 물었는지 확인한 후 다시 나를 애틀랜타로 후송했다. 몸 전체가 두드러기로 뒤덮일 때쯤 에모리대병원에 5일 동안 입원해 있었는데, 여러 의사들이 붓기와 극심한 가려움증을 달래기 위해 다양한 처방을 내렸다. 천천히 회복되고는 있지만 심한 두드러기 증세는 여전하고, 처방받은 연고와 크림을 정기적으로 바르고 있다. 피부과 전문의 말로는 증세는 계속되겠지만 적절하게 처치하여 다스릴 수는 있다고 한다.

평화

카터센터와 더불어 유엔 및 미국과 분쟁해결 노력에 참여하고 있긴 하지만, 우리가 독자적으로 일을 진행하는 곳에서는 더 위험한 상황에 맞

아내와 나는 2007년 가나 북부 팅골리 마을을 방문하는 동안
전통의상을 입어 볼 영예를 누렸다.

닥뜨렸다. 이 선택이 늘 인기 있는 것은 아니었는데, 이런 상황에서는 불쾌한 인간들이나 집단과 마주하기 때문이다. 그들은 네팔의 마오쩌둥주의자들, 에티오피아의 공산주의 독재자인 멩기스투 하일레 마리암Mengistu Haile Mariam, 자이르현 콩고민주공화국의 모부투 세세 세코Mobutu Sese Seko, 보스니아의 라도반 카라지치Radovan Karadžić, 세르비아의 슬로보단 밀로셰비치Slobodan Milošević, 북한의 김일성과 후계자들, 쿠바의 카스트로 형제, 수단의 오마르 알바시르Omar al-Bashir, 가자 지구의 하마스 지도자들 등이다. 이 모든 경우 카터센터의 계획과 결과에 관해 미국 지도자들에게 알려 주었다.

나는 평화를 위협하는 많은 사례들을 카터센터를 대리하여 직접 다뤄야 했다. 1994년에 있었던 일을 이야기해 보고자 한다. 북한의 김일성 주석은 내가 평양을 방문해서 그와 미국정부 간의 적대관계를 일부라도 해소시켜 줄 수 있을지 3년 동안이나 요청해 오고 있었다. 그러나 한국전쟁 문제로 기본적으로 불쾌한 인식 때문에 이 요청을 피하고 싶었다. 결국 내 역할이 도움이 될 것이라고 확신하게 되긴 했지만, 내가 북한의 일반방문 승인을 요청하자 백악관에서는 이를 기각했다.

1994년 봄에 위기가 발생했다. 북한은 핵확산방지조약NPT의 의무 조항을 무시하고 핵시설에서 감시단을 철수시켰고, 사용한 우라늄 연료봉으로 플루토늄을 재처리하기 시작했다. 미국정부는 북한과 대화하길 거부했고, 유엔 안전보장이사회로 이 사안을 넘겨 징계적 제재결의안을 통과시켰다. 몇몇 중국 친구들은, 만약 북한을 국제사회의 악당으로 낙인찍고 그들이 숭배하는 지도자를 범죄자로 몰고 가면 북한은 남한을 공격할 것이라고 말했다. 이 위기를 해소할 수 있다고 확신하는 전략을 구상하면서 내가 직접 평양에 가기로 결심했다. 빌 클린턴 대통령이 나의 두 번째 요청마저 거부했을 때, 대통령 앞으로 설령 승인하지 않더라도 어쨌거나 나는 평양에 가겠다는 편지를 썼다. 그러나 앨 고어 부통령이 내 메시지를 중간에 가로채서 읽고는 표현을 변경하는 게 좋겠다며 설득했다. 이후 그는 이 수정된 메시지를 빌 클린턴에게 보냈고, 클린턴은 북한 방문을 승인했다. 김일성에게 우리 측이 보낸 한 가지 메시지는 우리가 베이징을 통해서가 아니라 남한을 통해 직접 북한을 방문하겠다는 것이었다. 김일성은 심지어 유엔 사무총장도 중국을 통해 북한을 방문한다고 항의했지만 결국은 우리의 뜻을 수용했다. 아내와 나는 43년 만에 처음으로 서울에서 비무장지대를 통과해 평양으로 들어간 사람이 되었다.

핵기술자로서 나의 지식을 활용해 그들과 핵문제와 관련해 상세히 토론했다. 김일성이 서글서글하고 놀라울 정도로 모든 사안을 잘 파악하고 있다는 점을 깨달았다. 평양에서 배를 타고 대동강을 따라 바다까지 내려가면서 우리는 12가지 중요한 사안에 관한 합의에 도달했는데, 여기엔 핵문제, 국제사찰단의 조사 허용, 남한과의 정상회담, 비무장지대에 전진배치한 군대의 철수, 그리고 한국전쟁 중 전사한 미군의 유해송환문제 등이 포함되었다.

이 합의내용을 백악관으로 보냈다. 김일성은 내가 평양을 떠난 후 얼마 되지 않아 사망했으며, 그의 아들 김정일은 아버지와의 약속을 존중할 것이란 메시지를 보냈다. 제네바 공식회담에서는 나와 김일성이 협상했던 내용에 양측이 합의했고, 국무장관인 매들린 올브라이트 Madeleine Albright가 2000년 10월 평양을 방문해서 양자 간 약속을 다시 다짐받았다. 미국–북한 합의안은 2002년 조지 W. 부시 대통령이 북한을 '악의 축evil empire'으로 낙인찍으면서 파기되었다. 그 후 김정일과 김정은은 핵무기와 장거리미사일 개발사업을 확장시켜 왔다. 미국은 현재 북한과의 거의 모든 접촉을 피하고 있고, 엄격한 경제제재가 여전히 진행 중이며 그 와중에 굶주린 사람들만 고통받고 있다.

1994년 후반, 아이티에 긴급상황이 벌어졌다. 선거로 선출된 지도자인 장 베르트랑 아리스티드Jean-Bertrand Aristide는 1991년에 강제추방되어 망명 중이었는데, 그를 대신해 집권한 라울 세드라스Raoul Cédras 장군이 내가 양측의 중재자로 나서 줄 것을 요청했다. 아이티에 대해 잘 알고 있었고, 두 사람 모두와 오랫동안 개인적으로 알고 지냈다. 몇 년 동안 부시 대통령과 클린턴 대통령은 아리스티드를 권좌에 복귀시키기위한 여러 수단을 강구했지만 그 어느 것도 성공하지 못했다. 1994년 9월, 클린턴 대통령은 3만 명의 군대를 아이티에 파병하기로 결정했는데, 반면 나는 조지아 출신 샘 넌Sam Nunn 상원의원과 콜린 파월Colin Powell 장군에게 평화적 해결을 도와달라고 요청했다. 우리는 이 제안을 클린턴 대통령에게 전달했다. 클린턴은 군대를 파병하기 전 마지막으로 우리가 아이티로 가서 협상할 수 있도록 승인해 주었다.

포르토프랭스Port-au-Prince에서 소집된 장성들과 함께 이틀간 협상을 벌였으나 세드라스 장군은 제안을 받아들이길 주저했다. 아내에게 전화해 우리의 실패 소식을 알렸다. 그때 아내는 "그동안 들어 온 정보에 따르면, 세드라스의 아내인 야니크가 남편에게 엄청난 영향력을 가지고 있다던데, 그녀에게 한번 이야기해 보는 게 어떻겠어요?"라고 말했다. 아내의 제안을 받아들였고, 아닌 게 아니라 세드라스 장군의 아내는 그의 태도를 바꾸는 핵심 열쇠였다. 우리는 세드라스가 능력 있고 존경받는 지도자라는 것을 알았다. 그는 아이티 전역에서 존경받는 군사지도자로서, 우리 부부가 카터센터의 참관인으로 아리스티드가 당선되었던 이전 선거를 감시할 때 치안을 유지시켰던 인물이었고, 또 아리스티드가 실각했을 때는 암살시도로부터 그를 구해 주기도 했었다.

길고 치열했던 협상 뒤 세드라스는 마침내 우리의 제안을 받아들였고, 콜린 파월 장군에게 동의하여 미군이 평화적으로 상륙하고 또 아이티군을 존중해 준다면 미군을 환영할 준비를 하겠다고 했다. 나는 세드라스와 그의 가족이 망명 후 살게 될 적당한 국가를 물색하겠노라고 약속했다. 확실한 합의가 이뤄지던 순간, 그의 부하 가운데 한 명인 필리프 비암비 준장이 달려오더니 클린턴 대통령이 아이티 침공을 위해 낙하산 부대를 실은 52대의 수송기를 미군기지에서 발진시켰다고 알려왔다. 그는 이 첩보를 노스캐롤라니아주 포트 브래그에서 일하는 한 아이티인으로부터 받았다. 바로 그 시각, 수천 명의 분노한 시위자들이 우리가 회담을 하고 있는 건물 밖을 둘러싸고 있었다.

양측 협상팀은 뒷문으로 빠져나와 은퇴한 대법관으로 당시 대통령이었던 연로한 에밀 조나생Emile Jonassaint의 집무실로 향했다. 마침내 콜린 파월 장군이 백악관과 전화가 연결되었는데, 이때 세드라스와 나는 작성한 합의안을 조나생 대통령에게 제출했다. 합의서를 읽은 뒤, 대통령은 "내용을 이해했고, 또 동의합니다. 그러나 내가 서명하기 전에 이 문서가 프랑스어로 번역되어야 합니다"라고 답했다. 번역은 신속하게 이뤄졌고, 조나생과 내가 문서에 서명했다. 이때 미군 수송기가 아이티까지 절반쯤 날아오고 있었는데, 클린턴 대통령이 기지로 복귀하란 명령을 하달했고 아이티 위기는 이것으로 종식되었다. 합의된 내용에 따라 세드라스 장군과 그의 가족은 파나마로 망명했다. 아리스티드가 아이티로 돌아왔지만 곧 실패한 지도자라는 점이 드러났고, 이번에는 워싱턴의 압력으로 다시 한번 아프리카로 강제추방되었다.

그해 중재자로 나섰던 마지막 분쟁은 세르비아가 통제하던 유고슬라비아에서 탈퇴하고 독립을 선언한 보스니아–헤르체고비나가 세르비아와의 사이에 일으킨 충돌이었다. 나는 라도반 카라지치를 처음 만났는데, 그는 자신이 이끄는 보스니아 내 세르비아인 세력과 보스니아의 다른 두 인종 집단인 무슬림 및 크로아티아인 간의 갈등을 평화적으로 해결하고 싶다는 소망을 피력해 왔다. 카라지치는 내가 사라예보로 와 준다면 평화, 인권, 완전한 종전 등과 관련된 일련의 서약을 할 수 있다고 전해 왔다. 클린턴 대통령과 유엔 사무총장 부트로스 부트로스 갈리Boutros Boutros-Ghali에게 알리고, 임무 수행을 승인받았다. 카라지치가 내게 한 약속을 CNN을 통해 다시 이야기할 계획을 세웠다. 세르비아 대통령 슬로보단 밀로셰비치는 방문 중 자신을 만날 수 있을지 물었고 이 요청도 받아들였다. 내 목표는 분쟁지역에서의 인권보호, 군사 경계선의 확실한 보장 등을 논의하며 종전을 조율하고 몇 가지 중요한 헌법적 문제를 토론하는 것이었다.

12월 18일 자그레브에서 프라뇨 투지만Franjo Tudjman 크로아티아 대통령을 만났는데 그는 나의 노력을 지지했다. 이어 방탄조끼를 입고 사라예보 공항으로 갔다. 양측 저격수들이 총을 쏘고 있었기 때문이다. 카라지치가 방문기간 중에는 공격을 중단하겠다고 약속한 것에 감사했다. 보스니아-헤르체고비나 대통령 알리야 이제트베고비치Alija Izetbegović와 긴 담화를 나누었다. 당시 보스니아-헤르체고비나는 세르비아로부터 독립을 모색하고 있었고 그들의 작은 영토는 삼면이 세르비아 군대로 포위되어 있었다. 이제트베고비치는 나의 노력을 지지하긴 했지만, 종전시한은 석 달로 제한했다. 다음 날 아침 일찍 일어나 성사 가능성이 가장 높은 제안서를 썼고, 아내와 함께 팔레까지 거의 두 시간 동안 차를 몰고 갔다. 팔레는 아름다운 산지를 통과해 9마일 정도 떨어진 곳으로 1984년 동계올림픽 스키경기가 열렸던 곳이었다. 도로의 커브길마다 군사검문소가 설치된 것 같았다. 카라지치는 세르비아계 그룹의 최고지도자들과 함께 나를 만났는데 거기엔 육군참모총장인 라트코 믈라디치Ratko Mladić가 있었다. 이들은 대형 뉴스매체에서 긴급뉴스로 중계한 공식환영행사를 열었다. 카라지치와 가진 개인협상 중 카라지치는 1년의 휴전을 주장했지만, 나는 이제트베고비치의 제안을 수용하기 위해 4개월 휴전으로 끌어내렸다. 비록 내가 미국과 유엔이 세르비아에 부과한 경제제재를 해제한다는 점에는 동의했지만, 어떤 긍정적인 결과도 장담할 순 없었다.

나는 카라지치와 믈라디치가 내 문건에 서명할 때 증인이 되었다. 기본조항에는 1994년 12월 27일부터 적대행위를 중단할 것, 유엔군이 4개월 혹은 쌍방 간 합의에 따른 추가기간 동안 전선을 따라 주둔할 것, 양측은 포괄적인 평화합의안을 협상할 것, 구호차량의 무제한 이동을 보장할 것, 사라예보 공항의 자유로운 이용을 보장할 것, 인권을 보호할 것과 같은 내용을 포함했다. 백악관은 합의문 초안에 대체로 만족했으나 이제트베고비치 역시 이 내용을 승인해야 한다고 요구했다. 이제트베고비치와 통화하기 위해 사라예보로 전화를 걸어 그의 모든 요구조건이 현실화된 사실을 전했지만, 그는 오히려 대화를 거부했다.

우리는 사라예보로 차를 몰고 가서 이 문제를 부통령인 에주프 가닉 Ejup Ganić과 협의한 후, 다음 날 아침 몇 가지 작은 수정안을 들고 팔레로 돌아왔다. 카라지치는 부하들과 격렬한 논쟁을 벌인 후에 최종안에 합의했고, 이제 이제트베고비치, 카라지치, 믈라디치, 미국, 유엔이 차례로 승인한 합의안이 준비되었다. 우리는 사라예보로 돌아가 총격을 피해 큰 유엔 트럭으로 엄호받으며 비행기에 올랐다. 이전 비행기는 좌측에 4발의 총알을 맞았었다. 우리는 방탄조끼를 벗긴 했지만, 나는 두 겹의 방탄조끼로 내 하드디스크와 그 안의 문서들, 그리고 서명된 문서의 복사본까지 말아서 보호했다.

자그레브에서 베오그라드로 이동해 세르비아 대통령 슬로보단 밀로셰비치를 만났는데, 그 역시 우리가 이 지역에서 만났던 다른 사람들처럼 나를 만나자마자 우선 이 지역의 역사부터 줄줄 읊었다. 그나마 밀로셰비치가 12세기가 아닌 제1차 세계대전 때부터의 역사를 설명해 줘서 고맙게 생각했다. 그에게 합의서 복사본을 보여 주었고 그 역시 이 합의안을 승인했다. 그러나 그는 같은 세르비아계 지도자로 그와 경쟁관계이던 카라지치를 신랄하게 비판했다. 그들을 화해시킬 방안을 밀로셰비치에게 반복해서 물었는데, 그는 만약 의회가 '카터 구상'을 지지한다면, 아마도 가능할 것이라고 답했다.

휴전은 그 다음 주부터 효력을 발휘했고, 4개월 동안 지속되었다. 그러나 추가로 연장되지는 않았다. 다시 분쟁이 발발했고, 국제사회는 보스니아-헤르체고비나를 지지하고 세르비아를 비난했다. 전쟁범죄는 양측 모두에서 발생했으며 세르비아 측의 전쟁범죄가 가장 끔찍했다. 나토는 평화유지군 병력 6만을 파견했고, 대부분 미국의 전투기에 의해 실시된 공중폭격은 세르비아 병력을 대상으로 3천3백 건 이상의 폭격을 가했다. 더 영구적인 종전안이 1995년 오하이오 데이턴에서 체결되었고, 밀로셰비치, 이제트베고비치, 그리고 투지만이 이를 승인했다.

밀로셰비치가 패배를 인정한 후 국제형사재판소는 밀로셰비치, 카라지치, 믈라디치를 전범으로 기소했다. 밀로셰비치는 2001년 체포되었고, 재판은 2006년 그가 죽을 때까지 5년간 이어졌다. 카라지치는 2008년, 믈라디치는 2011년 각각 체포되었고, 두 사람의 전범재판은 여전히 진행 중이다. 카라지치는 2016년, 국제유고전범재판소에서 40년형을 선고받았다.-편집인 종종 1994년 종전합의안의 기본조항이 국제사회에서 전폭적으로 지지받았더라면 상황이 어떻게 되었을지 생각해 보곤 한다.

이스라엘 평화안

대통령 당선 이후 개입한 국제정책 가운데 내 인생에서 가장 중요했던 사안은 이스라엘 평화안으로, 이것은 필수적으로 팔레스타인과 다른 인접국가와의 평화를 뜻하기도 한다. 이 사안은 카터센터의 핵심목표이기도 했다. 카터센터는 예루살렘, 라말라, 가자에 상설사무소를 두었고, 모두 세 차례의 팔레스타인 총선을 감독했다. 첫 번째 선거는 1996년 선거로, 야세르 아라파트Yasir Arafat가 대통령으로, 기타 인물들이 팔레스타인 자치정부 요원으로 선출되었다. 아라파트 사후, 마무드 아바스Mahmoud Abbas가 2005년에 대통령으로 선출되었고, 2006년 1월 새 국회의원을 뽑는 또 다른 선거가 있었다. 아바스의 정당인 파타Fatah와 이스라엘 양측 모두 이 선거가 진행되는 것을 원치 않았다. 하마스 후보가 약 35%의 의석을 가져갈 것으로 예상되었기 때문이다. 그러나 미국은 이미 예정된 선거는 치러져야 한다는 입장이었다. 하마스의 문제점은, 이들이 팔레스타인 자치정부 탄생의 기반이 된 오슬로 협정을 따르지 않는다는 점이었다.

선거는 공정했고, 하마스는 예상을 뛰어넘어 132개 의석 가운데 74석을 차지했다. 선출된 의원 가운데는 의사, 법률가, 교육자, 사업가, 그리고 이전 정부의 지역관리도 있었다. 나는 하마스의 요구사항을 아바스 대통령에게 전달했는데, 그 내용 가운데는 아바스가 대통령직을 유지할 것과 파타의 몇몇 인사를 자신들이 지정한 각료에 임명할 것 등이 있었다. 아바스는 대통령직에 남고자 했으나, 하마스와 연립정권을 세우는 안은 거부했다. 나는 플레인스로 돌아와 집에서 옷을 갈아입고, 다시 런던으로 날아가서 이번에는 미국, 유엔, 유럽연합EU, 러시아가 참석하는 국제4자회담에 참석했다. 선거결과를 지지하는 내 짧은 설명을 들은 후, 회담 참석자들은 하마스가 받아들일 수 없는 요구조건을 내세우며 토론도 거치지 않고 선거를 무효화하는 투표에 돌입했다. 그럼에도 불구하고 그해 3월 아바스 대통령은 하마스가 지명한 각료를 받아들였고, 여름 동안 팔레스타인정부는 연립정부 형태로 나아갔다. 이스라엘은 웨스트뱅크와 동예루살렘에 거주하는 8명의 하마스 측 각료와 20명의 의원을 체포했고, 이들 중 몇 명을 몇 년간 구금했다.

이스라엘 점령지의 상황을 분석하고 그 지역의 종합적인 평화를 위해 실행가능한 계획들을 기술한 책을 한 권 썼는데, 이 계획안은 미국과 유엔이 오랫동안 고수해 온 공식정책에 견줄 만하다. 내 책《팔레스타인: 분리가 아닌 평화Palestine Peace Not Apartheid》에서는 팔레스타인 측과의 '두 국가' 합의 없이도, 이스라엘이 불가피하게 '한 국가' 해법으로 가게 될 것임을 분명히 했다. 이 전망은 이스라엘 총리들이 잠재적인 파국으로 묘사해 왔던 것이었다. 이스라엘은 요르단강에서 지중해에 이르는 지역을 통제하고 있는데, 팔레스타인인에게 동등한 투표권을 주고 궁극적으로는 유대인이 장악한 정무를 그들과 나누거나, 혹은 유대인이 아닌 국민들을 동등한 권리를 갖지 못한 2등 국민으로 다루는 수밖에 없다. 이 책은 많은 친이스라엘 로비단체들, 미국-이스라엘 공공문제위원회AIPAC, 그리고 다수의 유명 정치인으로부터 공격받았다. 기본적으로는 내가 의도적으로 그 책 제목에서 '이스라엘'을 언급하지 않았기 때문이다. 책을 출간하고 며칠 동안 나의 입장을 지지하는 6천 1백 통의 편지를 받았는데, 많은 발신자들이 자신을 유대인으로 밝혔다. 이스라엘을 지지하고 그 나라의 안보를 지원해 온 내 평생의 입장을 반복해서 알리기 위해 많은 책 사인회와 공공행사를 가졌음에도 이 문제는 나에게 고통스런 짐이 되었다. 조너선 뎀Jonathan Demme이 감독한 〈지미 카터: 플레인스에서 온 사내Jimmy Carter: Man from Plains〉란 영화는 그 책의 북투어 이야기를 담았다.

정치적 후유증은 계속되었다. 2008년 민주당 전당대회에서 버락 오바마가 후보로 지명되었을 때, 나는 관례상 전당대회에 참석해 연설하도록 되어 있었다. 오바마의 측근들이 내게 접촉해 와서는 빌 클린턴에게도 내게도 연설기회는 주어지지 않으며, 다만 오바마 후보에게 가장 도움이 될 만한 내용을 담은 20분짜리 영상을 만들어 주면 그 영상을 전당대회에 참석한 민주당 대표들 앞에서 상영하겠다고 말했다. 오바마의 측근은 아내와 내가 허리케인 카트리나의 여파로 해비타트 주택을 지으러 다섯 번이나 방문했던 뉴올리언스와 멕시코만 연안으로 가서 공화당 지도자들이 이 재난에 얼마나 무능하게 대처했는지 시위해 달라고 요청했다. 이 일을 맡아 그 지역에 내려가 하루를 머문 후 민주당 전당대회에 참석하려고 덴버에 도착했는데, 내가 보낸 영상이 겨우 4분 길이로 가위질당했다는 사실을 알게 되었다. 연설도, 심지어는 대의원들과 인사도 하지 말아 달라고 요청받았다. 클린턴과 그의 아내 힐러리가 전당대회에서 중요한 역할을 맡고 있었다. 오바마의 최측근인 데이비드 액설로드David Axelrod는 오바마를 지지하는 유대인들과의 관계를 악화시키길 원치 않는다고 설명했다. 불행하게도 이런 '왕따'는 오바마 임기 내내 지속되었지만, 우리 카터센터는 계속해서 미국과 국제정책을 지지하고, 중동평화를 진척시키기 위해 모든 노력을 다했다.

카터센터는 호스니 무바라크Hosni Mubarak 이집트 대통령이 축출된 후 2010~2012년에 있었던 이집트 국회의원 및 대통령 선거를 감독하는 데에도 참여했다. 나는 거기에서 우리 참관인들을 총괄하는 역할을 했다. 대통령으로 당선된 무함마드 무르시Mohamed Morsi와 만난 자리에서, 내가 1979년에 협상을 주도하고 두 나라가 면밀히 검토했던 이집트-이스라엘 평화협정에 담긴 모든 조항을 존중해 달라고 부탁했다. 무르시는 자신의 임기 동안 이 협정을 준수하겠다고 약속했다.

우리 부부가 2013년 1월 워싱턴에 가서 오바마 대통령 취임식에 참석했을 때, 존 케리John Kerry와 그의 아내 테레사가 그날 아침 우리가 묵는 호텔에 찾아와서 두 시간을 보냈다. 케리는 국무장관 후보로서 자신의 목표에 관해 이야기했다. 그는 자신이 이스라엘과 팔레스타인 간 평화협정을 결론짓는 데 모든 노력을 다할 것이며, 오바마 대통령도 그의 새 임기 초반에 이스라엘을 방문할 것이라고 말했다. 케리 국무장관은 이 목표를 이루기 위한 모든 노력을 다했다. 몇 달 동안은 미국이 국제법과 미국의 오랜 정책에 기초한 결정적 방안을 제시할 것이며, 이스라엘-팔레스타인 양측과 국제사회가 이 제안을 심각하게 고려할 것이란 희망이 있었다. 오바마 대통령이 전격적으로 이 문제에 개입하게 되면 팔레스타인이나 이스라엘 모두 이 전방위 노력을 무시하기 힘들어질 터였다. 그러나 백악관으로부터의 분명한 도움도, 오바마 대통령의 직접적인 개입도 없었기 때문에 이 희망은 실현되지 않았다. 이스라엘과 팔레스타인, 그리고 미국의 결정적 관계들은 악화되었고, 의회는 현재 이 분쟁을 유엔으로 떠넘기려 하고 있다.

선거감독

사회갈등을 중재하면서, 대립관계에 있는 군부 지도자들은 중재인을 통해서라도 도무지 협상할 의사가 없는 사람들이란 점을 곧 깨달았다. 나는 그들 자신들이 선거에서 꼭 이기리라 믿는 '정치적 자기기만'이란 방법에 의지하기로 했다. 그들에게 우선 카터센터가 감독하는 공정한 선거를 제안하고, 선거에 나선 양측 각자가 그 선거에서 이길 것이라고 확신하도록 고무시키는 전략이다. 이 전략에 따라 우리는 라틴아메리카에서 선거감독을 시작했고, 곧 세계 다른 나라에서도 와 달라는 요청을 받게 되었다. 우리의 역할은 그 나라 시민의 역량을 키워 내 민주주의를 발전시키는 데 있다. 카터센터는 또 선거규칙을 개선하는 일에도 앞장섰다. 보통 우리는 4~6명의 장기체류 감독관을 선거 전 미리 해당국에 파견하여 그 나라의 역사, 지리, 정부조직, 정치 등에 관해 가능한 모든 정보를 습득하게 하며, 또 정당과 후보자들 그리고 주요 이슈들에 친숙해지게 한다. 감독관은 투표인 등록제도, 중앙선거관리위원회의 일관성과 능력 등을 평가한다. 선거 며칠 전에는 40~60명의 단기체류 참관인을 파견하여, 장기체류 감독관으로부터 속성교육을 받고 2인 1

조로 자동차와 운전사, 필요하다면 통역사, 라디오와 휴대전화를 지원받은 후 주요 투표지로 흩어진다. 우리는 가급적 많은 투표장소를 방문하고 있으며, 감독관 팀은 나와 아내, 혹은 다른 해당 국가 수도에 남아 있는 지도부에 보고하게 되어 있다.

카터센터는 킨들Kindle 비슷한 휴대용 태블릿을 개발했는데, 각 감독관은 이 장비를 이용해 각 지역의 상황을 즉각적으로 보고할 수 있다. 우리는 이 장비를 ELMOelection monitor라고 부른다. 모든 감독관으로부터 받은 정보를 취합하고 평가한 후, 우리는 선거절차가 공정하고 자유롭고 정확하게 투표인의 민의를 반영하였는지 여부를 발표한다. 튀니지의 2014년 12월 대통령 선거는 우리가 시행한 99번째 선거감독이었다. 카터센터는 보통 한 해 3~4차례의 선거감독을 수행한다.

로잘린의 어젠다

아내는 카터센터 설립과 운영에서 완벽한 동반자 역할을 맡고 있고, 선거감독, 평화협상, 그리고 기타 프로젝트들의 최종결정을 놓고 늘 나와 함께 일한다. 아울러, 아내는 본인만의 어젠다를 진행하고 있다. 아내는 45년 이상 정신보건문제에 헌신해 왔는데, 이 노력에는 백악관 시절부터 현재까지 카터센터가 운영하는 최상의 프로그램이 포함되어 있다. 정신보건과 관련된 여러 부문에서 온 대표들과의 연례회동에 더불어, 아내는 미국과 해외에서 지도급 언론인을 모집하고 교육시켜서,

330

그들이 이 문제를 정확하게 기사화하도록 돕고 있다. 최근 수행한 프로젝트 가운데 하나는 144명의 라이베리아 출신 정신과 간호사들을 훈련시키는 일이었는데, 라이베리아는 수십 년간의 내전으로 인해 정신질환 환자를 다루는 정신과전문의가 단 1명밖에 남아 있지 않다. 아내는 전미 어린이 백신 접종사업도 담당하고 있으며, 조지아 사우스웨스턴 주립대학에 로잘린카터연구소를 설립해서 간병인의 지위를 향상시키는 일도 하고 있다. 아내가 지적한 바대로 "모든 사람은 간병인이 될 것이고, 과거든 현재든 미래든 결국 그들의 서비스를 통해 혜택을 받게 될 것"이다.

해비타트 포 휴매니티

우리가 해비타트 포 휴매니티와 함께 수행한 사업들은 어렵고, 예측불가하고, 흥분되고, 또 감사할 만한 일이었다. 31년 동안 우리 부부는 자원봉사자들과 함께 일주일간 힘든 노동을 하면서, 한번도 집다운 집에서 살아 본 적 없는 가난한 가정을 위해 새 집을 짓거나 낡은 집을 개조해 주었다. 해당 가정들은 20년 무이자로 집값 전체를 의무적으로 갚아야 한다. 집값은 그 주변에서 집을 임대하는 것보다 저렴하다. 또 각 가정은 자신이나 이웃의 집에서 수백 시간의 노동을 해야 한다. 이 프로젝트를 통해 우리는 열심히 노력하는 이 야심 찬 사람들과 함께 일하면서, 그들의 피폐한 삶을 이해하고 그들을 동등한 시민으로 존중할

2014년 지미 & 로잘린 카터 프로젝트에서 새 집에 쓰일 외벽 설치 중

기회를 누렸다.

해비타트 지도자들과 함께 약 1년 전에 미리 건축장소와 집의 기초 설계를 승인하며, 제시된 계획안을 단순화하려고 노력한다. 일반적으로 약 100채의 집을 짓는 것을 목표로 하는데, 보통 이 목표는 기반공사가 완료된 장소에 월요일부터 5일간 집을 짓는 것으로 달성된다. 가급적 일정 내에 일을 마칠 수 있게 건축요원 규모를 조정하는데, 한 팀은 12명에서 35명의 인원으로 구성되며, 인력 규모는 집 크기나 시공 방식에 따라 달라진다. 일반적인 방침에 따라 국내와 해외에서 해마다 교대로 프로젝트를 실시한다. 우리는 미국의 여러 주, 헝가리, 남아프리카, 멕시코의 세 도시, 캐나다, 필리핀, 아이티, 중국, 베트남, 라오스, 태국, 캄보디아, 그리고 비무장지대를 포함한 한국에서 활동했다. 2015년, 우리는 네팔의 포카라에 100채의 집을 지을 계획에 있다.

작가로서의 삶

1974~1975년 대통령 선거유세에 쓰기 위해《왜 최선을 다하지 않는가?*Why Not the Best?*》를, 그리고 1981~1982년에 대통령 재임기에 대해 쓴《믿음을 지키며: 대통령 시절의 기억*Keeping Faith: Memoirs of a President*》을 출판하고 나서, 내가 글쓰기를 꽤나 즐긴다는 사실을 발견했다. 이 책들은 많이 팔렸고, 우리 가족의 꽤 중요한 소득원이 되었다. 기대하지 않았던 부가적인 혜택이 있었다면, 책을 통해 정치적 견해를 전달하고 우

리가 카터센터에서 하는 사업들을 설명할 특별한 기회를 얻었다는 점이다. 토크쇼나 텔레비전, 라디오, 신문과 가진 인터뷰는 에모리 대학교의 강의나 가끔 있던 공개강연보다 훨씬 더 많은 기회를 제공했다.

1985년에 출판한 나의 다음으로 중요한 노작은 《아브라함의 핏줄 *The Blood of Abraham*》로, 내가 열심히 중동을 방문하여 주요 지도자들을 만나 총체적인 평화를 기대하는 그들의 개인적 견해를 주의 깊게 메모하고, 관련 정보들을 이스라엘, 이집트, 레바논, 요르단, 시리아, 사우디아라비아, 그리고 팔레스타인에서 수집해 쓴 책이다.

1984년 우리는 카터센터에서 '간극을 메꾼' 것으로 자평하는 중요한 협의를 가졌다. 의료문제에 있어 의료전문가와 일반인 사이에 무엇을 하고, 무엇을 실제로 얻는가를 아는 수준에 어떤 차이가 있는지를 밝히고 분석한 것이다. 그 후 아내와 함께 개인건강에 초점을 맞춘 《얻을 수 있는 모든 것 *Everything to Gain*》을 저술했다. 이 책은 건강을 결정하는 주 요소는 개인의 습관 및 널리 알려진 건강 관련 정보를 성공적으로 받아들이는지의 여부에 달렸다는 사실에 초점을 맞추었다. 이 책을 함께 쓰다가 결혼생활 최대 위기가 발생했다. 우리 부부는 각자 장을 나눠서 쓴 후, 다시 쓴 글을 상대에게 주어 편집하게 했다. 나는 글을 빨리 쓰는 편인데, 아내는 내가 쓴 장들을 초고 정도로 간주했다. 아내는 글을 천천히 신중하게 쓰고 자신이 최종적으로 쓴 문장을 마치 시나이산에서 신에게서 받아 돌에 새긴 십계명처럼 여겼다. 그래서 자신이 쓴 문장을 내가 고치는 것을 보는 게 아내에겐 몹시 불편한 일이었다. 우리 둘 사이의 또 다른 차이는 어떤 사건들을 똑같은 시각에서 기억하고 있지 않거나, 혹 같은 정도의 비중으로 여기지 않는다는 점이었다. 계속 싸웠고 거친 말투의 이메일을 통해서만 서로 의견을 교환했다. 그 프로젝트를 취소하기로 결정하고 출판사에서 미리 받은 원고료를 반환했는데, 편집인이 플레인스를 방문해서는 우리 부부 사이에 불화를 일으킨 문단들은 따로 분리시켜 놓고, 상대의 영향을 배제한 독자적인 견해로 분리해 배치했다. 그래서 그 책을 보면, 이런 문단들은 'J'나 'R' 이란 표시로 구분되어 있다. 덕분에 우리 결혼생활은 유지되었다.

1988년에 쓴 그다음 책은 내가 애착을 가지고 열심히 쓴 작품이다. 《야외 일지 An Ourdoor Journal》는 나의 소년시절, 우리 농장, 송어가 헤엄치는 알래스카의 강과 산, 아르헨티나, 일본, 네팔에서 내가 직접 경험했던 자연에 관한 책이다. 1992년에 쓴 《전환점 Turning Point》에서는 주 상원의원 선거 때 투표함을 조작하고, 죽은 사람의 이름으로 투표하고, 다른 공무원을 협박한 부정직한 사람에 의해 내 선거가 도둑맞았다고 느꼈을 때, 내가 감행했던 첫 번째 정치적 모험에 대해 썼다. 같은 해, 더턴은 분쟁의 원인과 분쟁해결에 사용되는 전략에 관한 교과서로 쓸 책을 써 달라고 요청했고, 나 자신의 경험을 바탕으로 이 문제를 기술한 《평화를 말하다: 다음 세대를 위한 비전 Talking Peace: A Vision for the Next Generation》을 썼다.

백악관을 떠난 직후 밀러 윌러엄스와 아칸소 출신 시인들을 만났고, 그들은 내가 쓴 시를 모아서 시집을 내 보라 권했다. 몇 년에 걸친 작업 끝에 1995년 시집 《늘 계산하며 Always a Reckoning》가 출판되었다. 비평가들은 내가 쓴 시구를 신랄하게 비평했지만, 대안이 될 특별한 단어나 시구는 제시하지 않기로 미리 합의되어 있었다. 출판사와 나는 그 시집의 성공에 놀랐다.

딸 에이미는 1994년 멤피스 예술대학에 등록했는데, 에이미의 첫 과제는 어린이를 위한 이야기를 삽화로 그리는 것이었다. 집에 어린 아들들을 두고 온 잠수함 장교 시절, 나는 상상 속의 바다괴물인 리틀 베이비 스누글-플리저의 모험 이야기를 지어내 항해를 마치고 집에 돌아오면 그 이야기들을 되새겨 아이들에게 들려 주었다. 그 이야기 가운데 하나를 글로 적었고, 에이미는 그 책의 열세 장면을 삽화로 그렸다.

매주 일요일마다 동네교회에서 성경공부를 지도했고, 나의 신앙과 경험을 두 권의 책으로 펴내기로 결심했는데 《살아있는 신앙 *Living Faith*》과 《사랑의 실천 *Sources of Strength*》이 1996년과 1997년에 각각 출판되었다. 한국에서는 번역한 서명으로 각각 1997년과 1998년에 출간되었다.

1998년 나의 일흔다섯 번째 생일이 다가오자 정치에서 '은퇴'한 이후 살아온 내 인생이 얼마나 즐겁고 감사한 것이었는지 회고하면서, 《나이 드는 것의 미덕 *The Virtues of Aging*》이란 책을 쓰기로 했다. 이 책은 한국에서 1999년에 출간되었다. 일부 사람들은 이 책이 그동안 내가 썼던 책 중에 가장 짧은 책이 될 것이라 농담하기도 했다. 이 책에서는 더 이상 정규일과에 맞춰 일할 필요가 없을 때 다시 새로운 일을 맡는 일이 예전에 모르던 더 없는 자유라고 묘사했는데, 꽤 인기를 얻었다.

또 다른 책은 2001년에 출판되었다. 이 책은 흑인과 백인 노인들을 우리 집으로 초대해 플레인스에서 우리가 보냈던 크리스마스의 기억들을 나눈 후, 내가 살아오면서 크리스마스를 어떻게 기념해 왔는지를

336

중점적으로 다뤘다.

이어서 거의 모든 이웃이 흑인이었던 농장에서 보낸 어린 시절에 대해서만 쓴 책을 한 권 펴냈는데, 이 책이 2002년 퓰리처상 최종후보까지 올랐다는 점을 기쁘게 여긴다. 《해뜨기 전 1시간An Hour Before Daylight》한국에서는 2003년에 번역 출판되었다.은 다른 어떤 책보다 많은 서평을 받았다. 서평을 보낸 많은 독자들은, 미국인이든 외국인이든 나처럼 어린시절을 농가의 자녀로 자란 사람들이었다.

나는 2002년 노벨평화상을 수상했다. 사이먼 & 슈스터 출판사와 미리 노벨상 수락연설을 공유한 덕분에, 수상과 동시에 연설문을 작은 책으로 펴낼 수 있었다. 다루는 주제와 상대적으로 저렴한 가격 때문에 이 책은 내가 그동안 썼던 어떤 책보다도 많이 팔렸다.

독립전쟁 중 주요 군사작전을 균형 잡히고 정확하게 다룬 역사저술이나 혹은 역사소설이 부족한 점을 늘 우려해 왔다. 내 선조의 역사를 알게 되면서, 미국 측이나 영국 측에 참전한 사람들의 개인적인 증언을 활용해 7년간 집중적으로 연구했다. 구글이 등장하기 전이었기 때문에, 종종 한 번에 수십 권의 도서관 책들을 내 책장에 쌓아 놓고 읽었다. 《땅벌의 집 The Hornet's Nest》을 읽은 전 세계의 독자들은, 대부분의 주요 전투가 벌어졌던 남부의 시각으로 기술된 책의 내용에 감탄하고 즐겁게 읽었다는 서평을 전해 주었다.

많은 사람들은 우리 부부가 늘 일만 하는지, 혹은 오락을 즐기거나 휴식을 취하는지에 대해 묻곤 했다. 그런 질문에 답하기 위해 2004년에는 《아름다운 노년Sharing Good Times》을 썼다. 한국에서는 2005년에 출판되었다.

아내와 내가 상대적으로 나이를 먹은 후에 처음으로 같이 하기 시작했던 많은 취미에 대해 적었는데, 여기엔 스키활강, 등산, 조류관찰, 그리고 많은 나라를 다니며 즐겼던 제물낚시 등이 포함된다.

특별히 우리 정부의 몇몇 정책에 관심을 가졌고, 내 생각을 공개적으로 토론할 기회를 얻고자 했다. 그래서 쓴 책이 2005년에 출판된《위협받는 우리의 가치들 Our Endangered Values》이다. 이 책에서는 불필요한 전쟁, 여성과 소녀에 대한 폄하, 지나치게 과도한 징역형과 사형, 영장 없는 사생활 무단침해, 정부 내 근본주의의 발흥, 종교와 자본의 정치권 침투 같은 문제를 다뤘다. 나는 연방정부의 몇몇 정책과 미국이 준수한다고 주장하는 〈세계인권선언〉, 전쟁에 관한 〈제네바협약〉 및 다른 국제기준을 위반한 현기증 나는 사례들을 비판했다.

2006년에 출판된《팔레스타인: 분리가 아닌 평화 Palestine Peace Not Apartheid》는 내 저작 가운데 가장 큰 논쟁을 불러일으켰는데, 내용이 아니라 책 제목 때문이었다. 같은 해, 카터센터에서 해 온 사업들을 정리한《진정한 리더는 떠난 후에 아름답다 Beyond the White House》란 책도 탈고했다. 한국에서는 2008년에 출간되었다 2008년에 나온 책은 간호사로, 활발한 정치운동가로, 70세에는 인도에서 평화봉사단으로 활동하셨던 어머니의 삶을 다룬 책이었다. 《마더 릴리언의 위대한 선물》은 한국에서 2011년 출판되었다. 어머니는 내가 남부 한가운데에서 자랄 때도 결코 백인우월주의를 인정하지 않으셨고, 어머니의 그런 자세가 인권보호를 위한 나의 헌신에 깊은 영향을 주었다.

2009년에 출판한《성지에서 우리는 평화를 이룰 수 있다 We Can Have

Peace in the Holy Land》에서는 이스라엘과 이웃국가 간의 평화를 도모하기 위한 구체적인 계획들을 제안했다.

2010년에는 대통령으로 재임하던 기간 매일 작성했던 꽤 방대한 분량의 아주 개인적인 메모들을 모아《백악관 일기 *White House Diary*》를 펴냈다. 이 책은 수십 년 전《믿음을 지키며》에 적기에는 너무 민감하고 개인적이어서 공개할 수 없었던 내용도 담겨 있다.

2011년까지 나는 600건 이상의 성경강의를 했고, 이 내용은 녹음·녹화되어 대통령 기념도서관 냉동보존고에 보관되어 있다. 이 가운데 366건의 강의를 골랐고, 존더반Zondervan 출판사의 편집인이 각 강의를 요약했다. 이 내용을 편집하여 날마다 종교적 주제를 이야기하는《지미 카터와 1년을 *Through the Year with Jimmy Carter*》이란 책을 출판했다. 나는 또 뉴 인터내셔널 버전NIV의 성경번역에 대한 200여 건의 논평을 정리해서《NIV로 읽는 성경의 교훈: 지미 카터와 같이 하는 개인묵상*NIV Lessons from Life Bible: Personal Reflections with Jimmy Carter*》을 2012년에 펴냈다.

가장 최근인 2014년에 출판한《행동이 필요한 때: 여성, 종교, 폭력, 권력 *A Call to Action: Women, Religion, Violence, and Power*》은 내 생각에 가장 중요한 책이다. 우리는 카터센터에서 같은 주제를 다루는 인권운동가 포럼을 두 번 가졌고, 이 책이 출판되기 전 세 번째 포럼을 열었다. 이 책에서는 거의 모든 국가에서 여성과 소녀를 상대로 벌어지는 끔찍한 인권유린 사태들에 대해 꽤 자세히 기술했고, 인권유린을 줄이기 위해 취해야 할 스물세 가지 조치를 권고했다.

이 책을 쓰고 홍보하면서 많은 주제들을 자세히 연구하고, 배운 것들을 분석하고, 내 견해를 미국과 해외의 일반독자에게 전달할 수 있는 행운을 얻었다. 또한 이 과정을 통해 많은 대중매체들과 인터뷰하는 기회를 가졌고, 내 강연을 들은 학생들과 다른 사람들의 질문에 답할 기회도 얻었다. 이 책을 쓰고 있는 2014년 11월에도, 케네디 대통령 기념 도서관에 모인 많은 사람들 앞에서, 샌디에이고에서는 수천 명의 미국 종교학회 회원 앞에서, 덴버의 북미이슬람협회가 후원한 대형집회에서, 하버드 신학대학, 예일 대학교, 프린스턴 대학교 학생들과 교수들 앞에서 강연했다. 모든 대학 캠퍼스는 심각한 성폭력 문제를 안고 있고, 강간범에 대한 처벌은 상대적으로 미약하다. 나는 《행동이 필요할 때》를 요약해서 청중들에게 들려주고, 청중들의 질문을 받고, 사인회를 가졌다.

백악관을 떠난 후 우리 가족의 수입 대부분은 내가 쓴 책에서 나왔다. 카터센터와 에모리 대학교, 해비타트 포 휴매니티 업무를 열심히 하느라 비록 내가 플레인스에서 보내는 시간은 제한되었지만, 집에 돌아와 머물 때는 내 시간을 충분히 활용하려고 애썼다. 농장을 주기적으로 방문해 삼림전문가와 그리고 농작물을 키우고 집 주변을 정기적으로 관리해 주는 농부들을 만나 상담했다. 고향에 있는 교회에서 일요일마다 성경을 가르쳤고, 아내와 함께 지역사회의 일에도 활발하게 참여했다. 비교적 한가한 날에는 아침 일찍 일어나 컴퓨터를 붙들고 글을 쓰는 데 많은 시간을 할애했다. 글을 쓰거나 화면을 들여다보는 일에 싫증이 날 때면, 공방으로 가서 가구를 디자인하거나 만들거나 혹은 그림을 그렸다.

목공과 그림그리기

캠프 데이비드에서 좋은 목공방을 발견해 주말에 자주 사용했는데, 거기서는 주로 친구들과 우리 가족들에게 선물한 작은 소품들을 만들었다. 많은 사람들이 이 취미를 알고 있었고, 백악관을 떠날 때는 직원들과 각료들이 송별선물로 시어스-로벅에서 가구제작에 필요한 온갖 전동공구들을 주문해 주었다. 더 이상 차를 소유하지 않게 되어 필요 없어진 차고를 개조해 목공장비들을 설치했고, 지난 35년간 선반, 드릴프레스, 대패, 그리고 다양한 톱을 교체해 왔다. 나는 수공구 세트를 완전히 구비하고 있으며, 해외특히 일본에서 공구를 구입하길 즐긴다.

고향으로 돌아온 첫해 대통령 기념도서관과 카터센터 설립을 준비 중이던 애틀랜타 말고는 여행을 자제했다. 우리 집과 자산은 워싱턴에서 보낸 4년간 많이 나빠졌고, 이 때문에 해야 할 일이 정말 많았다. 우리는 조지아 북부 산간 지역에 21에이커의 땅을 공동소유로 구매하고, 터닙타운천을 따라 작은 통나무 오두막을 지었다. 침대와 의자, 탁자, 수납장, 기타 다른 비품들을 만들어 우리의 '별장'에 가구를 채워 넣었다. 개척시대 기법을 사용해 생나무로 발판과 식탁의자를 만들었는데, 이 방식을 사용하면 수공구만 써도 되고 못, 나사, 접착제 등이 필요 없다. 서양가래나무로 만든 가로대 등받이를 가진 의자 네 개는 1983년 카터센터 설립자금 모금을 위한 소더비Sotheby's 경매에서 각각 2만 1천 달러에 팔렸다.

이후로도 오랫동안 거의 해마다 가구를 하나씩 만들어서 카터센터

목공과 그림그리기는 내게 개인적 즐거움을 주었다. 나이를 먹고
외부활동이 줄어들면서 남는 시간을 이 취미에 바칠 수 있으리라 기대한다.

에 기부했고, 센터는 가구를 경매에 올렸다. 최근 몇 해 동안은 내가 그린 그림의 원화나 모화를 같은 목적으로 기부해 왔다. 경매 낙찰가는 5만 달러에서 1백만 달러 사이였다. 내가 만든 가구를 내 자녀들이나 손주들에게 주기도 했는데, 요람 같은 것은 돌려 가며 사용되었다. 내가 예술가나 공예가로서 특별한 재주를 가지고 있지 않다는 것은 오래전에 깨달았지만, 많은 연구와 훈련을 통해 꽤 좋은 실력을 갖추었다. 최근에는 특정 대상을 그리는 기법과 재료, 그리고 이유를 설명한 글을 썼는데, 이 글들은 약 65점의 내 그림을 실은 고가의 고급 커피테이블북에 수록될 것이며 판매대금은 카터센터로 보내진다.

목공과 그림그리기는 개인적 즐거움을 주었다. 나이를 먹고 외부활동이 줄어들면서 남는 시간을 이 취미에 바칠 수 있으리라 기대한다.

전직 대통령들

대통령이 되었을 때, 전직 대통령으로는 리처드 닉슨과 제럴드 포드가 생존해 있었다. 존경심을 갖춰 그들을 예우했고, 가능한 철저히 현안과 관련한 내용을 알려 주었으며, 양당 간의 합의가 필요한 논쟁적인 사안인 경우에는 도움을 요청하기도 했다. 닉슨은 워터게이트 스캔들과 압력에 의한 대통령직 사임 때문에 부분적으론 사람들에게 무시당하는 상황에 있었고, 사생활 노출을 극도로 꺼렸다. 하지만 나는 그가 재임 중 이룬 업적들 때문에 그를 존경했고, 특히 환경문제와 관련한 조치 및 중국과의 수교를 높게 평가했다. 포드 대통령은 호적수로 대통령 선거에서 맞붙었지만, 그는 의회와 관련된 문제에 놀라운 지식을 보유하고 있었고, 존경받을 자격이 있는 헌신적인 공직자였다.

국가안보보좌관인 브레진스키와 다른 비서관들을 통해 이 두 전직 대통령에게 국내 및 국제문제를 정기적으로 브리핑했다. 그들은 내 임기 내내 논란이 되는 사안에 관해 도움을 주었다. 1977년 3월 24일의 일기에는 이렇게 적혀 있다.

"포드 대통령이 방문했는데, 예정된 30분간의 미팅이 세 배로 늘어났다. 그는 나와 공유하는 정보가 부족하다는 점을 언급했다. 포드는 또 브레진스키 박사를 만났는데, 국제문제에 관해 계속 브리핑을 받기로 정해졌다."

여섯 달 후 닉슨은 전갈을 보내, 정보 브리핑의 양이 과도하므로 앞으로는 특정 사안에 대해서만 추가정보가 필요할 때 요청해서 브리핑을 받는 것이 좋겠다고 제안했다. 포드 전 대통령은 백악관 방문을 좋아했고 나는 그가 워싱턴 근처에 올 때는 집무실에서 시간을 같이 보내도 좋다고 합의했다.

1981년 10월, 안와르 사다트가 테러리스트 군사조직에 의해 암살되었을 때, 레이건 대통령과 조지 H. W. 부시 부통령은 그의 장례식에 참석하지 않기로 결정했다. 대신, 우리 세 명의 전직 대통령에게 참석을 요청했는데, 우리는 정부가 제공한 비행기를 타고 카이로로 갔다. 닉슨은 거기서 더 머물렀고, 포드와 나는 미국으로 돌아왔다. 우리는 작은 공간을 공유했고, 대부분의 시간을 매우 개인적인 이야기를 나누

로널드 레이건 도서관 헌정식에서. 1991년 11월 4일, 캘리포니아 시미 밸리.
(왼쪽부터) 버드 존슨 여사, 카터 부부, 포드 부부, 닉슨 부부, 레이건 부부, 그리고 부시 부부

면서 보냈다. 우리끼리도 좀 놀랐지만, 우리는 친밀한 우정을 맺었고 아내들과 자녀들도 교류했다. 2000년 백악관 200주년 기념행사에 참석했을 때, 역사가들이 제리 포드와 지미 카터는 적어도 지금까지 역사상 백악관에서 근무한 어떤 대통령들보다도 사이가 가깝다고 언급했던 것을 기억한다. 2006년 여름 나는 제리에게 정기적으로 전화를 받았는데, 어느 날 서로 덕담을 나누고 난 후 그는 내게 특별한 부탁이 있다고 말했고, 나는 미리 그의 부탁을 수락했다. 제리는 그의 장례식에서 추도사를 해 줄 수 있는지 물었다. 한동안 멍해 있다가, 나도 그에게 같은 부탁을 해도 되겠느냐고 되물었다. 몇 달 후, 나는 슬프지만 제리에게 내 약속을 지킬 수 있는 영예를 얻은 데 감사해야 했다.

불행하게도 나와 로널드 레이건 대통령과의 관계는 경직되어 있었다. 레이건 행정부 초기, 해외방문 도중 대사들에게 나를 돕지 말고 심지어는 내가 방문 중임을 알고도 모른 척하란 지시가 내려졌음을 알게 되었다. 이런 일은 터키, 아르헨티나, 그리고 많은 아프리카 국가들을 방문했을 때도 일어났다. 레이건의 임기 초반, 주요 사안에 대한 정보 브리핑을 요청했지만 모두 거절당하거나 묵살되었다. 이 문제를 두고 언론에 알리겠다고 압박을 가했을 때 마지못해 짧은 브리핑을 받기는 했지만, 대부분은 신문기사에서 발췌된 것뿐이었다. 그러나 레이건 정부에서 일한 다섯 명의 국가안보보좌관 및 조지 슐츠 국무장관과는 잘 지냈다. 특별히 잦은 중동 방문으로, 해당 국가 지도자들에게 메시지나 질문을 전달해 달라는 요청을 받기도 했고, 또는 내가 관찰한 바를 국무부에 와서 직접 알려 달라는 요청을 받기도 했다.

대통령 가운데는 조지 H. W. 부시 대통령 및 그의 각료 제임스 베이커 국무장관과 가장 사이가 좋았다. 그의 임기 동안 그들은 카터센터의 자료를 폭넓게 활용했고, 정치적으로 민감한 지역에 대한 우리의 참여를 격려했고, 몇 차례의 해외방문 후에는 내게 정보를 전달받기 위해 백악관에서 전용기를 보내기도 했다.

빌 클린턴 대통령은 카터센터에 어떤 협력도 먼저 요청하지 않았지만, 몇몇 요청에 대해서는 반응을 보였다. 카터센터가 국제분쟁에서 대립하는 양측으로부터 요청을 받고 중재에 나섬으로써 긴장을 완화할 기회를 얻을 수 있었다는 점에 감사한다.

2000년 치열한 선거 후 연방대법원은 플로리다주의 재검표를 불허하고 조지 W. 부시의 대통령 당선을 확정했다. 우리 부부는 1월에 대통령 취임식에 참석하기로 결정했다. 민주당원 가운데 '자원'해서 취임식에 가려는 사람은 거의 없었고, 그 때문에 부시 가족들은 내게 감사해 했다. 새 대통령이 내게 그가 나를 위해 해 줄 수 있는 것이 무엇이 있을지 물었고, 나는 한 가지를 부탁했다. 우리 카터센터가 수년간 노력해 왔지만 이전 정부의 정책 때문에 더 진행할 수 없었던 남·북 수단의 평화협정을 완결시켜 달라는 것이었다. 그는 동의했고 또 약속을 지켰다. 내가 책과 대학강의, 공공연설, 포럼 등을 통해 평화와 인권에 관한 생각을 점점 더 홍보하면서, 이 문제들을 둘러싼 차이가 수면에 드러나는 것은 피할 수 없었다. 한번은 부시 대통령이 쿠바를 다녀온 나를 백악관에 초청해서 그와 국가안보보좌관에게 방문 내용 전체를 이야기해 주길 요청했다.

버락 오마마가 대통령이 될 때까지 거의 30년 이상 공직을 떠나 있었기 때문에 카터센터와 백악관이 직접적으로 관계를 맺을 일은 거의 없었다. 이 기간 동안 힐러리 클린턴 국무장관, 존 케리 국무장관과 가깝고 좋은 관계를 유지했다. 카터센터가 이스라엘 지역에서 활발한 역할을 수행한 이래로, 케리 국무장관이 이 지역에 평화를 가져오기 위한 미국의 역할을 재천명한 일은 우리에겐 특히 중요한 일이었다. 백악관과 관계가 소원해진 다른 이유 중에는 그동안 카터센터의 주요 임무가 평화협상에서 점차 열대병의 통제와 박멸, 그리고 분쟁지역의 선거감독 업무로 전환했기 때문이기도 하다.

아내와 나는 대부분의 전미 민주당 전당대회에 참석하고, 대통령 취임식은 언제나 참석한다. 사실, 내가 공직을 떠나고 12년이 지나서 대통령으로 취임한 빌 클린턴이 나 이후에 처음으로 당선된 민주당 대통령이었다.

미국의 미래

중국, 인도, 브라질, 남아프리카공화국, 그리고 다른 국가들의 경제력과 정치적 힘이 커짐에 따라, 미국은 세계에 미치는 상대적 영향력이 필연적으로 감소하는 현실에 직면해 있다. 나는 우리 지도자들이 미국의 가장 중요한 가치들을 활용해 주길 희망한다. 다른 나라의 국민들이 도전이나 문제에 직면할 때, 그들이 워싱턴에 도움을 청하거나 미국을 좋은 선례로 여기는 일은 매우 중요하다.

우리 정부는 전쟁을 반대하고, 평화적으로 국제분쟁을 해결하며, 힘을 닿을 때마다 이 목표를 추구하는 정부로 인식되어야 한다. 또한 국내외를 막론하고 흔들리지 않는 인권의 보루로 인식되어야 한다. 미국은 인류가 공유하는 환경에 대한 위협에 다른 나라들이 함께 맞설 때 그 구심점이 되어야 한다. 미국은 솔선수범해서 우리의 부를 필요한 사람들과 나눌 수 있어야 한다. 우리 사회는 모든 시민에게 동일한 기회를 부여하고, 그들의 삶을 영위하는 데 기초적인 필요를 충족시켜 주어야 한다.

이런 모범을 보이기 위해선 어떤 희생도 필요하지 않다. 오히려 예전처럼 다른 나라들의 신뢰, 존경, 우정을 회복함으로써 미국의 성공은 더욱 추앙받을 것이다. 동시에, 모든 미국인들은 우리가 지난 240년 동안 받아들이고 추구해 왔던 정치적·도덕적 가치를 회복하고 육성하는 공동목표에 헌신하기 위해 단결해야 한다.

회고

되돌아보면 인생의 모든 과정이 도전이었지만, 동시에 성공적이었고 즐거웠다. 대공황 때 아처리의 농장에서 보낸 어린 시절, 우리 가족과 흑인 친구들과 함께 외떨어져 지낸 시간은 현대의 이기를 상대적으로 누리지 못한 때였다. 수도나 전기는 없었지만, 모두가 열심히 일해야 했던 그 시절에 대한 아름다운 기억은 여전하다. 부모님과 동기간에는 따뜻하고 보호받는 느낌이 있었고, 가족관계에서 불편했거나 불쾌했던 일을 기억해 내기란 어렵다.

대학과 해군에서 보낸 시절은 특별히 감사할 만한데, 로잘린과 함께 가정을 꾸리고 자녀를 낳았기 때문이다. 경쟁자들과 함께했던 수고는 나를 단련시키는 좋은 경험이었고, 나는 젊은 장교가 꿈꿀 만한 모든 목표들을 이루었다. 잠수함 복무는 도전에 맞서기에 좋은 훈련장이었고, 공직으로 나설 때는 유권자에게 호소할 만한 매력적인 경력이었다.

농부와 사업가로 살았던 17년 동안, 가족을 부양할 건실한 경제적 기반을 닦았고, 수백 명의 고객을 다루는 법을 배웠고, 내 인생의 모든 순간마다 아내와 오랜 동반자 관계를 쌓을 수 있었다.

공직에서 보낸 날들에 대해서는 이미 이야기했다. 그 시절의 경험을 감사히 여긴다. 당시 내가 이룬 성취에 담담하며, 이루지 못한 목표에는 아쉬움이 남지만, 이후 우리가 일궈 낸 일들을 확장시키는 데 나의 옛 정치적 지위를 활용했다.

지금 우리 부부는 최고의 삶을 누리고 있다. 우리는 화목한 대가족을 꾸렸고, 우리 교회와 플레인스 지역사회에서 풍족한 삶을 살고 있으며, 카터센터에서의 다양한 프로젝트들은 늘 도전적이고 흥분되는 일이다. 아내와 나는 146개국 이상을 방문했고, 우리 부부는 예전과 마찬가지로 지금도 활동적이다. 우리는 좋은 건강이라는 축복을 받았고, 정열과 자신감을 갖고 미래를 바라본다. 그러나 피할 수 없는 운명을 받아들일 준비도 되어 있다.

옮긴이의 글

나는 종종 전기물에 시큰둥한 반응을 보인다. 동일 인물가령. 존 F. 케네디
에 대한 아동·청소년용 위인전 속 묘사와 성인을 대상으로 하는 전기
나 평전 속의 묘사가 상당히 달랐던 것을 발견하고는 당혹해 했던 어린
시절의 개인적 경험이 아마도 그 첫 번째 이유일 것이다. 인생의 교훈
을 주기 위한 찬양일색의 아동용 위인전이야 그렇다 치더라도, 비교적
객관적 비평을 시도하려는 평전 역시 작가의 관점에 따라 윤색되는 일
이 비일비재한 점도 내가 시큰둥해진 또 다른 이유로 꼽힐 수 있을 듯
싶다.

자서전·회고록에 대해서는 더 큰 경계심을 가지고 있다. 이런 저작
물은 어떤 의도, 특별히 자신을 홍보하거나 과거를 변명하려는 목적을
가지고 출판되는 경우가 많기 때문에, 특정 기억이 미화·왜곡되거나,
혹은 출간의도를 해칠 만한 내용들은 본인 선에서 교묘하게 걸러지는
경우가 많다.

위인들이나 유명인사들이 자서전을 남긴 경우는 역사상 그리 많지
않으며, 그나마 많은 경우 대필되었으니 '자서전'이란 단어의 정의 그

대로 본인의 손으로 자신의 인생을 '직접 써 내려간' 자서전은 더욱 드물 것이다. 그런 점에서 대통령 퇴임 후 성공적인 작가로도 활동해 온 지미 카터 전 미국 대통령이 펴낸 이 책 *A Full Life*는 자서전 본래의 정의에 충실한 책으로 볼 수 있다.

카터는 자신의 어린시절과 해군시절, 정치인 시절의 기억, 그리고 이후 자신이 설립한 카터센터에서의 활동과 관련된 여러 권의 책을 이미 펴낸 바 있다. 그러나 최근에 출간된 이 자서전은 좀 더 특별한 의미가 있다. 구순을 맞이하여 자신의 평생을 가지런히 정리해 담으면서 그동안 여러 가지 이유로 이전에 출판된 책 속에 담지 않았던 내용들과 개인적인 일화들을 많이 수록했다는 점이다. 아마도 민감한 주제의 대상이 되는 인물들 대부분이 이제는 고인이 되었기 때문에 그들 혹은 그들과 연관된 사건에 대해 좀 더 편하게 말할 수 있었기 때문이 아닌가 싶다. 특히 책 말미에 피할 수 없는 운명을 맞이할 준비가 되어 있다고 담담하게 적은 것으로 보아, 아마도 이 책을 그의 마지막 책으로 기획한 듯하다. 책이 출판된 2015년 8월, 카터는 흑색종이 뇌와 간에 전이되어 항암치료를 받게 된다고 이례적으로 직접 발표했고, 이듬해 봄에 완치를 선언했다.

카터에 대한 평가는 찬사와 조소 두 가지 뉘앙스 모두로 해석될 수 있는 보통 '가장 성공한 전직 대통령'이라는 말로 압축되곤 한다. 1963년 조지아주 상원의원으로 정계에 진출하고 주지사를 거쳐 제39대 미국 대통령으로 선출되었다가 1980년 재선에 실패했을 때까지 총 18년의 정치 인생을 뒤로하고 카터는 현실 정치에 발을 담그지 않은 채 오늘날까지 40여 년에 가까운 세월을 평화와 인권을 화두로 한 활발한 민간활동을 벌여 왔다.

캠프 데이비드에서 가진 이스라엘과 이집트 간의 중동평화협상, 덩 샤오핑 체제 중국과의 관계 정상화, 미국인들의 극렬한 반대 속에서도 자신의 원칙에 따라 결단한 역사적인 파나마운하 반환 등 그가 대통령 자리에 있을 때 이끈 굵직한 국제문제뿐만 아니라, 퇴임 후 설립한 카터센터를 통해 남미와 아프리카, 중국에서 자유선거를 통해 민주주의를 증진시키기 위해 벌인 노력이라든지, 국제분쟁지역에 개인 혹은 특사 자격으로 파견되어 정열적으로 활동한 내용은 꼼꼼히 읽어 볼 만하다. 물론 원칙을 강조하는 카터의 철학과 활동은 정치인 시절은 물론 민간활동가 시절 내내 많은 논쟁의 대상이 되었다. 인권과 평화, 민주주의 확산을 인생 최고의 목표로 삼아 온 그에게 노벨평화상이 수여되기도 했지만, 동시에 세계평화에 대한 그의 인식이 지나치게 이상적이고 추상적이며 심지어는 유약하다는 비판도 받았다.

우리나라 독자들에게는 카터가 남북한 관계로 인해 친숙할 것이다. 나는 카터라는 이름을 초등학교 2학년이던 1979년 6월 29일, 미국의 카터 대통령 부부 방한 소식을 전하던 텔레비전 뉴스를 통해 처음 들었다. 이 책에도 언급되었다시피 당시 카터는 미군철수라는 카드를 가지고 한국의 인권과 민주주의에 대해 성토하였고, 박정희 대통령과의 개인회담 분위기도 본인이 이야기한 것처럼 험악했다. 그런가 하면 그로부터 3개월 후 벌어진 박정희 대통령 피격과 12·12 쿠데타, 그리고 이듬해 있었던 일련의 사건들과 5·18 민주화운동에 미온적인 반응을 보임으로써 신군부의 정권 장악을 사실상 방조한 것이 아닌가 하는 의혹

이 퍼지면서 1980년대 내내 반독재 진영에 반미감정이 확산되는 계기를 초래했다고 보는 시각도 있다.

군복무 중이던 1993년 3월, 북한이 핵확산금지조약NPT을 탈퇴하면서 소위 제1차 북핵사태가 벌어졌고, 이듬해 복학하고 난 직후에는 남북 특사교환 실무회담에서 나온 그 유명한 "서울 불바다" 발언으로 온 나라가 요동쳤다. 그때 15년만에 한국인 앞에 다시 등장한 카터는 1994년 6월 15일 부부 동반으로 한국전쟁 이후 처음으로 판문점을 통해 북한을 개인자격으로 방문해 다음 날 평양에서 김일성과 북핵문제 해결안을 놓고 협상을 벌였다. 비록 3주 뒤 김일성이 돌연 사망하면서 당시 합의되었던 남북정상회담은 실현되지 못했지만 그해 가을 제네바 합의로 제1차 북핵위기는 마무리되었다.

한반도 평화에 대한 의심할 나위 없는 그의 진심과 열의에도 불구하고, 1994년 제1차 북핵위기 때 북한의 김일성과 벌인 협상은 당시에는 표면적으로는 성공적이었으나, 김일성 사망 이후 후계자들에 의한 북한 핵개발 재개로 결과적으로는 북한이 핵을 개발할 시간만 벌어 준 셈이라는 냉정한 평가를 받기도 했다. 김일성 사후 북핵문제를 가지고 김정일, 김정은 부자와 만나려는 카터의 시도는 모두 무산되었는데, 이 책에서 카터는 오늘날의 상황에 대한 아쉬움을 토로하고 있다.

이 밖에도 카터는 다른 종류의 한반도 핵문제와 관련해 여전히 우리에게 생각할 점을 던져 준다. 성공한 농부이자 사업자가 되기 전까지만 해도 카터는 미 해군에 원자력 함대를 창설한 리코버 사단의 촉망받던 핵잠수함 전문 기술장교였다. 방사선 최대 피폭 허용치가 오늘날의

1천 배나 되던 1950년대 초반, 캐나다 초크 리버 중수로의 노심용해 사태 때, 해군 기술팀을 이끌고 원자로 해체 및 교체 작업을 직접 진행했던 사람도 바로 카터였다. 후쿠시마와 체르노빌 원전 사고 이전에 가장 악명이 높았던 스리마일 원전사고 당시 대통령이었던 카터는 사고 원전에서 일어난 문제보다 미디어에 의한 과장된 보도를 더 우려하였고, 또 원자력 기술 자체는 비교적 안전하고 통제가능하지만 인재를 피할 운영요원의 교육과 훈련을 강화해야 한다고 평가한다. 그럼에도 불구하고 카터는 원전 건설의 폭주에 제동을 걸었고 석유파동의 와중에 대안으로 미국 신재생에너지의 중장기 개발계획을 수립했다. 이 문제를 둘러싼 논쟁은 현재 한국에서 여전히 진행 중이다.

이 책은 전기물에 시큰둥했던 내가 아마도 평생 가장 정독하며 읽은 자서전이자 회고록이다. 번역을 위한 참고자료로 책에 언급된 에피소드들과 관련된 자료들—특히 그가 출연한 과거의 영상물—을 직접 찾아보면서, 카터가 왜 여전히 많은 미국인들의 사랑 혹은 미움을 받는 '가장 성공한 전직 대통령'인지 이해할 수 있었다. 구순을 맞이하는 카터가 평소의 그의 철학대로 이 책에 맨 얼굴의 진실만을 담았는지, 혹은 사안에 따라 여과된 진실만을 담았는지는 책을 읽는 여러분 각자의 판단에 맡기고 싶다.

기회가 되면, 늦기 전에 플레인스를 한번 다녀오려고 한다.

2018년 2월
오하이오주 신시내티에서
최광민

찾아보기

E

지은이 지미 카터

본명은 제임스 얼 카터(Jr.)이다. 1924년 태어났고, 1977년 미국의 제39대 대통령으로 취임하여 1981년까지 재임했다. 1982년 아내 로잘린 스미스 카터와 비영리기구인 카터센터를 설립하여 인류의 삶과 복지를 향상시키는 데 힘쓰고 있다. 조지아주 상원의원, 조지아 주지사를 역임했고, 2002년 인권운동과 세계 평화를 위한 중재자 역할에 대한 공로로 노벨평화상을 수상했다. 《해뜨기 전 1시간》, 《팔레스타인: 분리가 아닌 평화》, 《위협받는 우리의 가치들》을 비롯한 20권이 넘는 저술이 있으며, 이 책은 그의 가장 최신 저작으로, 가장 많이 판매된 책이기도 하다. 현재 고향인 조지아주 플레인스에 살고 있다.

옮긴이 최광민

1971년 서울에서 태어났다. 연세대학교를 졸업하고, 텍사스 대학교에서 석사를, 인디애나 대학교에서 석사 및 박사학위를 받았고, 현재 오하이오주 신시내티에 살고 있다. 전공 분야인 과학 이외에도 다양한 인문, 사회과학에 관심이 많으며, 특히 역사와 인물에 흥미를 가지고 있다. 옮긴 책으로 윌리엄 더프티의 《슈거 블루스》가 있다.